MW01282154

MI
TIEMPO
CON
DIOS

PARA
MUJERES

BroadStreet Publishing Group LLC
Savage, Minnesota, USA
Broadstreetpublishing.com

Mi tiempo con Dios para mujeres
© 2020 by BroadStreet Publishing®

978-1-4245-5983-1 (tapa dura)
978-1-4245-5984-8 (e-book)

Devocionales compuestos por Janelle Anthony Breckell, Claire Flores, Shannon Lindsay, Cate Mezyk, Stephanie Sample, Jacquelyn Senske y Michelle Winger.

Diseño de Chris Garborg | garborgdesign.com
Compilado y editado por Michelle Winger | literallyprecise.com

Impreso en China

20   21   22   23   24   25   26   7   6   5   4   3   2   1

BUENO ES EL SEÑOR
CON QUIENES EN ÉL CONFÍAN,
CON TODOS LOS QUE LO BUSCAN.
BUENO ES ESPERAR CALLADAMENTE
QUE EL SEÑOR VENGA A SALVARNOS.

LAMENTACIONES 3:25-26, NVI

INTRODUCCIÓN

Cuando todo lo que hay en tu vida exige tu atención, descansa en el Señor para encontrar en él la esperanza, el gozo y la paz que necesitas cada día.

Este devocional de un año te ofrecerá sabiduría y perspectiva divinas para reforzar tu fe y darle aliento a tu corazón.

¡El Padre se siente cautivado por ti! Él se deleita en cada momento que decides pasar con él. Deja que tu corazón se llene en su presencia y encuentra la paz que tan abundantemente encontrarás en ella.

Recibe renovación e inspiración con *Mi tiempo con Dios para mujeres* en tu día a día.

ENERO

Me ves cuando viajo
y cuando descanso en casa.
Sabes todo lo que hago.
Sabes lo que voy a decir
incluso antes de que lo diga, Señor.

SALMOS 139:3-4, NTV

ALGO NUEVO

Puede que tengas una lista de objetivos y sueños clasificados por colores para los 365 días que vienen (además de un plan de acción para lograrlos) o quizá hayas desterrado los propósitos de año nuevo y hayas decidido que este será un año más del calendario. Sea lo que sea, has hecho borrón y cuenta nueva, y el primer día del año está innegablemente repleto de ciertas expectativas. La emoción de un nuevo capricho o *gadget* electrónico palidece ante la promesa de un nuevo inicio. En lo más profundo de tu ser hay una parte que piensa: «¡Este podría ser mi año!».

Y, ¿sabes qué? Este *es* tu año. Este día, y todos los que lo seguirán, son tuyos. Son tuyos para que decidas a quién amarás y servirás, y cómo lo harás. Incluso para que decidas quién serás. La decisión que tomes al leer esta página representa la decisión de emprender este camino acompañada de tu Padre celestial. Y este es un punto de partida precioso.

Pues estoy a punto de hacer algo nuevo.
¡Mira, ya he comenzado! ¿No lo ves?
Haré un camino a través del desierto;
crearé ríos en la tierra árida y baldía (Isaías 43:19, NTV).

¿Qué cosa nueva quieres hacer este año? ¿En qué caminos necesitas que Dios quite todos los obstáculos?

LO QUE ÉL DICE DE TI

En una memorable escena de una película sobre chicas adolescentes, un profesor le pide a un gimnasio lleno de jovencitas que cierren los ojos y levanten la mano si alguna vez han dicho algo malo sobre otra chica. Prácticamente todas levantan la mano. El motivo por el que esta escena nos parece muy realista es que es real. Y, tristemente, a menudo somos incluso más duras con nosotras mismas.

Además de darle a María la maravillosa noticia de que iba a llevar en su vientre al hijo de Dios, el ángel que la visita en Lucas 1 también le habla de su bondad y de su favor ante los ojos de Dios. María era una chica adolescente. Es probable que hubiera oído y pensado cosas bastante poco favorables de ella misma en más de una ocasión. Y fíjate en qué preciosa y valiente respuesta le dio al ángel:

María respondió:
—Soy la sierva del Señor. Que se cumpla todo lo que has dicho acerca de mí.
Y el ángel la dejó (Lucas 1:38, NTV).

¿Eres muy crítica contigo misma? Si alguien te pidiera que te describieras, ¿qué dirías? Ahora piensa en alguien qué te ama. ¿Qué diría esa persona de ti? Decide hoy que sus palabras (y las de Dios) sean la verdad. Une tu voz a la de María al decirle a Dios: «Que se cumpla todo lo que has dicho acerca de mí».

SI TE SIENTES ATRAPADA

«Las autoridades locales advierten de que se están produciendo tormentas de nieve en la autopista…». ¿A que se te ha acelerado el pulso y todos tus músculos se han puesto en tensión? A nadie le gusta quedarse atrapado: la nieve cegadora y los vehículos inmovilizados a cada lado de la carretera pueden hacer que incluso la mujer más tranquila y racional se imagine a sí misma saliendo del coche, saltando de tejado en tejado y cruzando los vecindarios al más puro estilo de una superheroína. Qué forma más divertida de probar el agarre de tus nuevas botas de invierno. O quizá no. Pero vaya, que si te quedas atrapada, no hay mucho que puedas hacer, ¿verdad?

Quizá te sientes atrapada en tu vida diaria. Un trabajo donde tu talento queda completamente desaprovechado, una relación en la que das más de lo que recibes o un hábito que se está convirtiendo, poco a poco, en una adicción. Pero a diferencia de esa autopista cubierta por la nieve (que parece más bien un *parking* con tanto coche parado), aquí sí que tienes una dirección en la que correr cuando la situación te hace sentir prisionera. Vuelve tu rostro hacia el Señor y deja que él te llene con las fuerzas para moverte.

> ¡El Señor soberano es mi fuerza!
> Él me da pie firme como al venado,
> capaz de pisar sobre las alturas (Habacuc 3:19, NTV).

¿Dónde estás atrapada ahora mismo? Profesionalmente, personalmente o quizá en tu vida de oración, ¿hay alguna área en la que simplemente has dejado de avanzar? Pídele a Dios que te dé fuerza para avanzar con paso firme y ve allá adonde él te guíe.

EL AMOR DEL PADRE

Por muy bonito o imperfecto que haya sido el amor de tu padre terrenal hacia ti, el amor de tu Padre celestial no tiene ningún límite. Descansa en esa idea durante un momento. Nada de lo que hagas podrá cambiar sus sentimientos hacia ti. Nada.

Pasamos mucho tiempo intentando convertirnos en personas más atractivas e interesantes: desde dietas de belleza hasta aprender cocina *gourmet*, pasando por estar disponibles para ayudar a casi todo el mundo. Es fácil olvidar que ya somos perfectamente amados. Nuestro Padre nos ama más de lo que podemos imaginar. Y él haría cualquier cosa por nosotros. *Cualquier cosa.*

Si un hombre tiene cien ovejas y una de ellas se extravía, ¿qué hará? ¿No dejará las otras noventa y nueve en las colinas y saldrá a buscar la perdida? Si la encuentra, les digo la verdad, se alegrará más por esa que por las noventa y nueve que no se extraviaron (Mateo 18:12-13, NTV).

¿Quién es la persona a la que amas con más fuerza y con más desesperación? ¿A quién protegerías por encima de todo? Pues ten presente que eso es solo una pequeñísima fracción, casi insignificante, de lo que Dios haría por ti. Dedica un momento a darle las gracias por su gran amor.

PROCRASTINACIÓN

«No me apetece entrar tarde; creo que ya iré mañana».

«Estoy un poquito cansada. Seguramente hoy tampoco podría dar lo mejor de mí».

«Ahora mismo no me siento muy creativa. Ya lo haré mañana por la mañana».

¿Cuántas veces son perfectas las circunstancias? ¿Y cuán a menudo pensamos que es mejor esperar hasta que lo sean?

Decidamos, ahora mismo, seguir los consejos de las Escrituras y decidir que llegar unos pocos minutos tarde es mejor que no asistir. Vamos a reconocer nuestro cansancio colectivo y después vamos a dar lo mejor de nosotras mismas a pesar del agotamiento. Vamos a dejar de esperar un soplo de inspiración: ataquemos de cabeza nuestros proyectos y veamos qué pasa. Vamos a honrar a Dios y, a la vez, a sorprendernos a nosotras mismas.

El agricultor que espera el clima perfecto nunca siembra;
si contempla cada nube, nunca cosecha
(Eclesiastés 11:4, NTV).

¿A qué esperas?

COMPASIÓN

Los publicistas conocen bien tu secreto. Saben que, ante la visión de un cachorrito perdido, un niño famélico o una madre que ha perdido a su bebé, algo se conmueve en lo profundo de tu corazón femenino y te produce un fuerte deseo de hacer algo; lo que sea. Cuentan con ello.

Cuando aceptamos a Cristo y él nos dio su Espíritu Santo, empezamos a ser conscientes de su corazón. En concreto, empezamos a notar lo que le rompe el corazón. Cuanta más sintonía tengamos con él, más se romperá nuestro propio corazón.

Jesús fue muy claro: «Alimentad a mis ovejas». Sus acciones también reflejaron esto: alimentó a miles de ellas. Lloró conmovido por el dolor de las hermanas de Lázaro. Derramó sus lágrimas por aquellos que no lo reconocieron. Y sollozó por nosotros. Tomó la carga de nuestro pecado, con todo su peso, para que nosotros pudiéramos vivir y conocer su corazón.

Ayúdense a llevar los unos las cargas de los otros, y obedezcan de esa manera la ley de Cristo (Gálatas 6:2, NTV).

¿Qué te rompe el corazón? ¿Notas que te duele ver a un niño huérfano, a una madre sin hogar o a un animal maltratado? ¿Cómo puedes actuar a partir de esta compasión y obedecer a Cristo?

CRECIMIENTO

¿Recuerdas ese momento en el que advertiste que ya no ibas a crecer más? Esa iba a ser tu altura para siempre; ya no cambiarías más de número de pie. Para muchos esta última cosa fue especialmente maravillosa: ya no íbamos a oír más a nuestra madre diciéndonos que «esas zapatillas valen demasiado dinero para que, total, te queden pequeñas en pocos meses». Y ahí empezó nuestra colección de zapatos.

Poco después de que nuestros huesos terminen de crecer advertimos que el crecimiento real acaba de empezar. A medida que nos convertimos en jóvenes mujeres, en esta temporada en la que empezamos a descubrir quiénes somos, las amistades se vuelven más profundas o desaparecen por completo. Da igual la edad que tengamos hoy: la mayoría de nosotras todavía seguimos en ello. Crecer en Cristo es un proceso que nunca acaba de terminar.

No quiero decir que ya haya logrado estas cosas ni que ya haya alcanzado la perfección; pero sigo adelante a fin de hacer mía esa perfección para la cual Cristo Jesús primeramente me hizo suyo (Filipenses 3:12, NTV).

¿Cómo te inspirará este año el hecho de saber que Dios quiere ayudarte a convertirte en la mejor versión de ti misma?

CADA OVEJA CON SU PAREJA

A las mujeres les gusta ir de dos en dos. Y a los hombres les encanta reírse de nosotras por esto, pero la verdad es que ir al baño (o al puesto de comida, al centro comercial, al cine o a un partido de baloncesto de los niños) es mucho *mejor* acompañadas. Además, vamos con nuestras amigas cuando nos lo piden porque nos *apetece* ir.

¿A que es genial saber que tenemos a un compañero constante en el Espíritu Santo? En cuanto aceptamos el regalo gratuito de la salvación que nos ha dado Jesús, ya nunca más volvemos a estar solas. Está con nosotros para todo: en los momentos divertidos, los fáciles y los aterradores. Cuando esperamos saber el resultado de ese examen, vamos conduciendo solas por la noche por una carretera vacía o andamos por un barrio desconocido durante el día, no estamos solas. Él está con nosotras, vayamos donde vayamos. Y, como un amigo de verdad, nos acompaña porque le apetece hacerlo.

Mi mandato es: «¡Sé fuerte y valiente! No tengas miedo ni te desanimes, porque el Señor tu Dios está contigo dondequiera que vayas» (Josué 1:9, NTV).

Pasa algún tiempo sin hacer nada, sintiendo al Espíritu de Dios, siempre presente. Dale las gracias por su compañía.

SIN PALABRAS

A veces lo único que necesitas para ser una heroína es estar ahí. Nos encanta hablar, ¿a que sí? Con palabras de ánimo, palabras de consuelo, palabras de consejo. Incluso aunque seas de las más calladas, sabes que una mujer pocas veces se queda sin palabras.

Pero de vez en cuando, eso es exactamente lo que nos pasa. Alguien a quien amas está pasando por un mal momento y la verdad es que no sabes qué decirle. Pero con tu presencia lo dices todo. Ten presente que en esos momentos en los que no encuentras las palabras, si Dios ocupa el centro de tu corazón, él transmitirá lo que quieres decir.

Entonces, durante siete días y siete noches, se sentaron en el suelo junto a Job, y ninguno le decía nada porque veían que su sufrimiento era demasiado grande para expresarlo con palabras (Job 2:13, NTV).

¿Cuánto te costaría limitarte a estar con alguien y acompañarlo en su pena sin intentar «arreglar» lo que le pasa? ¿Conoces a alguien a quien le iría bien disfrutar de la presencia cariñosa y silenciosa de una persona querida?

SIGUE LA FLECHA

Decisiones y más decisiones. Parece que no hay semana que pase sin que tengas que tomar una decisión importante. Ya sea algo del trabajo, que tenga que ver con una relación o una cosa al parecer tan inocente como qué hacer ese viernes que tenemos libre, ¿no sería genial tener una flecha que nos señalase cuál es la dirección correcta? (¡Especialmente si corremos el peligro de irnos por el camino equivocado!)

Según la Palabra, eso es exactamente lo que tenemos. Cuando realmente queremos andar por el camino que Dios nos ha preparado, si buscamos con sinceridad su voz, él promete dirigirnos en la dirección correcta. Su espíritu omnipresente está justo a nuestro lado, listo para llevarnos de vuelta al camino correcto cada vez que nos extraviamos.

Entonces tus oídos oirán a tus espaldas palabra que diga: Este es el camino, andad por él; y no echéis a la mano derecha, ni tampoco torzáis a la mano izquierda (Isaías 30:21, RV60).

Plantéate las decisiones que tienes por delante ahora mismo. ¿A quién acudes para que te dirija? Pon todas tus opciones delante de Dios y espera a oír su voz.

EL GOZO DE LA CERTEZA

Ayer hablamos sobre oír la voz de Dios detrás de nosotros, guiándonos por el camino que él ha elegido para nuestras vidas. Quizá esta idea no te resulte del todo agradable. «¿Qué pasa con el libre albedrío?». «¿Y si yo quiero salirme un poquito del camino?». La idea de tener que seguir ciegamente a alguien (¡incluso al mismísimo Dios!) puede parecernos algo intimidante. ¿Qué pasa si el camino no nos gusta?

Puedes estar tranquila. No irás avanzando a ciegas, y él no te va a empujar para que vayas por ese camino concreto (ni por ningún otro). Solo oirás su voz si estás escuchando y, además, la decisión de seguir sus indicaciones es completamente tuya. ¡Pero qué decisión más maravillosa es! Mira el salmo 16:

Me mostrarás la senda de la vida;
en tu presencia hay plenitud de gozo;
delicias a tu diestra para siempre (Salmos 16:11, RV60).

Él no solo nos dice hacia dónde tenemos que ir, sino que nos muestra *el camino*. Y lo que es incluso mejor: como está con nosotros, siempre nos acompañarán el gozo y el placer. Descansa hoy en esta idea y ora para tener la valentía de rendirte a su dirección.

ERES PERFECTA

Detente, retrocede y vuelve a leerlo. Eres perfecta. Si te miras en el espejo o piensas en el día que has tenido, es fácil olvidar estas palabras (o no creértelas). No permitas que eso pase. Una arruga por ahí, un michelín por allá, una palabra desagradable o un pensamiento de envidia no pueden cambiar la forma en la que el Padre te ve. Y así es como él quiere que te veas a ti misma.

El diccionario utiliza 53 palabras para explicar lo que quiere decir ser perfecto, pero lo único que necesitamos saber es esto: somos personas completas. Cuando él eligió morir en la cruz por nuestros pecados, Jesús se llevó cada imperfección de aquellos que le amamos. Él terminó lo que nosotros nunca podríamos completar: nos hizo perfectos.

Con una sola ofrenda hizo perfectos para siempre a los santificados (Hebreos 10:14, RV60).

Si puedes, ponte ante el espejo en el que más te miras. Ahí delante, pídele a Dios que te muestre lo que él ve cuando te mira. Mira más allá de las imperfecciones, más allá de cualquier dolor o ira en tus ojos, más allá de cualquier imperfección percibida. Contémplate: completa, como él te diseñó. Perfecta.

CONFIADAS A PESAR DE NUESTRA INEPTITUD

Ya sea al llegar con tu recién nacido a casa tras el hospital, al hacer tu primera presentación importante en el trabajo o simplemente al preparar por primera vez la cena de Navidad, probablemente habrá habido al menos una ocasión en tu vida en la que te habrás dicho: «No tengo ni idea de lo que estoy haciendo. No estoy preparada para esto». Así que, ¿qué hiciste en esos momentos? Seguramente sonreíste, te lanzaste de cabeza y lo hiciste lo mejor que pudiste.

A medida que nos hacemos mayores vamos viendo cuán incapaces somos realmente. Pero, por suerte, también advertimos que no pasa nada. Ser capaces de admitir nuestros defectos y permitir que el Padre sea nuestra fuerza supone una gran libertad. Nos pida lo que nos pida, estamos confiadas a pesar de nuestra ineptitud. Puede que no seamos capaces, pero Dios está más que preparado para llevar sus planes a cabo a través de nosotras. Lo único que necesitamos es tragarnos nuestro orgullo y permitirle dirigirnos.

No es que pensemos que estamos capacitados para hacer algo por nuestra propia cuenta. Nuestra aptitud proviene de Dios (2 Corintios 3:5, NTV).

¿Qué sueño o llamado serías capaz de llevar a cabo si aceptaras la aptitud de Dios como si de la tuya se tratara?

ELEGIR BIEN

¿Cuánto cambiaría tu vida si decidieras que hoy dejas tu trabajo? Ya seas directora ejecutiva de una empresa, camarera en un bar o profesora de baile, los demás notarían esta decisión. La vida de varias personas cambiaría. ¿Y qué pasaría si mañana decidieras, simplemente, que no vas a salir de la cama? Incluso cambiarnos el color del cabello puede afectar a nuestra trayectoria. Nuestras decisiones son importantes. Y no solo aquí, en esta tierra.

A Dios le importan las decisiones que tomas. Tiene planes para ti y deseos para tu vida, pero tú eres quien toma la decisión final. Tú decides. En las decisiones trascendentales, todo el cielo espera tu resolución.

Por lo tanto, teme al Señor y sírvelo con todo el corazón. Echa fuera para siempre los ídolos que tus antepasados adoraron cuando vivían del otro lado del río Éufrates y en Egipto. Sirve únicamente al Señor. Pero si te niegas a servir al Señor, elige hoy mismo a quién servirás. ¿Acaso optarás por los dioses que tus antepasados sirvieron del otro lado del Éufrates? ¿O preferirás a los dioses de los amorreos, en cuya tierra ahora vives? Pero en cuanto a mí y a mi familia, nosotros serviremos al Señor (Josué 24:14-15, NTV).

Aunque probablemente los ángeles no están por ahí de cháchara, comentando qué color de tinte deberías ponerte la próxima vez que vayas a la peluquería, ten presente que el cielo está muy interesado en saber cómo quieres llevar tu vida. Dios espera que tú elijas la vida, que lo elijas a él, cada día.

CON PASO FIRME

¿Qué tienen los tacones que nos resultan tan atractivos? En cada álbum familiar hay una foto de un adorable niño pequeño intentando caminar con ellos, y todas las mujeres recordamos nuestros primeros y temblorosos intentos para parecer distinguidas tras ponérnoslos por primera vez. La mayoría de nosotras también tenemos recuerdos de alguna caída no demasiado elegante o incluso de algún tobillo torcido pero, aun así, los tacones siguen encantándonos. ¿Y quién no se ha tenido que apoyar en el firme brazo de un acompañante, calzado con zapatos mucho más adecuados para caminar?

Andar con Jesús es un poquito como aprender a caminar con tacones de diez centímetros. Hay personas que parecen marchar con total facilidad, avanzando aparentemente sin pecado mientras otros, temblorosos y con paso inseguro, estamos a punto de tropezar en cualquier momento. ¿Daremos un paso en falso? ¿Nos estamparemos de bruces en el suelo? (¿Hay alguien a quien le duelan tanto los pies como a mí?) Apóyate en el fuerte brazo del Salvador y deja que sea él quien afirme tus pies y dirija tus pasos.

Guía mis pasos conforme a tu promesa; no dejes que me domine la iniquidad (Salmos 119:133, NVI).

¿En qué aspecto de tu camino sientes que andas con paso firme y seguro? ¿Dónde ves que te tambaleas? Comparte esta confianza y esa preocupación con el Salvador e invítalo a ser tu guía en ambos casos.

ERES AMADA

Es bueno que nos amen, ¿verdad? No hay sentimiento que se pueda comparar con la sensación que tienes cuando alguien ha salido corriendo bajo la lluvia, ha cancelado un vuelo internacional y ha conducido toda la noche por ti. Incluso aunque nunca lo hayamos experimentado, lo hemos imaginado. O quizá ha habido un momento en el que hemos sido conscientes de que nosotros también moveríamos cielos y tierra por aquellas personas a las que más amamos. Ya sean nuestros hijos, marido, padres, hermanos o amigos y amigas, amar y ser amados profundamente puede ser el mejor sentimiento que existe.

Por mucho amor que hayas dado o recibido, este no será más que una pequeña muestra de la forma en la que Jesús te ama a ti. Eres su tesoro, amada más allá de la razón, sin medida. Por ti, la persona que realmente *puede* mover cielo y tierra lo haría en un santiamén.

Estoy convencido de que ni la muerte ni la vida, ni los ángeles ni los demonios, ni lo presente ni lo por venir, ni los poderes, ni lo alto ni lo profundo, ni cosa alguna en toda la creación podrá apartarnos del amor que Dios nos ha manifestado en Cristo Jesús nuestro Señor (Romanos 8:38-39, NVI).

Deja que las increíbles palabras de estos versículos te inunden a medida que comprendes que Jesús lo haría todo, absolutamente todo, por ti.

UN CORAZÓN ANGUSTIADO

«Es que no tengo ni un respiro». ¿Te suena esta frase? Todos pasamos por temporadas en las que parece que tras cada esquina se esconde un nuevo problema que amenaza nuestra tranquilidad (y eso sí, para empezar, realmente hemos conseguido tener algo que se asemeje a la tranquilidad). ¿Por qué es tan difícil encontrar la paz en este mundo? Pues porque la buscamos *en este mundo*.

Tras la resurrección de Jesús, antes de ascender a los cielos, él dejó a sus discípulos algo que nunca habían experimentado: la paz. Y, más en concreto, les dio *su* paz, un regalo que no es de este mundo. Todas las cosas que nos da el mundo también nos las puede quitar. Cualquier seguridad, felicidad o respiro que tengamos en un momento son, precisamente, eso: momentáneos. Solo las cosas del cielo son permanentes y no nos pueden ser arrebatadas.

La paz les dejo; mi paz les doy. Yo no se la doy a ustedes como la da el mundo. No se angustien ni se acobarden (Juan 14:27, NVI).

Jesús nos dice que no nos angustiemos. Y eso significa que es algo que podemos decidir. Explícale primero las cosas que amenazan tu paz y después recuerda que no tienen ningún poder sobre ti. Tú eres de Jesús y su paz es tuya.

OÍR A DIOS

La mejor forma de saber si algo es cierto es oírlo de primera mano, directamente de la fuente. Puedes creer que te ha ido bien una entrevista de trabajo, pero no sabrás que te han dado el puesto si no te llaman para decírtelo. Puede que sientas que estás embarazada, pero esperarás a tener los resultados antes de decírselo a nadie. Y pasa lo mismo con las malas noticias (al menos en un mundo ideal). Quizá te llegue un rumor sobre una metida de pata de una amiga, pero tú esperarás a escuchar su versión de la historia antes de creer lo que te han dicho.

Entonces, ¿qué pasa con Dios? ¿Cómo podemos oír lo que nos quiere decir? ¿Cómo podemos saber cuál es su voluntad para nuestra vida? Puede que no tengamos su número de teléfono, pero sí que tenemos su libro. Dios nos habla a través de su Palabra, así que si estás esperando una confirmación, una guía, una validación o una convicción, ábrela. Lee y escucha.

Así que la fe es por el oír, y el oír, por la palabra de Dios (Romanos 10:17, RV60).

¿Cuán a menudo sientes que Dios te habla a través de su Palabra? ¿Tus conversaciones con él son tan frecuentes y significativas como te gustaría? Cuéntale ahora mismo lo que hay en tu corazón y escucha su respuesta.

ÉL ES FIEL

¿Cuál es la cosa más antigua que tienes? ¿Cuánto tiempo la has tenido y qué significa para ti? Ya sea un anillo de diamantes de hace décadas, un coche antiguo o una mantita de bebé hecha trizas, seguramente eres consciente de que no durarán para siempre. ¿Y tus relaciones? ¿Cuál es la más antigua? ¿Cuántos años llevas con esta persona, en lo bueno y en lo malo? Una de las cosas en las que nos basamos para decidir en qué vamos a depositar nuestra fe es la longevidad. El tiempo que algo lleva en pie es importante.

Vamos a pensar ahora en lo que Dios ha hecho: él creó la tierra en la que vivimos. Los científicos calculan que tiene unos 4.500 millones de años (cincuenta millones arriba o abajo). Ya sea que pensemos que es así de antigua o si bien creemos que tiene entre seis mil y diez mil años, hay que admitir que es de buena calidad. Si buscas a alguien en quien confiar, no encontrarás mejor carta de presentación.

Tu fidelidad se extiende a cada generación, y perdura igual que la tierra que creaste (Salmos 119:90, NTV).

A través de cada tormenta, cada desastre, cada guerra y cada ataque del enemigo, nuestra tierra sigue en pie. Piensa en todo lo que Dios ha hecho y todo lo que ha creado, y cuéntale cómo te sientes sobre su fidelidad. ¿La has aceptado con los brazos abiertos?

SIGUE SIENDO FIEL

Hace poco salió por las noticias el vídeo de una perrita blanca que entraba en un hospital a través de las puertas automáticas y se paseaba por los pasillos. Tras una breve investigación, se descubrió que el propietario de la perra había sido ingresado en el hospital hacía poco para recibir un tratamiento por su cáncer. Aquel mismo día, la perrita había salido disparada desde el patio donde estaba y corrió todo el trayecto (de casi cinco kilómetros) que la separaba del hospital para ver a su propietario. Nadie fue capaz de explicar cómo esa perrita había sabido a dónde ir. El amor la había guiado.

Dios busca en nosotras ese tipo de fidelidad. Quiere que sus hijas lo busquen y lo amen con todo su corazón. Que nada nos impida reaccionar a su fidelidad ofreciéndole la nuestra. Incluso (o quizá especialmente) si no sabemos a dónde vamos, dejémonos guiar por el amor para mostrar nuestra fidelidad a nuestro Padre.

¡Nunca permitas que la lealtad ni la bondad te abandonen!
Átalas alrededor de tu cuello como un recordatorio.
Escríbelas en lo profundo de tu corazón (Proverbios 3:3, NTV).

¿Ves cuánto te ama tu Abba? Él desea tanto tu fidelidad que quiere que la grabes en tu corazón. ¿Qué te hace falta para buscarlo de esa forma, para salir disparada de la seguridad del lugar en el que estás y ponerte a buscarlo?

ADMITIR NUESTROS PECADOS

Piensa alguna vez en la que hayas negado en redondo algo que realmente sí que habías hecho. Quizá, de pequeña, con churretes de chocolate cubriéndote la cara y las manos, prometías que no habías comido ninguna galleta. A lo mejor hace poco has traicionado la confianza de una amiga y, para evitar que se enfadara contigo, le has dicho que no habías sido tú quien había contado su secreto a otros. O quizá le has mentido a tu marido sobre el precio de unos tejanos.

Para empezar, no hace falta que te fustigues. Somos humanos y, cuando hemos decepcionado a alguien, nos cuesta aceptarlo (y todavía más reconocerlo). Pero lo único que tenemos que hacer es admitir nuestro error y seguir adelante. Aun así, no podemos olvidar esa primera parte: debemos *admitirlo*. ¿Por qué? Pues porque ese es el motivo por el que Jesús murió por nosotros.

Si afirmamos que no tenemos pecado, nos engañamos a nosotros mismos y no tenemos la verdad. Si confesamos nuestros pecados, Dios, que es fiel y justo, nos los perdonará y nos limpiará de toda maldad. Si afirmamos que no hemos pecado, lo hacemos pasar por mentiroso y su palabra no habita en nosotros (1 Juan 1:8-10, NVI).

Somos pecadores. De hecho, este es el motivo exacto por el que Jesús vivió y murió. Pídele que te muestre cualquier pecado que estés negando o del que no seas consciente para poder confesarlo y ser libre.

RINDE TU CORAZÓN

En las noticias vemos a un ejército que ha perdido la guerra y que, después, se ha rendido a su enemigo. El fugitivo finalmente se ha entregado a la policía tras una larga persecución. Quizá te sea más cercana la experiencia de alguien que finalmente se ha rendido a su adicción y ha dejado de luchar contra ella. Así que, ante todos estos ejemplos, ¿tenemos que sentirnos bien al rendirnos ante Dios? Como mujeres, puede que nos dé especial miedo mostrarnos vulnerables. ¿Acaso «rendirse» no significa ser derrotada, doblegarse?

Pues sí; significaría esto… si Dios fuera nuestro enemigo. Pero como él está con nosotros y no contra nosotros, rendirse significa una cosa completamente distinta. Significa «libertad». Rendirse también significa abandonarnos a Dios y dejar de resistirnos a él, aceptando sus planes y su voluntad perfecta para nuestras vidas. En cuanto le entregamos nuestros corazones, ya no tenemos que seguir luchando.

Oh, hijo mío, dame tu corazón; que tus ojos se deleiten en seguir mis caminos (Proverbios 23:26, NTV).

¿Hay alguna área de tu corazón por la que estás luchando para que siga siendo únicamente tuya? Piensa que sus planes son perfectos y que su voluntad para ti es la paz. ¿Qué necesitarías para rendirle todo tu corazón y terminar con esta lucha?

HAMBRE DE VERDAD

¿Cuándo fue la última vez que exclamaste: «¡Me muero de hambre!» o «Ay, ¡estoy llenísima!»? Muchos decimos ambas cosas en una semana; incluso a veces al principio y al final de una misma comida. Claramente, cuando nos paramos a pensar literalmente en estas frases, y en el contexto de un mundo donde todavía hay hambruna, no podemos estar muriéndonos de hambre si pocos minutos más tarde podemos estar «llenísimos». Seguramente ni siquiera podemos imaginarnos cómo debe de ser eso de tener hambre. Así que, ¿qué estamos diciendo en realidad?

Pues lo que estamos diciendo es que tenemos una necesidad sin cubrir, y lo sabemos porque notamos una sensación punzante y de vacío en el estómago. Por suerte, en el caso de la mayoría de las hermanas que están leyendo estas palabras, estas necesidades físicas seguramente pueden ser suplidas fácilmente. Pero ¿por qué el vacío es algo que seguimos experimentando tanto tiempo? Pues porque este no es nuestro hogar. Jesús es nuestro hogar y, hasta que él vuelva, nuestra hambre seguirá ahí, de un modo u otro.

Los pobres comerán y quedarán satisfechos; todos los que buscan al Señor lo alabarán; se alegrará el corazón con gozo eterno (Salmos 22:26, NTV).

La próxima vez que sientas hambre, ya sea física o emocional, vuelve a Jesús y dale las gracias por el recordatorio de que él es lo único que satisface de verdad.

ESPERANZA

¿Qué diferencia hay entre la esperanza y un deseo? Pensemos en la lotería. ¿Esperamos ganar o deseamos ganar? ¿Qué pasa con un ascenso, un embarazo o una pedida de matrimonio? Ambas cosas reflejan un anhelo pero, en el caso del deseo, todo termina ahí. La esperanza es algo más profundo. El fuerte anhelo de que pase algo bueno viene de la mano de un motivo para creer que sucederá.

Es entonces cuando vemos lo vital que es la esperanza y por qué es un regalo tan bello. El anhelo sin la esperanza está vacío, pero juntos traen gozo, emoción y paz. Cuando ponemos nuestra esperanza en Cristo, él se convierte en nuestro motivo para creer que pasarán cosas buenas. Él es nuestra esperanza.

Que el Dios de la esperanza los llene de toda alegría y paz a ustedes que creen en él, para que rebosen de esperanza por el poder del Espíritu Santo (Romanos 15:13, NVI).

Deja que esta bendición de Romanos te invada a medida que el Espíritu Santo te llena de esperanza, gozo y paz. Cree que pasarán cosas buenas: tienes un motivo maravilloso para esperarlo.

DE VERDAD DE LA BUENA

¿Es de verdad? Ya sea una parte del cuerpo, el color del pelo, un bolso o una joya, está lo real y está la imitación. Ninguna de las dos cosas es inherentemente buena o mala. Pero el motivo por el que elegimos algo (y en qué aspectos decidimos contentarnos con menos) revela lo que hay en nuestro corazón. Y es nuestro corazón lo que le importa a Dios.

No te equivoques: una hermana que no se maquille y que no haya pintado la verja de su casa desde hace años puede ser tan vanidosa y orgullosa como otra que no salga de su habitación si no está perfecta y que tiene a un equipo de ocho personas cuidándole el jardín.

Cuando llegaron, Samuel se fijó en Eliab y pensó: «¡Seguramente este es el ungido del Señor!». Pero el Señor le dijo a Samuel: —No juzgues por su apariencia o por su estatura, porque yo lo he rechazado. El Señor no ve las cosas de la manera en que tú las ves. La gente juzga por las apariencias, pero el Señor mira el corazón (1 Samuel 16:6-7, NTV).

A Dios no le importa cuánto te gastas en zapatos, cuánto tiempo pasas ante del espejo o lo fabulosa que sea tu casa. A lo que sí que presta atención es a por qué te importan (o no) estas cosas. Pasa un rato examinando tu corazón con él hoy.

ÉL SIENTE NUESTRO DOLOR

Cuando alguien a quien amamos sufre, su dolor se convierte en nuestro dolor. Lloramos abiertamente con nuestros vecinos cuando acaban de perder el trabajo, con nuestras amigas cuando están de luto o con nuestras hijas cuando acaban de sufrir una decepción. Las lágrimas acuden con facilidad cuando tu corazón está rendido al Espíritu Santo porque son *sus* lágrimas. Él sufre cuando nosotros sufrimos.

En el versículo más corto de la Biblia (y que también es uno de los más bellos), Jesús vio cómo sus queridas amigas estaban de duelo y eso lo conmovió tanto que lloró. Él sabía que estaba a punto de llevarse su dolor al devolverle la vida a Lázaro pero, en aquel momento, su dolor fue su dolor... y se le rompió el corazón.

Jesús lloró (Juan 11:35, LBLA).

En la historia de la muerte y resurrección de Lázaro (en Juan 11:1-46), ¿por qué crees que estas dos palabras están diferenciadas y reciben su propio versículo? ¿Cómo te afectan? ¿Eres capaz de imaginarte a Jesús sollozando abiertamente con Marta y María? Reflexiona un poco sobre estas ideas y explícale a Jesús la reacción que te provoca su gran compasión.

REGOCÍJATE HOY

Estamos en plena estación invernal y, aunque puede que vivas en algún lugar que no está cubierto de frío y nieve, sigue siendo invierno. No hace calor afuera y no encontramos demasiada vida en la naturaleza. Y si resulta que *sí* que vives en un lugar donde hace frío, puede que ya empieces a estar un poquito harta de botas, gorros, bufandas (bueno, quizá de las bufandas no) y abrigos gruesos y sin forma. Si miras por la ventana puede que el paisaje no te provoque demasiado gozo.

Aun así, hoy somos llamadas a regocijarnos. Hay días en los que vemos su mano allá donde dirijamos la vista, y hay otros en los que parece que no pasa nada interesante. Ten la certeza de que el Creador ha creado este día. Hoy es un regalo de nuestro Abba, nuestro papá, para nosotras. Y esto ya es un motivo más que suficiente para celebrar, ¿verdad?

Este es el día que hizo Jehová; nos gozaremos y alegraremos en él (Salmos 118:24, RV60).

Vamos a fijarnos con más atención en el día de hoy. Busca un retazo de cielo azul, recuerda una noche en la que saliste con el trineo o enciende la chimenea. Vuelve tu corazón a él y regocíjate y sé feliz por el día que te ha sido regalado.

NADA QUE TEMER

Un golpe ensordecedor en medio de la noche. Pasos inesperados que se acercan demasiado en un aparcamiento oscuro. Un teléfono que suena a las 3 de la mañana. Independientemente de lo valientes que creamos ser, siempre habrá situaciones que nos acelerarán el pulso. Hemos oído una y otra vez que no tenemos nada que temer si caminamos con Dios, pero vamos a ser sinceras: ¡hay situaciones que desde luego dan miedo! Entonces, ¿qué significa esto de no tener nada que temer?

Vamos a pensar en las palabras de David del salmo 56. Cuando tengamos miedo (porque lo tendremos), podemos entregarle la situación a Dios y dejar que él se lo lleve. Fíjate en que el salmo no dice que la situación vaya a ser distinta, sino que cambiará nuestra respuesta ante ella. No tenemos nada que temer, pero no porque las cosas que dan miedo no existan, sino porque Dios se lleva nuestra preocupación y la reemplaza con su confianza.

Pero cuando tenga miedo, en ti pondré mi confianza. Alabo a Dios por lo que ha prometido. En Dios confío, ¿por qué habría de tener miedo? ¿Qué pueden hacerme unos simples mortales? (Salmos 56:3-4, NTV).

¿De qué tienes miedo? ¿Has intentado de verdad liberarte de ese temor? Si no es así, ¿por qué? Habla con Dios sobre esto.

PERDÓN

Parece que en la mayoría de las familias y en muchos círculos de amigos hay al menos dos personas que no se hablan (y que llevan años así). Hay veces en las que la ofensa realmente es imperdonable: abusos, traición o una tremenda desconsideración. En otros casos (y mucho más a menudo), incluso las personas implicadas admiten lo tonta que era la disputa y ya no están enfadadas por lo que pasó. Pero sí que siguen enfadadas con el otro.

¿Qué ganamos cuando nos aferramos al odio? Odio. Cuando nos negamos a liberarnos del enfado, ¿qué encontramos en nuestros puños apretados con rabia? Pues más enfado. Aunque puede que una ofensa sea imperdonable, ninguna persona lo es. Jesús lo demostró cuando murió por *todos nosotros*. Y hay algo que muchas veces pasamos por alto, especialmente aquellos a los que nos gusta aferrarnos a nuestro enfado: Dios retiene *nuestro* perdón hasta que perdonemos a los demás. Uf.

Cuando estén orando, si tienen algo contra alguien, perdónenlo, para que también su Padre que está en el cielo les perdone a ustedes sus pecados (Marcos 11:25, NVI).

Hermanas, animémonos unas a otras y a nosotras mismas a creer lo que nos dicen las Escrituras. Juntas, abramos las manos, rindamos las ofensas que se han cometido en contra de nosotras y pidámosle al Padre que nos llene de paz.

GRACIA SOBRE GRACIA

¿Sabes aquellos días en los que todo va sobre ruedas? Te ha quedado el pelo maravilloso, haces una de tus tareas a la perfección (ya sea una presentación al cliente, una hoja de cálculo o conseguir que los gemelos se duerman a la vez), le alegras la tarde a alguien con las palabras adecuadas y entonces llegas a casa y está la cena preparada. Es una bendición tras otra, gracia sobre gracia.

Ser hijas del Todopoderoso nos permite tener esta maravillosa sensación cada día, incluso en situaciones normales o difíciles. Su amor es tan pleno y su gracia tan infinita que, cuando su Espíritu vive en nosotras, incluso una rueda pinchada puede parecerte una bendición. Nuestro estatus como amadas hijas del rey lo garantiza: solo tenemos que reclamarlo.

Pues de su plenitud todos hemos recibido, y gracia sobre gracia (Juan 1:16, LBLA).

¿Ves la gracia de Dios derramada sobre ti hoy? Dale las gracias por ella.

HONOR EN LA PUREZA

¿Qué te viene a la cabeza cuando oyes la palabra «pureza»? Quizá piensas en una monja en su convento, una persona que se mantiene completamente intocada por las tentaciones del mundo. O quizá esta palabra evoque la imagen de un niño inocente o de una de las grandes figuras religiosas.

A menudo, cuando pensamos en la pureza, pensamos en la ausencia de un pecado externo y evidente. Pero tanto la pureza como la impureza nacen del corazón y se desarrollan en la mente mucho antes de que puedan expresarse en nuestras acciones. La pureza se mide no en lo que hacemos o hemos hecho, sino en los lugares ocultos de las actitudes de nuestro corazón y de los pensamientos que nos rondan por la mente.

Por lo cual me ha recompensado Jehová conforme a mi justicia; conforme a la limpieza de mis manos delante de su vista (Salmos 18:24, RV60).

Si te preguntas si tu pureza vale para algo, si quieres saber si evitar el placer del pecado vale la pena, ¡anímate! Dios te premiará según tu rectitud. Él ve las intenciones de tu corazón y los pensamientos de tu mente. Sabe cuánto deseas complacerle con tu vida y te bendecirá por eso. Él se siente honrado por tu pureza, y ese honor es la mayor recompensa.

FEBRERO

Con alegría saldréis, y con paz seréis vueltos;
los montes y los collados levantarán canción
delante de vosotros, y todos los árboles del
campo darán palmadas de aplauso.

ISAÍAS 55:12, RV60

EL FOSO DE LA PACIENCIA

Vamos a ser sinceras: hoy en día no se nos da demasiado bien esperar algo. Aun así, la realidad es que esperar es una parte necesaria de la vida. Esperamos a personas, esperamos eventos y esperamos que se cumplan nuestros deseos. Pero ¿somos conscientes de que esperar también puede aplicarse a nuestra vida emocional? ¿Nos aferramos a la esperanza de que podemos ser rescatadas de un corazón desconsolado?

El rey David describió su situación como un foso de lodo y de fango. Con esto seguramente se refería a otro de sus momentos de desesperación o incluso puede que se tratara de una reflexión sobre sus pecados. David dice que él esperó con paciencia, consciente de que era probable que su rescate no llegara al instante. Y él confiaba en que solo Dios lo salvaría.

Con paciencia esperé que el Señor me ayudara,
y él se fijó en mí y oyó mi clamor (Salmos 40:1, NTV).

¿Sientes que tus emociones están en terreno resbaladizo o que tus pensamientos se han quedado atrapados en el lodo? ¿Estás dispuesta a esperar con paciencia a que el gran rescatador te levante y te deposite sobre tierra firme? Tómate un momento hoy para pedirle ayuda a Dios, reconoce la necesidad de esperar y confía en que él te rescatará.

PALABRAS DE VIDA

No es difícil ver lo poderosa que puede ser la lengua. Como mujeres puede ser nuestra herramienta más potente. No hay ninguna duda de que somos buenas hablando; la pregunta es… ¿hablamos de lo *bueno*?

Las palabras que dejamos que salgan de nuestra boca pueden tener grandes consecuencias. En cuanto las hemos dicho, ya no podemos borrarlas. No son solo las palabras que escogemos, sino el hecho de que lleguemos a decirlas. Como dicen las Escrituras, ¡una pequeña chispa puede encender un gran fuego!

Cuando ponemos freno en la boca de los caballos para que nos obedezcan, podemos controlar todo el animal. Fíjense también en los barcos. A pesar de ser tan grandes y de ser impulsados por fuertes vientos, se gobiernan por un pequeño timón a voluntad del piloto. Así también la lengua es un miembro muy pequeño del cuerpo, pero hace alarde de grandes hazañas. ¡Imagínense qué gran bosque se incendia con tan pequeña chispa! (Santiago 3:3-5, NVI)

Pídele a Dios que te perdone por aquellas veces en las que has encendido un fuego. Permite que el Espíritu Santo guíe tu corazón y tus pensamientos para que las palabras que digas sean veraces, alentadoras e inspiradoras.

MADURA INOCENCIA

Los niños pequeños son muy monos… excepto cuando tienen una rabieta en público, se pelean con sus hermanos o se dedican a hacerles muecas a las personas que están en el coche de al lado. Está claro que no podemos esperar que los niños actúen correctamente en todas las situaciones; todavía están creciendo y aprendiendo. Lo que sí que sería absurdo sería ver a un adulto sentándose, a modo de protesta, en el suelo de un supermercado, o berreando a pleno pulmón porque no quiere volver a casa. Esperamos que los adultos piensen y actúen con madurez, ya que ya han desarrollado su comprensión y respeto por los demás, así como virtudes como el autocontrol.

La expectativa de Pablo para la iglesia de Corinto era que abordaran las situaciones difíciles, especialmente en las relaciones con otros cristianos, con madurez. Pero hay una excepción: Pablo quería que la iglesia fuera tan inocente como un bebé en todo lo referente al mal. Tenemos que ir con mucho cuidado de alejarnos de las acciones y pensamientos malvados, y asegurarnos de que estamos creciendo en las cosas de Dios.

Hermanos, no seáis niños en la manera de pensar; más bien, sed niños en la malicia, pero en la manera de pensar sed maduros (1 Corintios 14:20, LBLA).

¿Se te ocurre alguna situación que pueda suceder hoy en la que tengas que actuar con madurez? Anímate en el hecho de que estás creciendo cada día en el conocimiento de Dios y su Palabra. Aplica con confianza este conocimiento a tu vida.

A LA LUZ DE LA RESURRECCIÓN

Cuando Job pasó por una etapa de sufrimiento incesante, tuvo muchas oportunidades para contemplar la muerte. Su dolor era insoportable, no comprendía el propósito de Dios para su miseria y no entendía bien por qué Dios no le concedía la muerte. Durante mucho tiempo, su esperanza fue muy débil.

Job no tuvo la ventaja de comprender la humanidad a través de la resurrección de Cristo. Cristo nos mostró que la muerte había sido conquistada y que la vida resucitaría y sería restaurada. Job había visto un atisbo de esta realidad en la naturaleza. Él sabía que, cuando se talaba un árbol, este podía volver a brotar pero, aun así, no había entendido que la naturaleza muestra el deseo de Dios para la humanidad.

Si se derriba un árbol, queda al menos la esperanza de que retoñe y de que no se marchiten sus renuevos. Tal vez sus raíces envejezcan en la tierra y su tronco muera en su terreno pero, al sentir el agua, florecerá; echará ramas como árbol recién plantado. El hombre, en cambio, muere y pierde su fuerza; exhala el último suspiro, y deja de existir (Job 14:7-10, NVI).

Lee estos versículos de nuevo con el conocimiento de que nosotros sí que somos como el árbol. Hay esperanza, a la luz de la resurrección de Cristo, de que aunque suframos volveremos a brotar. ¿Puedes avanzar hoy con esta esperanza?

RAÍCES MÁS PROFUNDAS

Los lirios de agua son flores preciosas, de hojas anchas y moteadas, tallo grueso y vivos colores. Cada año puedes ver cómo aparecen sus espectaculares hojas y esperas con ansia a que se produzca la preciosa flor… aunque eso no siempre pasa. ¿Quizá es un problema de la tierra o el sustrato? Los lirios de agua pueden ser flores muy particulares.

Esta es una gran ilustración de la parábola de Jesús sobre el sembrador y las semillas. Algunas semillas caen sobre terreno rocoso y, aunque reciban la Palabra de Dios, no se arraigan firmemente y acaban por marchitarse ante el primer indicio de dificultades. Las semillas que han crecido en buena tierra, con raíces profundas, no solo sobreviven: también dan fruto.

Pero aquel en quien se sembró la semilla en tierra buena, este es el que oye la palabra y la entiende, este sí da fruto y produce, uno a ciento, otro a sesenta y otro a treinta (Mateo 13:23, LBLA).

¿Esperas ver cómo tu relación con Jesús es cada vez más profunda? ¿Quieres que los demás vean la belleza de Dios mostrada a través de tu vida? Anímate al oír las palabras de Jesús y, después, permite que estas entren profundamente en tu corazón hasta entenderlas. Plántate sobre suelo fértil y observa la belleza que brota.

CORAZÓN Y ALMA

Sabemos que el mayor mandamiento es amar al Señor nuestro Dios con todo nuestro corazón, nuestra alma, nuestra mente y nuestras fuerzas. Puede ser fácil decir que amamos a Dios, pero ¿cómo lo mostramos?

El rey Josías fue uno de los grandes ejemplos del Antiguo Testamento de cómo amar a Dios con todo tu ser. Mientras estaba restaurando el templo, un sacerdote encontró el libro de la ley oculto en una pared. Cuando Josías leyó la ley se apenó, pero pasó de inmediato a la acción. Renovó el pacto con Dios delante de todo Israel y derribó cada falso ídolo, altar y lugar alto asociados con otros dioses.

Ni antes ni después de Josías hubo otro rey que, como él, se volviera al Señor de todo corazón, con toda el alma y con todas sus fuerzas, siguiendo en todo la ley de Moisés (2 Reyes 23:25, NVI).

¿Nos aflige leer la Palabra de Dios y advertir que estamos muy lejos de cumplir con sus mandamientos? ¿Estamos dispuestas a enfrentarnos a los ídolos de nuestra cultura? Dios se complació en Josías porque su corazón respondió y se humilló ante el Señor. Tómate un momento hoy para renovar tu compromiso con Dios y mostrarle tu amor a través de la obediencia a su Palabra.

EL ESPÍRITU ESTÁ DISPUESTO

«Señor, sé qué es lo que tengo que hacer pero, simplemente, no tengo las fuerzas suficientes». Probablemente nos habrá pasado esta frase por la cabeza en más ocasiones de las que nos gustaría admitirlo. No nos gusta reconocer que, a veces, no somos capaces de tomar la decisión correcta.

Pablo comprendía el conflicto interno al que nos enfrentamos a la hora de hacer lo correcto. Como nuevas creaciones en Cristo, existe en nosotros un deseo de hacer el bien; aun así, como parte de un mundo caído, nuestra naturaleza es también egoísta. ¿En qué dirección andaremos? Podemos optar por nuestro deseo de hacer lo correcto o por nuestras ganas de complacernos a nosotros mismos. Cuanto más dirijamos nuestra mente por el camino correcto, más fácil nos será andarlo.

Porque yo sé que en mí, es decir, en mi carne, no habita nada bueno; porque el querer está presente en mí, pero el hacer el bien, no (Romanos 7:18, LBLA).

Por encima de todo, recuerda que debes descansar en el poder de Cristo para seguir tomando las decisiones adecuadas y basarte en su gracia para superar las dificultades. Sabes qué es lo que tienes que hacer y, por su gracia, lo harás.

ANIMALES DE COSTUMBRES

Levantarse. Hacer la cama. Vestirse. Café. No siempre en este orden, pero es casi un hecho que la mayoría de las personas hacen todas estas cosas cada mañana. Puede que también se muerdan las uñas, se enfaden con facilidad o se queden despiertos hasta tarde. Es muy difícil romper un patrón. Al fin y al cabo, somos animales de costumbres y, por desgracia, no todos estos hábitos son buenos.

¿Qué haces cuando te enfrentas a un hábito que no es positivo? ¿Eres consciente de costumbres que tienes solo porque te hacen sentir que eres aceptada o que tienes el control, o porque te consuelan? Hay veces en las que ni siquiera somos conscientes de algunos hábitos hasta que intentamos deshacernos de ellos.

La Palabra nos dice que tener buenos hábitos empieza con la renovación de nuestra mente. Eso significa que primero debemos reconocer la necesidad de cambiar y, después, rendir nuestra forma de pensar para que esta se parezca más a la de Cristo.

No se amolden al mundo actual, sino sean transformados mediante la renovación de su mente. Así podrán comprobar cuál es la voluntad de Dios, buena, agradable y perfecta (Romanos 12:2, NVI).

¿Crees que Dios te puede mostrar hoy su voluntad buena, agradable y perfecta cuando le entregues tus costumbres de este mundo?

UNA CULPA DEL UNO POR CIENTO

Hay una anécdota en la cual un hombre está discutiendo con su esposa durante su primer año de casados. El desacuerdo termina cuando uno de los dos sale de la habitación dando un portazo. Mientras el marido estaba orando para que su mujer reparara en su error, sintió que el Espíritu Santo le decía: «¿Y cuán equivocado estás *tú*?». Incluso aunque el hombre estaba convencido de que solo tenía un uno por ciento de la culpa, acabó entendiendo que tenía que centrarse en ese uno por ciento y dejarle el noventa y nueve por ciento de su esposa a Dios.

Es muy fácil encontrar en qué se han equivocado los demás. A menudo estamos ciegos ante nuestros propios errores y debilidades. Puede sernos difícil descubrir nuestro pecado, ¡especialmente en situaciones en las que tenemos la seguridad de tener la razón!

Los que encubren sus pecados no prosperarán, pero si los confiesan y los abandonan, recibirán misericordia. Benditos los que tienen temor de hacer lo malo; pero los tercos van directo a graves problemas (Proverbios 28:13-14, NTV).

¿Has tenido una discusión hace poco en la que has estado segura de que la otra persona estaba equivocada? Piensa en qué porcentaje estabas *tú* equivocada. Incluso aunque sea pequeño, confiesa tu error y prepárate para perdonar el otro noventa y nueve por ciento. No dejes que se endurezca tu corazón. Haz que la misericordia de Dios hacia ti se convierta en tu fuerza para perdonar.

PARTES DEL CUERPO

Una muela es una parte muy pequeña del cuerpo pero, si empieza a dolernos, ¡puede noquearnos por completo! El cuerpo humano es fascinante en este aspecto. Dios ha creado todas las partes de nuestro cuerpo para ser diferentes pero, aun así, interdependientes.

Como cristiana, tú formas parte del cuerpo de Cristo. Y es más importante ser consciente de la relevancia de tus dones únicos para la salud de todo el cuerpo que intentar averiguar *qué* parte del cuerpo eres. Has sido creada para pertenecer a algo que es mayor que tú.

Así como cada uno de nosotros tiene un solo cuerpo con muchos miembros, y no todos estos miembros desempeñan la misma función, también nosotros, siendo muchos, formamos un solo cuerpo en Cristo, y cada miembro está unido a todos los demás. Tenemos dones diferentes, según la gracia que se nos ha dado [...] (Romanos 12:4-6, NVI).

La Biblia reconoce que Dios nos ha dado distintos dones que no son para nuestro provecho individual. Dios ha diseñado nuestros dones para que puedan usarse en armonía con los de los demás. ¿Dejarás que Dios te hable sobre cómo puedes usar tus dones para bien de todo el cuerpo de Cristo?

LENTA PARA HABLAR

¿Alguna vez sientes que no te están escuchando? Puede ser muy frustrante y desmoralizador advertir que la persona con la que estás hablando en realidad no te está prestando atención.

Para algunas personas, escuchar forma parte de su naturaleza y, en el caso de otras, es algo en lo que hay que trabajar. Escuchar es un arte. Empieza con la intención de ser lenta para hablar. Tómate un momento para pensar en lo que los demás están diciendo. Intenta entender sus motivos. Fíjate en si solo necesitan hablar. Espérate a que te pidan tu opinión y plantéate si tu respuesta será útil.

Mis queridos hermanos, tengan presente esto: Todos deben estar listos para escuchar, y ser lentos para hablar y para enojarse (Santiago 1:19, NVI).

¿Estás dispuesta a sintonizar con lo que los demás están diciendo? Puede que se trate de una pequeña advertencia, de un buen consejo o de una palabra de ánimo. Sea lo que sea, deja que la gracia de Dios fluya en tus conversaciones y escucha con humildad lo que él quiere que oigas.

MEDITA EN LA BONDAD

¿Hay veces en las que te descubres dándole vueltas y más vueltas a los aspectos negativos de la vida? Puede que nos mostremos indiferentes cuando alguien nos da buenas noticias pero que nos dediquemos horas y horas a hablar de conflictos, preocupaciones y decepciones. Es bueno transmitir a los demás que las cosas no van demasiado bien en nuestra vida, pero también podemos caer en la trampa de fijarnos mentalmente en las cosas equivocadas.

Pablo vio la necesidad de abordar esto en la iglesia de Filipo. Parece que en ella había personas muy engreídas y que permitieron que el desacuerdo campara a sus anchas. Piensa en lo que realmente provoca el hecho de centrarse en la parte negativa: crea sentimientos de desesperación, desánimo y una falta de confianza en nuestro Dios, que es bueno, verdadero y justo.

Por lo demás, hermanos, todo lo que es verdadero, todo lo digno, todo lo justo, todo lo puro, todo lo amable, todo lo honorable, si hay alguna virtud o algo que merece elogio, en esto meditad (Filipenses 4:8, LBLA).

¿Necesitas pedir perdón por un corazón que ha sido demasiado negativo? ¿Eres capaz de encontrar algo en tu vida y en la vida de los demás que sea positivo o digno de alabanza? Decide centrarte en las cosas verdaderas, justas, puras, amables y honorables, y disfruta de la naturaleza vivificante de una perspectiva positiva.

FÍATE DE TODO CORAZÓN

. . .«Fiarse» puede ser un verbo que cuesta mucho poner en acción; nuestra experiencia con los demás nos dice que podemos llevarnos una amarga desilusión. Las personas nos decepcionan de muchas formas; incluso podemos decepcionarnos con nosotros mismos.

¿Te acuerdas de aquella prueba de confianza en la que tenías que cerrar los ojos y dejarte caer sobre las manos de varios amigos con la esperanza de que ellos te atraparan antes de llegar al suelo? Era un juego con cierto riesgo y no siempre acababa bien. En esta vida no hay ninguna garantía, ¿verdad? Bueno, eso depende del lugar en el que deposites tu confianza.

Fíate de Jehová de todo tu corazón, y no te apoyes en tu propia prudencia. Reconócelo en todos tus caminos, y él enderezará tus veredas (Proverbios 3:5-6, RV60).

Dios nos cuida con ojo vigilante, se preocupa por nosotros y se implica en nuestras vidas. Cuando reconocemos que cada cosa buena viene de él, nuestra fe se ve reforzada y somos capaces de confiar todavía más en él. Toma la decisión de fijarte en cómo Dios dirigirá hoy tu camino y dale las gracias por poder confiar en él.

DIOS ES AMOR

Este «día del amor» a menudo viene acompañado de muchas emociones: algunas positivas, otras no tanto. Puede ser emocionante para aquellos que están enamorados y melancólico para aquellos que lo estuvieron, decepcionante para los que todavía no han encontrado el amor y doloroso para los que lo han perdido.

Si le quitamos la noción romántica, el amor sigue siendo la esencia de nuestro ser. Lo reconocemos a través de nuestras relaciones con nuestra familia y amigos. ¡*Debemos* celebrar el amor! Pero vamos a recordar de dónde viene el amor. Viene de Dios. Y él es el único ejemplo de amor verdadero.

Amados, amémonos unos a otros; porque el amor es de Dios. Todo aquel que ama, es nacido de Dios, y conoce a Dios. El que no ama, no ha conocido a Dios; porque Dios es amor (1 Juan 4:7-8, RV60).

Estés como estés en el terreno amoroso, recuerda que Dios es siempre fiel. Él mantiene sus promesas y siempre mostrará su amor al mundo. Y tú, ¿qué? ¿Serás capaz de mostrar tu amor por Dios hoy?

UN AMOR SIN TEMOR

Nuestro Dios es un Dios impresionante. Es todopoderoso y es santo. Cuando nos comparamos ante tal grandeza puede que quedemos abrumados por nuestra insignificancia. ¡Dios es el autor de la vida y de la muerte, y él determina nuestra eternidad!

Pero sabemos que Dios es amor y que, debido a su amor, él ha creado una forma de acercarnos a él con osadía. Él nos ha hecho rectos y santos a través de la redención de Cristo. Ya no debemos temer el castigo de un Dios poderoso. El amor humano puede inspirar miedo porque no es perfecto. Puede decepcionarnos, puede sernos arrebatado y puede crear un desequilibrio de poder que ponga de relieve nuestras inseguridades.

El amor perfecto echa fuera el temor. El que teme espera el castigo, así que no ha sido perfeccionado en el amor (1 Juan 4:18, NVI).

¿Comparas el amor de Dios con el amor terrenal que has experimentado? Reconoce tu lucha para aceptar el amor perfecto de Dios. Permítete amar y ser amada sin miedo.

PERFECTAS EN NUESTRAS DEBILIDADES

¿Alguna vez has hecho un test de personalidad para saber cuáles son tus puntos débiles y fuertes? Probablemente sepas si eres introvertida o extrovertida, creativa o analítica, o si se te da mejor hablar o escuchar. Probablemente también sepas demasiado bien cuáles son tus debilidades. Puede que des demasiadas vueltas a las cosas, que dudes de ti misma, que seas desorganizada o que te falte empatía. ¡Está claro que hay algunos aspectos de nuestra vida de los que no estamos muy orgullosas!

Pablo, por lo contrario, ¡afirma que preferiría gloriarse de sus debilidades! Pablo sabía que estas le hacían descansar en el poder del Espíritu Santo.

[…] Te basta mi gracia, pues mi poder se perfecciona en la debilidad. Por tanto, muy gustosamente me gloriaré más bien en mis debilidades, para que el poder de Cristo more en mí (2 Corintios 12:9, LBLA).

Puede que te enfrentes a algo que te tiene preocupada porque está fuera de tu zona de confort. ¿Eres capaz de pensar que Dios puede brillar a través de ti si reconoces tu dependencia completa en su Espíritu Santo? Realmente no es en la debilidad en lo que te puedes gloriar, sino en el poder de Cristo revelado a través de ella.

PISTAS EN LA CREACIÓN

No hace falta mucho para quedarse maravillado ante la creación. Al alzar los ojos hacia el cielo nocturno, sentarnos a contemplar el mar, caminar por un bosque u observar una flor que empieza a florecer… tenemos muchas ocasiones para encontrarnos con la naturaleza. Pero a menudo no nos tomamos un momento para fijarnos realmente en lo increíble que es la creación.

Dios eligió revelársenos de un modo muy profundo. Él sabía que podríamos apreciar la belleza de la naturaleza que nos rodea. Sus cualidades invisibles se representan a través de algo visible. Y, cuando describimos la naturaleza, lo hacemos diciendo que es bella, fascinante y perfecta. Estamos describiendo a Dios.

Desde la creación del mundo las cualidades invisibles de Dios, es decir, su eterno poder y su naturaleza divina, se perciben claramente a través de lo que él creó, de modo que nadie tiene excusa (Romanos 1:20, NVI).

Echa un vistazo hoy a la creación y fíjate en la cualidad de Dios que representa. Date un momento para reflexionar en la divinidad de Dios y su poder eterno, y dale las gracias por compartirlos contigo de una forma muy real.

LAS RECOMPENSAS DE LA COMUNIÓN

¿Cuándo fue la última vez en la que te sentiste recargada espiritualmente por una conversación u oración con otros cristianos? A veces, ir a la iglesia, a la reunión de mujeres o al estudio bíblico no es más que otra de las cosas que tienes que añadir a tu lista de tareas por hacer.

Dios es un Dios relacional. Él sabe que nos necesitamos unos a otros y que la vida es mejor junto a los demás. Como cristianos es especialmente importante que compartamos tiempo con otros creyentes. Cuando nos tomamos un momento para orar juntos, estudiar la Biblia y compartir historias de nuestra fe, recibimos apoyo, ánimos y fuerzas.

Donde están dos o tres congregados en mi nombre, allí estoy yo en medio de ellos (Mateo 18:20, RV60).

¿Te estás dando la oportunidad de que otros creyentes te animen o de ser tú de aliento para los que te rodean? Recuerda que Dios promete estar ahí cuando las personas se reúnen en su nombre. Vamos a buscar su presencia juntos, de forma activa, y a disfrutar de las ricas recompensas de la comunión.

CUANDO SER RICO ES DIFÍCIL

«¡Ojalá tuviera más dinero!». Es un pensamiento que nos pasa por la cabeza a menudo y, a pesar de que seguramente puede que tengamos suficiente como para estar satisfechos, con frecuencia imaginamos lo que podríamos hacer si tuviéramos más dinero.

Sea cual sea tu situación financiera, probablemente tienes el objetivo de acumular más riqueza de la que tienes ahora mismo. Pero ¿alguna vez te has fijado en cómo la Biblia parece considerar que las riquezas terrenales se interponen en tu relación con Dios y con los demás?

Jesús le dijo: Si quieres ser perfecto, ve y vende lo que posees y da a los pobres, y tendrás tesoro en los cielos; y ven, sígueme. Pero al oír el joven estas palabras, se fue triste, porque era dueño de muchos bienes (Mateo 19:21-22, LBLA).

La riqueza casi nunca es lo que esperamos; cuanto más tenemos, más podemos perder. Jesús quería que el hombre rico tuviera un corazón compasivo, dispuesto a dar lo que tenía por el reino de Dios. Y, para ello, tendría que haber renunciado a la vida a la que estaba acostumbrado. Antes de pedirle a Dios que te bendiga con riquezas, pídele que te bendiga con un corazón dispuesto a dar.

ESTRELLAS

Si alguna vez has tenido la oportunidad de estar en un lugar apartado en una noche despejada, seguramente sabrás lo que es mirar al cielo y maravillarte ante el espectáculo que suponen las estrellas. Es una vista que quita el aliento y que nos recuerda la grandeza de nuestro Dios.

La Biblia muchas veces compara a la humanidad con las estrellas. Estas nos recuerdan a cuántas personas ha creado Dios. Y, aun así, Dios dice que él nos guía a todos y que nos llama por nuestro nombre. Si las estrellas nos parecen magníficas, ¿cuánto más lo será aquel que las ha creado? El Dios al que adoramos es capaz de recordarnos a cada uno por nuestro nombre, sin olvidarse siquiera de uno.

Alzad a lo alto vuestros ojos y ved quién ha creado estos astros: el que hace salir en orden a su ejército, y a todos llama por su nombre. Por la grandeza de su fuerza y la fortaleza de su poder no falta ni uno (Isaías 40:26, LBLA).

¿Te sientes insignificante en el enorme mundo de Dios? Recuerda que Dios tiene un plan perfecto para este mundo y que tú lo completas. Levanta los ojos y ten presente que él te conoce por tu nombre y que formas parte de su plan.

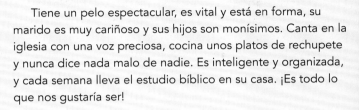

SATISFECHA CON LO QUE TIENES

Tiene un pelo espectacular, es vital y está en forma, su marido es muy cariñoso y sus hijos son monísimos. Canta en la iglesia con una voz preciosa, cocina unos platos de rechupete y nunca dice nada malo de nadie. Es inteligente y organizada, y cada semana lleva el estudio bíblico en su casa. ¡Es todo lo que nos gustaría ser!

Nos pasamos mucho tiempo comparándonos con los demás y esto, a menudo, nos puede llevar a la envidia. Y Dios nos pide que nos comportemos sin envidia, satisfechas con lo nuestro. Cuando nos comparamos con los demás, elegimos centrarnos en lo que no tenemos en vez de en las cosas buenas que Dios nos ha dado.

Señor, solo tú eres mi herencia, mi copa de bendición;
tú proteges todo lo que me pertenece.
La tierra que me has dado es agradable (Salmos 16:5-6, NTV).

Dios nos ha creado tal como somos, y él declaró que su creación era buena. Lo que es más: él nos ha dado el regalo de estar siempre cerca de nosotros. Saber que Jesús está justo a nuestro lado en todo momento es realmente todo lo que necesitamos. Ese es el contentamiento y la satisfacción de los que habla la Biblia. ¿Eres capaz de advertir la presencia de Dios contigo hoy y de permitir que esto te llene de satisfacción?

MEJOR QUE LOS RUBÍES

Si te concedieran lo que más deseas, ¿qué sería? Probablemente podemos responder a esta pregunta mejor si pensamos en quién o qué idolatramos. ¿La vida de quién nos gustaría tener? ¿Cuál es la cualidad que más admiramos? ¿Belleza, inteligencia, creatividad, reconocimiento o amor?

El rey Salomón conocía el valor de la sabiduría mejor que nadie. Cuando Dios le ofreció tener cualquier cosa que deseara, el rey respondió que quería sabiduría. Podría haber pedido fama, riquezas o triunfos en la batalla pero, en vez de todo esto, pidió *conocimiento*. El rey Salomón buscó la sabiduría e instrucción en primer lugar y acabó siendo el rey más sabio, rico, famoso y próspero que jamás ha existido.

Recibid mi enseñanza, y no plata;
y ciencia antes que el oro escogido.
Porque mejor es la sabiduría que las piedras preciosas;
y todo cuanto se puede desear, no es de compararse con
ella (Proverbios 8:10-11, RV60).

La plata, el oro y los rubíes son elementos escasos y preciosos. Son bellos, fuertes y valiosos. Quizá tienes (o incluso llevas puestas) joyas con piedras y metales preciosos. Recuérdate a ti misma el valor superior de la sabiduría y anímate a buscar el conocimiento divino por encima de cualquier otra cosa.

UN AVANCE

¿Estás esperando a que haya un avance en tus circunstancias? Quizá llevas un tiempo orando por una persona de tu familia que no es creyente, por una relación en aprietos, para recibir respuesta a tus problemas económicos o para que Dios te dé claridad para tomar una decisión importante. No es muy normal que el ayuno esté a la cabeza de la lista de lo que debemos hacer cuando realmente necesitamos ese avance y no es difícil adivinar por qué no es una opción demasiado popular. Comer es uno de los impulsos más necesarios y naturales: hace falta muchísimo autocontrol y esfuerzo para no comer.

Piensa en lo que la Biblia dice sobre el ayuno y fíjate en que siempre va de la mano de la oración. El ayuno viene acompañado de una cierta humildad; requiere un corazón sobrio, reflexión y concentración. Somete tus impulsos y te da confianza en tu autocontrol. Y, lo que es más importante, parece que le dice al Señor que vas muy en serio y que estás lista para recibir su revelación y guía.

Y volví mi rostro a Dios el Señor, buscándole en oración y ruego, en ayuno, cilicio y ceniza (Daniel 9:3, RV60).

¿Puedes comprometerte a convertir el ayuno en una disciplina espiritual de tu vida? Puede que recibas las respuestas que estabas buscando… ¡e incluso aquellas que no!

SANACIÓN A TRAVÉS DE JESÚS

Cuesta entender de qué forma y en qué momentos Dios sana a sus hijos. ¿Has orado para recibir sanación últimamente sin ver ninguna mejoría? ¿Conoces a alguien a tu alrededor que no está bien de salud y que no se recupera? Estar enfermo o ver que personas queridas no mejoran puede ser descorazonador.

Nuestra fe no tiene que ser enorme pero, a través de nuestra creencia en Jesús, también podemos aceptar que creemos en los milagros que él hizo. Jesús nos mostró que, con Dios, lo que nos parece imposible es posible.

Y Jesús iba por toda Galilea, enseñando en sus sinagogas y proclamando el evangelio del reino, y sanando toda enfermedad y toda dolencia en el pueblo (Mateo 4:23, LBLA).

A veces la sanación no llega y tenemos que confiar en que Dios sigue siendo fiel y lleno de gracia. Puede que tengamos que esperar antes de recibir la sanación y que nunca sepamos por qué. Pero cobremos ánimos para creer en un Dios milagroso y oremos con todas nuestras fuerzas para que él sane a los enfermos.

CONTROL DE LA IRA

¿Alguna vez has estado tan enfadada que has llegado a temblar? A veces la ira y las emociones que provoca pueden acabar por abrumarnos: quizá por buenos motivos… o no. Sea cual sea la razón, la Biblia habla de la necesidad de tomarnos un momento para calmarnos.

A Dios no le preocupa demasiado el hecho de que nos enfademos. Él comprende las emociones de su creación. Aun así, dejarnos llevar por la rabia nunca consigue nada bueno. El salmista sabía que a la ira la suele seguir el pecado. Por suerte, también nos da una técnica muy útil para controlar nuestro enfado:

Temblad, y no pequéis; meditad en vuestro corazón estando en vuestra cama, y callad (Salmos 4:4, RV60).

Cuando te invada el enfado, vete a tu habitación o a un lugar tranquilo. Cálmate y escucha a tu corazón. Permite que Dios te tranquilice y que te hable en la quietud. Puede que el enfado siga ahí pero, si te entregas a la obra del Espíritu Santo, podrás evitar pecar.

ADORNOS

A las mujeres nos encanta estar siempre bellas. Esto a menudo significa llevar la ropa perfecta, un buen peinado y los accesorios que mejor combinan. ¡A veces nuestro pelo puede suponer la diferencia entre tener un buen día o un mal día! Tenemos que admitir nuestra naturaleza superficial y advertir si estamos dándole prioridad al aspecto exterior por encima de la belleza interna.

La Biblia no condena los adornos externos, sino que nos aconseja que prestemos más atención «a la belleza que procede de lo íntimo del corazón». ¿Quiénes somos en lo íntimo de nuestro corazón? ¿Estás esforzándote para que esa persona sea preciosa? La belleza, para Dios, es un espíritu suave y apacible.

Que la belleza de ustedes no sea la externa, que consiste en adornos tales como peinados ostentosos, joyas de oro y vestidos lujosos. Que su belleza sea más bien la incorruptible, la que procede de lo íntimo del corazón y consiste en un espíritu suave y apacible. Esta sí que tiene mucho valor delante de Dios (1 Pedro 3:34, RV60).

¿Puedes decir que actúas con gentileza hacia los demás? ¿Tienes un espíritu apacible? A diferencia de la belleza externa, estas cualidades mejoran con el tiempo. Aprende a adornarte con la belleza de verdad y muestra de forma deliberada la belleza oculta que tan preciosa es para Dios.

LA PODA

Tómate un momento para reflexionar en una época en la que dieras lo mejor de ti. Puede que te vengan a la cabeza temporadas en las que utilizabas tus dones y talentos y eras capaz de percibir tu influencia positiva en los que te rodeaban. ¡Puede que estos momentos no te queden muy lejos, o quizá te estés preguntando cómo puede ser que haya pasado tanto tiempo!

Jesús se describe a sí mismo como la vid. Si te alimentas de él, hará que des fruto. En los momentos en los que parece que no florecemos, puede ser que el Padre esté haciendo una poda necesaria, tanto para la salud de la rama como de toda la vid.

Yo soy la vid verdadera, y mi Padre es el labrador. Toda rama que en mí no da fruto, la corta; pero toda rama que da fruto la poda para que dé más fruto todavía (Juan 15:1-2, NVI).

En vez de desesperarte por esta poda, anímate en el hecho de que Dios ha visto el fruto que has producido y está permitiendo que hibernes durante un tiempo para volver a hacerte florecer. Tómate un momento hoy para reflexionar sobre tus dones, entregárselos a Jesús y esperar con ansia a que el gran jardinero vuelva a infundirles vida.

INCULTA SABIDURÍA

En nuestra cultura de hoy en día se valoran la inteligencia y las mentes con mucha formación; los filósofos y los «grandes pensadores» son personas muy bien consideradas. Es muy fácil que nos enzarcemos en debates de religión, política y filosofía (¡y también que no seamos capaces de seguirlos!). El problema con la sabiduría terrenal es que la hemos producido nosotros; existe en el contexto de una mente finita que no puede comprender los misterios de Dios.

Cuando Jesús vino al mundo, ¿a quién enfureció más? Exacto: a los escribas y fariseos, las personas más cultas de aquel tiempo. ¡Él les dio la vuelta a sus ideas y presuposiciones y frustró sus inteligentes razonamientos! La sabiduría de Dios es para aquellos lo suficientemente humildes como para aceptar su forma de actuar. Y así es como hace que los incultos se conviertan en sabios.

«Destruiré la sabiduría de los sabios; frustraré la inteligencia de los inteligentes».
¿Dónde está el sabio? ¿Dónde el erudito? ¿Dónde el filósofo de esta época? ¿No ha convertido Dios en locura la sabiduría de este mundo? (1 Corintios 1:19-20, NVI)

La próxima vez que te sientas incapaz de responder a alguien que te pincha con argumentos intelectuales, pregúntate de dónde sale su sabiduría. Confía en la sabiduría de Jesús: eterna y que da vida.

MARZO

Por tanto no desfallecemos, antes bien, aunque nuestro hombre exterior va decayendo, sin embargo nuestro hombre interior se renueva de día en día. Pues esta aflicción leve y pasajera nos produce un eterno peso de gloria que sobrepasa toda comparación.

2 Corintios 4:16-17, LBLA

AMOR CONSTANTE

¿Alguna vez alguien ha sido amable contigo aunque no lo merecieras? ¿Cómo te sentiste al recibir amor cuando deberías haber recibido odio? ¿O si alguien te dio una segunda oportunidad cuando lo único que merecías era que te cerraran la puerta en las narices?

Nos haremos daño entre nosotros y a nosotros también nos harán daño. Es la naturaleza humana. Pero es por eso por lo que el amor de Dios es la única solución perfecta para nosotros. El amor puede cubrir incluso un millón de faltas. Cuando elegimos el amor y la bondad por encima de la ira y de la venganza, esos pecados que tan intensos parecían de repente se desvanecen. El amor es la presencia de Jesús en nosotros y Jesús es el único antídoto real ante el pecado.

Y ante todo, tened entre vosotros ferviente amor; porque el amor cubrirá multitud de pecados (1 Pedro 4:8, RV60).

Amar constantemente no te saldrá de forma natural. Tu humanidad se rebelará en tu interior y tu rabia e ira brotarán de repente, sin que las hayas invitado. Pero, si descansas en el Espíritu de Dios para que intervenga en tu vida y tus relaciones, él puede hacer que tu respuesta sea la amabilidad y que el amor sea tu reacción. Pídele que te llene con su Espíritu y que derrame su amor en tu corazón para que puedas andar completamente en su presencia.

A LA LUZ

Todas las mujeres parecemos estar de acuerdo en que los espejos de los probadores de las tiendas no son agradables. Hay algo en esas luces fluorescentes que hace que destaquen todas nuestras imperfecciones. Nos gustaría mucho más poder admirar nuestro reflejo bajo la agradable luz de una fogata o con unas pocas lámparas estratégicamente colocadas. La luz brillante pone de relieve cada defecto. Lo que quedaba oculto en la oscuridad se vuelve tremendamente obvio bajo la luz.

Dios dejó muy claro en toda la Biblia que nuestro pecado nos lleva a la muerte. Cuando estamos sumidos en el pecado es como si estuviéramos dormidos. Pero si sacamos nuestro pecado de la oscuridad y lo llevamos a la luz, Cristo brilla sobre nosotros y nos libera de nuestras ataduras de muerte y pecado.

No participéis en las obras estériles de las tinieblas, sino más bien, desenmascaradlas. Pero todas las cosas se hacen visibles cuando son expuestas por la luz, pues todo lo que se hace visible es luz. Por esta razón dice: Despierta, tú que duermes, y levántate de entre los muertos, y te alumbrará Cristo (Efesios 5:11, 13-14, LBLA).

Cuanto más tiempo ocultemos nuestro pecado en lugares donde hay poca luz, sintiendo que tampoco estamos tan mal, más tiempo seguiremos dormidos y nos perderemos las cosas buenas que Dios tiene para nosotros. Libérate de cualquier pecado oculto y secreto al que te sigas aferrando y disfruta de la gloriosa luz de Dios.

MIL GENERACIONES

¿Cómo puedes confiar en Dios cuando te sientes traicionada por él? ¿Dónde podrás encontrar fuerzas en los momentos en los que sientes que el Creador del universo simplemente te ha girado la cara? Tú sabes, en lo más profundo de tu corazón, que él tiene el control incluso sobre la vida más insignificante y, aun así, parece que te ha fallado. Te promete la paz, pero todo tu mundo está del revés. Te ofrece gozo y lo único que sientes ahora es dolor. Tu corazón rebosaba sueños y propósitos, pero estos te han sido arrancados.

¿Es Dios realmente fiel? ¿Podemos confiarle nuestras vidas? ¿Nuestros corazones? ¡Sí! Él mantendrá su pacto durante *mil* generaciones. Esto equivale, más o menos, a unos 20.000 años; bastante tiempo para seguirle siendo fiel a alguien. El mismo Dios que le habló a Moisés y que sacó a los israelitas de la cautividad en un torbellino de poder milagroso ha prometido hacer lo mismo para nosotros.

Conoce, pues, que Jehová tu Dios es Dios, Dios fiel, que guarda el pacto y la misericordia a los que le aman y guardan sus mandamientos, hasta mil generaciones (Deuteronomio 7:9, RV60).

El Dios que llamó a Lázaro para que saliera de su tumba está contigo y sigue teniendo el mismo poder. El Dios que amó a David a pesar de todo su pecado y quebrantamiento te ama a ti con la misma fidelidad. Descansa en su promesa y confía en que él cumplirá su Palabra.

PERO ANTES TENGO QUE...

Ser obediente a Cristo es un propósito maravilloso y, a la vez, muy complicado. Escuchar la voz de Dios y obedecerla no es fácil. Dios nos pedirá que hagamos cosas que no tienen sentido y su agenda no siempre coincidirá con la nuestra.

Puede resultar tentador querer «poner nuestros asuntos en orden» antes de empezar a seguir a Cristo en algo. Con todos nuestros planes y preferencias humanos, queremos estar seguros de haber cumplido con nuestra lista de cosas pendientes antes de seguir adelante.

Y dijo a otro: Sígueme. Él le dijo: Señor, déjame que primero vaya y entierre a mi padre. Jesús le dijo: Deja que los muertos entierren a sus muertos; y tú ve, y anuncia el reino de Dios. Entonces también dijo otro: Te seguiré, Señor; pero déjame que me despida primero de los que están en mi casa. Y Jesús le dijo: Ninguno que poniendo su mano en el arado mira hacia atrás, es apto para el reino de Dios (Lucas 9:59-62, RV60).

Cuando Dios te habla y te llama a hacer algo, en vez de decirle lo que tienes que hacer antes, obedécele sin dudar. A Dios no le interesan las listas de cosas por hacer de este mundo. Él tiene un plan para su reino con una perspectiva eterna. Si pudieras ver lo que él ve, jamás le dirías «Pero antes tengo que...».

ESTRÉS

Todos conocemos bien el estrés. Hay muchas cosas en esta vida que nos hacen estar preocupados, presionados y ansiosos. El mundo nos bombardea constantemente con lo desconocido y nos pone en aprietos que nos roban el gozo y la paz.

Cuando entramos en la presencia de Dios y pasamos tiempo en su Palabra, somos capaces de escapar al estrés de nuestras vidas y dejar nuestros problemas en sus manos. Dios nos da una paz que no tiene nada que ver con la que ofrece el mundo. Él se centra en prepararnos para su reino eterno y, como resultado, su presencia ofrece esperanza y gozo eternos; todo lo contrario a esas cosas triviales que nos estresan en esta vida.

Los que aman tus enseñanzas tienen mucha paz
y no tropiezan (Salmos 119:165, NTV).

Pasa tiempo hoy en su presencia y deja que su paz inunde tu corazón. Céntrate en su verdad y en su capacidad más que en tus problemas e incapacidad. Dios puede llevarse todo lo que te preocupa hoy y entregarte a cambio una paz que va más allá de cualquier cosa que puedas imaginar.

LA SABIDURÍA DE SALOMÓN

Si pudieras pedirle una única cosa a Dios, ¿qué crees que sería? Dinero, felicidad, amor, éxito… A todos nosotros nos encantaría recibir alguna de estas cosas en su máxima expresión.

Salomón, un hombre al que sabemos que le encantaban los placeres, aprovechó esta oportunidad y pidió la mejor cosa que podría haber pedido: sabiduría. Y Dios se la concedió. En toda nuestra vida, la sabiduría es lo que más necesitamos. Sabiduría para saber qué hacer, cómo actuar y tener entendimiento.

Como pediste sabiduría para gobernar a mi pueblo con justicia y no has pedido una larga vida, ni riqueza, ni la muerte de tus enemigos, ¡te concederé lo que me has pedido! Te daré un corazón sabio y comprensivo, como nadie nunca ha tenido ni jamás tendrá (1 Reyes 3:11-12, NTV).

Nosotros tenemos el mismo privilegio que Salomón: pedirle sabiduría a Dios con la certeza de que nos la concederá. ¿En qué área de tu vida necesitas sabiduría? Quizá estás a punto de tomar una gran decisión que puede afectar a toda tu vida para siempre. Dios dice que lo que necesitas, la sabiduría, está al alcance de tu mano: solo tienes que tomarla. Pídele a Dios que se muestre en medio de la confusión a la que te enfrentas. Y pídele que te dé la misma sabiduría que le dio a Salomón.

COMPARACIÓN

En esta era de las redes sociales, la comparación se ha convertido en algo que hacemos mucho más fácilmente que nunca. Cuando cada imagen que vemos de los demás ha pasado por los retoques, los filtros, los recortes y los encuadres más adecuados, fácilmente acabamos creyendo que las vidas que vemos retratadas en esas imágenes son perfectas. Creemos que las caras sonrientes que vemos en aquella foto siempre están sonriendo, y que las casas perfectas con una iluminación espectacular siempre están ordenadas y limpias.

El peligro de estas imágenes con tantos filtros es que acabamos comparándonos con algo que no es real. No vemos la vida fuera del encuadre. No vemos el desorden, las luchas y las imperfecciones que forman parte inevitable de todas las vidas, incluso de aquellas que parecen perfectas.

Cada cual examine su propia conducta; y si tiene algo de qué presumir, que no se compare con nadie (Gálatas 6:4, BAD).

Dios quiere que estés tan implicada en lo que él te ha encomendado que no te distraigas ni envidies lo que otra persona está haciendo. Si te sumerges de cabeza en tu vida única, estarás aceptando el contentamiento y el gozo, y avanzarás hacia una felicidad y una satisfacción todavía mayores.

PERDER EL CONTROL

Lo último que vio fue cómo la aguja del velocímetro pasaba de 190. En un instante cegador, las ruedas chirriaron, se rompió el cristal, la presión se hizo casi insoportable y la invadió el dolor. Lo único que veía era luz y oscuridad, destellos y miedo. Lo único que oía era un silencio ensordecedor. Y lo único que sabía con certeza era que había perdido el control.

¿Has tenido algún momento en el que sintieras que habías perdido completamente el control? ¿Has vivido un accidente de coche, un momento aterrador o un diagnóstico que te ha dejado aturdida? Hay momentos en nuestras vidas en los que nuestra propia carne nos falla. De repente somos conscientes de que ya no controlamos nuestros propios resultados, y esto nos aterra.

Mi carne y mi corazón desfallecen; mas la roca de mi corazón y mi porción es Dios para siempre (Salmos 73:26, RV60).

En aquel momento en el que perdemos el control y el miedo nos embarga, hay algo que sí que podemos saber con seguridad. Él es nuestra fuerza; Dios nunca pierde el control. Aunque te arrebaten las riendas de tu vida y de tus resultados, él seguirá manteniéndolos en sus manos con firmeza. Él es nuestra porción. Él es nuestra ración. Él es suficiente. Libérate hoy entregándote a la única persona que jamás perderá el control.

UNA DECISIÓN CONSCIENTE

¿Querrías que alguien te amara en contra de su voluntad? Si forzaran o le pagaran a alguien para que te quisiera pero tú supieras que su amor no es genuino, ¿disfrutarías de ese tipo de amor?

Tenemos la capacidad consciente de elegir si amaremos o no a Dios. Dios no nos obliga a amarlo ni nos fuerza a seguirlo. La libertad que tenemos para elegir es el regalo más maravilloso y el más terrible que nos ha sido dado.

Hoy te he dado a elegir entre la vida y la muerte, entre bendiciones y maldiciones. Ahora pongo al cielo y a la tierra como testigos de la decisión que tomes. ¡Ay, si eligieras la vida, para que tú y tus descendientes puedan vivir! (Deuteronomio 30:19, NTV)

Hay una decisión que nadie puede tomar por ti. La vida o la muerte: tú eliges. Dios ansía que escojas la vida, porque sabe que a aquellos que responden a su amor les esperan cosas maravillosas. Él quiere personas que lo amen y que lo alaben en espíritu y en verdad. No quiere un amor falso, así que te deja escoger. ¿Qué elegirás hoy?

BUSCAR LA PAZ

A las mujeres nos mueven las emociones. En muchas situaciones es muy fácil que nuestros sentimientos nos dicten lo que tenemos que hacer. Y, aunque hay muchas cosas en las que las mujeres somos muy fuertes, a menudo sentimos que tenemos poco control sobre nuestras emociones.

Puede ser muy fácil que nos enzarcemos emocionalmente en discusiones o situaciones de tensión. Tenemos una curiosidad natural y nos interesa mucho lo que pasa en las vidas de los demás. A menudo esta curiosidad está motivada por una fascinación sincera por las personas y las relaciones, pero, si no tenemos cuidado, es fácil que crucemos la línea y entremos en la crítica y, a falta de una palabra mejor, el drama.

Apártate del mal y haz el bien; busca la paz y esfuérzate por mantenerla (Salmos 34:14, NTV).

No solo tenemos que buscar la paz: debemos perseguirla. Si alguien se acerca y nos cuenta un secretito preocupante sobre un amigo común, ¿creas paz en la vida de esa persona o en la tuya si la juzgas? ¿O lo único que harás será añadir tensión a una situación ya de por sí complicada y estar preocupada por algo que no te incumbe para nada? Para buscar la paz debemos deshacernos de nuestro deseo de criticar, juzgar y chismorrear y, en vez de ello, ser bondadosas, cariñosas y amables.

VULNERABILIDAD

Algunos de los cambios más importantes (y que acaban siendo más maravillosos) de nuestras vidas vienen de momentos de vulnerabilidad: ponemos las cartas sobre la mesa y dejamos que otra persona sepa realmente cuán importante es para nosotros. Pero para ser vulnerable hace falta un ingrediente clave: la humildad. Y, a veces, la humildad puede ser un trago amargo.

¿A que en ocasiones es más fácil fingir que no ha habido ningún conflicto que enfrentarse al hecho de que hemos cometido un error y hemos perjudicado a otra persona? No siempre es fácil humillarnos y luchar para terminar y resolver una discusión, especialmente cuando esto implica admitir nuestros fallos.

Dios se opone a los orgullosos, pero da gracia a los humildes (Santiago 4:6, NVI).

¿Quién eres tú cuando te enfrentas a un conflicto? ¿Evitas pedir perdón para guardar la compostura? ¿Tu orgullo se interpone y te impide ser vulnerable, o estás dispuesta y lista para humillarte y restaurar tu relación con los demás? Dios dice que él concederá su favor y sabiduría a los humildes. ¿En qué tienes que humillarte hoy para conseguir restaurar una relación?

EL PODER DE CREER

Muchas veces al entrar en la presencia de Dios somos dolorosamente conscientes de lo deficientes que somos. Igual que Adán y Eva tras haber pecado, percibimos nuestra desnudez y la realidad de que, ante un Dios omnisciente, no podemos ocultar nada.

Nos preocupan esos aspectos de nuestras vidas en los que tenemos miedo de no estar a la altura. Tememos no ser suficiente: no ser lo suficientemente amables, lo suficientemente fieles o lo suficientemente buenos. Queremos complacer a Dios con nuestras vidas, pero nos resulta muy fácil acabar atrapados en una espiral descendiente cuando nos centramos en nuestros propios defectos.

Porque ¿qué dice la Escritura? Creyó Abraham a Dios, y le fue contado por justicia (Romanos 4:3, RV60).

Dios no nos pide la perfección. Él sabe que jamás seríamos capaces de conseguirla, y ese es el motivo exacto por el que envió a Jesús. Lo único que quiere de nosotros es que creamos. Nuestra fe en Dios nos justifica, cosa que jamás seríamos capaces de hacer por nosotros mismos. En vez de centrarte en tus defectos cuando estés en la presencia de Dios, cree en lo que él dice sobre ti. Tu fe se verá recompensada.

IMPOSIBLE

¿Qué te parece imposible en el día de hoy? ¿En qué te has rendido, qué has abandonado o qué has tildado de absurdo? ¿Qué sueños has dejado que se apaguen simplemente porque has sentido que eran inalcanzables?

Quizá nuestros sueños, aunque puedan parecernos lejanos, están en nuestros corazones por un motivo concreto. Y quizá no tienen el aspecto que esperábamos exactamente, pero a lo mejor acaban cumpliéndose de una forma distinta. Quizá podemos superar obstáculos que nos parecían imposibles con solo cambiar de perspectiva y mirarlos desde otro ángulo.

He aquí que yo hago cosa nueva; pronto saldrá a luz; ¿no la conoceréis? Otra vez abriré camino en el desierto, y ríos en la soledad (Isaías 43:19, RV60).

Querida, sirves a un Dios que es lo suficientemente poderoso como para hacer que aparezca un camino en medio de la nada y crear un arroyo de agua en medio del desierto. Él es más que capaz de enfrentarse incluso a la situación más imposible y de concederte la claridad, la guía y los medios para conseguirlo. Confíale todos tus imposibles y descansa en su fuerza para suplir tus debilidades.

AFILÁNDONOS

Como cristianos, debemos exigirnos responsabilidad unos a otros para vivir una vida digna de nuestro llamado. Pero, aunque esto suena muy bonito, a veces puede ser difícil sentirnos cualificados para confrontar a otro cristiano que está andando en pecado.

Confrontar a alguien como Dios nos pide no es necesariamente fácil, pero es nuestra responsabilidad. Debemos adoptar una posición en la que no nos conformemos con poco en lo referente a la salud del cuerpo de Cristo. Pero antes de confrontar a otro cristiano que ande en pecado, pregúntate si tú misma estás viviendo por el Espíritu. ¿Estás escuchando la guía del Espíritu o te mueves por tus propios motivos egoístas?

Como el hierro se afila con hierro, así un amigo se afila con su amigo (Proverbios 27:17, NTV).

Para poder afilar a otros, habla con suavidad y gracia, recordando la misericordia que Dios te ha mostrado. Anima a tu hermano o hermana a arrepentirse y volver, y ofrécete a caminar con ellos en su búsqueda de restauración y rectitud.

ACÉRCATE

¿Hay veces en las que sientes que no notas a Dios? ¿Como si, de algún modo, le hubieras perdido de vista? A veces no estamos seguros de cómo volver a aquel punto donde sentimos su presencia con fuerza y oímos claramente su voz.

Pasamos temporadas en las que nos sentimos distantes de Dios, pero la preciosa verdad es que él jamás se ha marchado. Él está en el mismo lugar en el que lo conocimos. Dios es inmutable y no cambia. Su corazón siempre estará con nosotros y jamás dará la espalda a sus hijos.

Acérquense a Dios, y Dios se acercará a ustedes. Lávense las manos, pecadores; purifiquen su corazón, porque su lealtad está dividida entre Dios y el mundo (Santiago 4:8, NTV).

Dios no hará que te acerques a él por la fuerza. Tampoco compartirá su gloria con otro ni intentará competir con el mundo para ganar tu corazón. Pero, querida, si te acercas a él, te envolverá en la dulzura y el poder de su presencia. Dale la bienvenida hoy a tu vida, por encima de todos tus demás amores.

TU TALENTO

Todos tenemos algo que nos hace sentir muy bien mientras lo hacemos. Llámalo *hobby*, talento pasión… Vaya, tu especialidad. Encontrar aquello que te gusta y que se te da bien es uno de los descubrimientos más especiales.

Dios nos ha creado a cada uno con unas habilidades concretas. Nos ha bendecido con talentos que nos distinguen de los demás y que, a la vez, complementan las habilidades de otros. Él nos ha dado estos regalos para que nosotros, como un cuerpo de creyentes creado en conjunto, podamos cumplir sus propósitos y hacer que su reino crezca.

Cada uno ponga al servicio de los demás el don que haya recibido, administrando fielmente la gracia de Dios en sus diversas formas (1 Pedro 4:10, NVI).

Párate a pensar un momento en los dones especiales que Dios te ha dado. No seas demasiado modesta: Dios nos da talentos para que los utilicemos con confianza para su gloria. Ahora piensa en tus dones en relación directa con el reino de Dios. ¿Cómo puedes usarlos para tu iglesia, tu comunidad y el mundo entero? Busca ser una participante activa en el reino de Dios con las herramientas que él ha elegido especialmente para ti.

¿QUÉ GOBIERNA A TU MENTE?

Estamos constantemente pensando en lo que le damos de comer a nuestro cuerpo. Ya sea comida saludable o comida basura, al menos somos conscientes de lo que consumimos. Es un principio muy sencillo: eres lo que comes. Sabemos que si constantemente nos alimentamos con comida basura y dulces, tendremos poca energía y mala salud. Pero también sabemos que, si comemos de forma equilibrada, nos sentiremos mejor, nos veremos mejor y funcionaremos mejor.

Nuestros patrones de pensamiento se pueden comparar fácilmente con nuestros hábitos alimenticios. Si llenamos nuestras mentes y corazones con cosas que no son de Dios, nuestros pensamientos seguirán esas indicaciones. Nuestros pensamientos determinan nuestras acciones y nuestras palabras. Si meditamos en las Escrituras y llenamos nuestras mentes de cosas relacionadas con Dios, nuestros pensamientos, nuestras palabras y nuestras acciones estarán, de forma natural, llenos de vida, paz y verdad.

Los que están dominados por la naturaleza pecaminosa piensan en cosas pecaminosas, pero los que son controlados por el Espíritu Santo piensan en las cosas que agradan al Espíritu (Romanos 8:5, NTV).

¿Qué gobierna tu mente? ¿Tu carne o el Espíritu Santo? Ten cuidado con lo que pones en tu cabeza y sé consciente de que tiene un efecto directo sobre lo que saldrá de ella.

PENA

La pena es muy curiosa. Aparece en los lugares más insospechados. A medida que pasa el tiempo, acaba entretejiéndose en tu vida de una forma tan sutil que al principio ni la notas. Cuando sonríes y te sientes realmente feliz pero, a la vez, se te inundan los ojos de lágrimas, entonces sabes que la pena no está ausente incluso en los momentos de mayor alegría.

A medida que pasa el tiempo y la vida sigue adelante, tenemos que empezar a aprender a coordinar nuestras distintas emociones. Podemos sonreír, podemos reír y podemos estar perfectamente contentos, pero el dolor de esa pena sigue ahí, en lo más profundo de nuestro interior. No la olvidamos, pero sonreír tampoco supone una traición a nuestro dolor.

Tu promesa renueva mis fuerzas; me consuela en todas mis dificultades (Salmos 119:50, NTV).

Como hija de Dios, se te ha prometido una esperanza que tiene el poder de revivirte incluso en los momentos más dolorosos. Aunque tu dolor sea real, profundo y a veces abrumador, tu Dios es fuerte y capaz de sacarte del hoyo más profundo. E incluso, aunque te cueste imaginarlo, de darte gozo.

CADA MAÑANA

Hay muchos versículos en la Biblia que hablan de la oración matutina. El mismo Jesús fue un ejemplo de esto, levantándose pronto para ir a lugares tranquilos para orar y hablar con Dios. Las mañanas tienen algo que Dios valora. Las mañanas simbolizan el renacimiento, una fuerte esperanza y un nuevo inicio: es decir, muchas cosas que sabemos que a Dios le encantan.

Si buscamos a Dios en la mañana, consagramos los primeros momentos del día. Al acudir a él y sentarnos a sus pies antes de hacer nada más, literalmente lo ponemos primero en nuestros corazones, almas y mentes.

Hazme oír cada mañana acerca de tu amor inagotable, porque en ti confío. Muéstrame por dónde debo andar, porque a ti me entrego (Salmos 143:8, NTV).

Empezar el día disfrutando del amor de Dios es un privilegio maravilloso. Cuando nos sentamos a sus pies y leemos su Palabra, ganamos fuerza, sabiduría, guía y perspectiva para el día que nos espera. Dale hoy tu día. Busca un lugar tranquilo donde entrar en su presencia y leer sus palabras de amor por ti. Escucha cómo te transmite su gran afecto por ti y camina en ese amor para enfrentarte a cada obstáculo y momento que tienes por delante.

DE INVIERNO A PRIMAVERA

La primavera juega con nosotros a su propia versión del tira y afloja. Unos cuantos días soleados y agradables despiertan nuestros sentidos al frescor del aire primaveral y nos prometen el fin del invierno. Nos metemos en la cama tras horas de sol y risas pero, cuando nos levantamos, una gruesa capa de nieve ha cubierto cualquier indicio de calidez. El sol de primavera se oculta tras las nubes de invierno, como si estas supieran lo mucho que ansiamos la luz que nos tapan. Cuando el sol vuelve a salir, nos envuelve cálidamente en un santiamén.

Nuestras vidas también tienen inviernos, ¿verdad? Pasamos temporadas en las que estamos fríos, ocultos y atrapados. Sentimos que estamos enterrados bajo la nieve de algunas circunstancias y anhelamos la claridad, la calidez y la luz. Pero si nos fijamos con atención, quizá podremos ver que las nubes empiezan a moverse, su silueta delineada por una luz que nos promete que, detrás, hay esperanza. Y aunque el invierno pueda ser largo, el momento en el que el sol vuelva hará que todo haya valido la pena.

Conozcamos al Señor; vayamos tras su conocimiento.
Tan cierto como que sale el sol, él habrá de manifestarse;
vendrá a nosotros como la lluvia de invierno, como la lluvia
de primavera que riega la tierra (Oseas 6:3, NVI).

Quizá estás en medio de uno de los inviernos de la vida. Recuerda que cada invierno tiene su primavera. Cada mujer puede acudir a un Dios fuerte. Si te aferras a él, él se acercará a ti como el sol que aparece tras las nubes. Solo tienes que esperar, tener esperanza y buscarle.

A SU TIEMPO

Podemos pasarnos toda la vida estudiando a Dios y nunca acabar de entender cómo actúa: inesperado e impredecible, a pesar de las profecías del hombre; sutil pero monumental a pesar de toda la teología de su carácter.

Dios le dijo a Abraham que mirara al cielo: sus descendientes iban a ser tan numerosos como las estrellas. Y también le prometió el futuro de la humanidad y un legado que cambiaría la historia. Abraham vio, en un instante fascinante, cómo un Dios todopoderoso prometía cumplir sus sueños. Y, después, Dios calló. Lo único que tenía ahora Abraham era una mujer estéril e incrédula, un rostro sorprendido y un cielo negro como la tinta, lleno de millones de estrellas que representaban una promesa imposible. Pero a su tiempo y a su manera, Dios actuó.

Confía callado en el Señor y espérale con paciencia; [...] los que esperan en el Señor poseerán la tierra (Salmos 37:7-9, LBLA).

Dios tiene sus propios plazos. Puede que sientas que se ha olvidado de ti o que, con los años, se ha ido quedando más callado. Pero Dios cumplirá las promesas que te ha hecho. No se olvidará de terminar la obra que ha empezado. Él tiene un plan maestro y lo cumplirá. Sé fiel incluso en la espera y los momentos en los que parece que no sucede nada. A su tiempo y a su manera, Dios actuará.

RELACIONES

Los humanos hemos sido creados para relacionarnos con los demás; nuestra naturaleza es querer a otros y necesitarlos. Debido a este diseño, las amistades son esenciales para nuestras vidas y también para nuestro camino con Dios.

Es sabido que los amigos pueden darnos aliento o descorazonarnos. De un modo parecido, los amigos también pueden animarnos o desanimarnos en nuestra búsqueda de Dios. Cuando pidamos consejo a nuestros amigos para las decisiones que tenemos que tomar, es importante que esos amigos nos empujen a seguir a Cristo y no a nuestros propios deseos.

Camina con sabios y te harás sabio; júntate con necios y te meterás en dificultades (Proverbios 13:20, NTV).

Tus amigos tienen el poder de acercarte más a Dios o de alejarte de él. Rodéate de personas que te repitan las palabras de Dios en vez de hacer que te apartes del camino con sus consejos. Examínate para asegurarte de que eres el tipo de amiga que hará que los demás se acerquen más a Cristo gracias a tu influencia y consejo.

UN PERDÓN DE ESCÁNDALO

Hay pocas cosas peores que una ofensa injusta. Es terrible que alguien te haga daño, especialmente si se trata de una persona cercana. Algo en lo profundo de nuestro ser exige que se haga justicia. Se trata de un rasgo que nos ha dado Dios, que sirve para que nos pongamos en pie para defender la causa de los dolientes, las viudas y los huérfanos: es nuestro anhelo por la religión verdadera. Si vemos una injusticia, este anhelo crece con fuerza en nuestro interior. Sentimos dolor, sufrimiento, confusión y presión. Y, mucho más que cualquiera de esas emociones, tenemos una necesidad imperiosa de ver que se hace justicia.

Y este es el escándalo del evangelio. Es la mismísima esencia del Jesús al que seguimos. ¿Que alguien te hace daño? Perdónale. ¿Que vuelve a hacerte daño? Vuélvele a perdonar. «Pero Señor, es que no tenía razón. Ha pecado. Me ha hecho mucho daño». Su respuesta será la misma: «Perdónale, igual que yo te he perdonado a ti».

¡Tened cuidado! Si tu hermano peca, repréndelo; y si se arrepiente, perdónalo. Y si peca contra ti siete veces al día, y vuelve a ti siete veces, diciendo: «Me arrepiento», perdónalo (Lucas 17:3-4, LBLA).

Querida, se nos ha perdonado mucho. Por lo tanto, también debemos amar mucho. Da igual lo difícil que sea perdonar hoy a alguien que te ha hecho daño; recuerda lo mucho que te ha sido perdonado. ¿Cómo vamos a actuar con menos gracia de la que hemos recibido?

VIVA DE VERDAD

Nuestro día a día puede agotarnos por completo. En algún punto, en los atascos de la carretera, mientras barremos el suelo o nos cepillamos los dientes, puede que nos olvidemos de estar vivos.

¿Qué diferencia hay entre *estar vivo* y, simplemente, vivir un día a día gris? Significa que no solo existimos, sino que conocemos la vida, la comprendemos, la experimentamos… que la *vivimos*. ¿Y cómo sería eso de vivir la vida? Lanzarte desde un avión. Correr descalza por la hierba con el sol en la cara. Traer a un bebé a este mundo, fuerte y berreando, con poder y vida. ¿Cómo sería vivir cada instante con el espíritu de esos momentos en los que nos sentimos tan vivas?

Cuando la gente no acepta la dirección divina, se desenfrena.

Pero el que obedece la ley es alegre (Proverbios 29:18, NTV).

Si nuestra vida no tiene un motivo, sin un propósito, perecemos. Vacilamos. Perdemos el rumbo. Perdemos la esperanza. Empezamos a meramente existir en vez de inspirar con la reverencia de una vida que se vive con intensidad. Tenemos que volver a adoptar cada día esta visión. Abre tu mente y tu corazón a la visión que Dios tiene para ti. Si él te ha dado sueños que has ido perdiendo por el camino, confía en que volverán a ti. Dios te dio vida con su aliento para que tú pudieras vivirla al máximo.

NUNCA ES DEMASIADO TARDE

¿Hay cosas en tu vida que desearías no haber hecho? ¿Cosas de las que no te sientes demasiado orgullosa? Despierta, por la noche, reflexionas sobre tus errores y te preguntas si acaso ya es demasiado tarde como para enmendarlos.

Cuando Jesús estuvo en la cruz había dos ladrones colgados a su lado. Uno de ellos, en los momentos finales de su vida, le pidió a Jesús que le concediera su gracia y una segunda oportunidad. Ese ladrón, minutos antes de su muerte, recibió perdón y vida eterna. Y ese mismo día entró en el paraíso como un hombre limpio y perdonado. A la luz de esta historia, ¿cómo vamos a decir que es demasiado tarde para cambiar algo?

He aquí, no se ha acortado la mano del Señor para salvar; ni se ha endurecido su oído para oír (Isaías 59:1, LBLA).

Si sientes que es demasiado tarde como para cambiar algo y mejorarlo en tu vida, acuérdate de la historia del ladrón en la cruz. Siempre hay esperanza en Jesús. El Dios al que servimos es el Dios de las segundas oportunidades. Puede que parezca un cliché, pero no podría ser más cierto. Su amor no tiene fin y su gracia no conoce ningún límite. Nunca es demasiado tarde para seguirlo con tu vida.

RECONSTRUIDA

Hemos sido creados para llevar el sello de nuestro Creador. Fuimos diseñados con exquisitez para reflejar su imagen y revelar su gloria. La corrupción del pecado nos ha cubierto de suciedad y ha disimulado nuestro propósito inicial. Pero si respondemos a la salvación y nos entregamos de nuevo a Dios, él volverá a trabajar en nosotros para que recuperemos el aspecto inicial que quería que tuviéramos.

La santificación es un proceso que puede ser muy doloroso. Pero su resultado final es bellísimo. Dios vacía nuestros corazones de las cosas que jamás nos podrían saciar y empieza a hacer espacio para él, lo único que nos podrá satisfacer.

Hace tiempo el Señor le dijo a Israel: «Yo te he amado, pueblo mío, con un amor eterno. Con amor inagotable te acerqué a mí. Yo te reedificaré, mi virgen Israel. Volverás a ser feliz y con alegría danzarás con las panderetas» (Jeremías 31:3-4, NTV).

Puede que sientas que Dios ha derribado tu vida con una bola de demolición. Ha destruido todo lo que tenías: tus deseos, tus intereses y tus objetivos. Pero *no tengas miedo*. Él te reconstruirá. Está creando una obra maestra con tu vida que le dará gloria y honor. Él restaurará todo lo que te ha quitado para que refleje su imagen: el propósito para el que fuiste creada.

VIDA NUEVA

Toda la raza humana está viviendo en una prórroga. Nos pasamos la vida con el conocimiento innato de que nunca sabremos cuándo terminará. La muerte le llega siempre a todo el mundo.

Pero en lo referente a Jesús, la muerte no tuvo la última palabra. Y en esa muerte, la muerte que representó a toda la humanidad, nació la forma de vida más maravillosa. El evangelio dice que la muerte de Jesús no fue solo el fin de la vida de un hombre en una cruz. No; fue una muerte para acabar, literalmente, con todas las muertes. Jesús murió y cargó con toda la ira de un Dios justo para que no tuviéramos que cumplir nuestra sentencia de muerte. Y la historia no termina aquí. La parte más gloriosa de todo esto es su resurrección: conquistó la muerte en una exhibición suprema de poder, gloria, victoria y gracia.

Pues hemos muerto y fuimos sepultados con Cristo mediante el bautismo; y tal como Cristo fue levantado de los muertos por el poder glorioso del Padre, ahora nosotros también podemos vivir una vida nueva (Romanos 6:4, NTV).

La esencia de todo el evangelio, resumida en una frase, es esta: puedes tener una nueva vida. Una vida que no se acaba, no caduca ni termina. Esta bella verdad no es solo una idea atractiva. Es tu realidad como cristiana. Si aceptas la historia terminada del evangelio, disfrutarás del mejor final de la existencia. Tienes vida: una vida gloriosa y poderosa.

LA PROMESA DEL CIELO

Cuando pasan cosas terribles en este mundo, las personas acuden, desesperadas, a Dios. Le preguntan cómo puede haber permitido que suceda algo así. ¿Cómo va a poder ser buena la persona que lo controla todo si permite que ocurran tantas desgracias?

Pero si nos fijamos en el sistema del cielo, caemos en la cuenta de que Dios nunca quiso que experimentáramos la pena, el dolor o la muerte. Todas estas cosas solo existen como resultado del pecado de la humanidad. Cuando el reino de Dios venga a la tierra, tendremos la vida que Dios quiso para nosotros. Todo se arreglará y el dolor desaparecerá.

Enjugará Dios toda lágrima de los ojos de ellos; y ya no habrá muerte, ni habrá más llanto, ni clamor, ni dolor; porque las primeras cosas pasaron (Apocalipsis 21:4, RV60).

Como hija de Dios, sabes que todo el dolor que sufres en esta vida es temporal porque, en tu hogar eterno, nada de esto existirá. Cuando el dolor y la tristeza del mundo amenacen con superarte por completo, aférrate a la promesa del cielo y a la esperanza de que, un día, se secarán todas las lágrimas de tus ojos.

LO QUE DIOS ANHELA

Como cristianos, somos conscientes de que hemos recibido muchísimo de Dios y queremos darle algo a cambio. Vemos a otras personas a nuestro alrededor que hacen muchísimo: o bien han dedicado sus vidas a llevar el mensaje del evangelio a lugares remotos o bien sostienen ministerios enteros y dan muchísimo dinero a los pobres. Está claro que estas personas van muy por delante de nosotros a la hora de pagar su deuda con Dios.

Darle todo esto a Dios es excelente. Ir por todo el mundo predicando el evangelio es la gran misión que se nos ha encomendado, y sabemos lo importantísima que es para Cristo. El dinero puede ser tremendamente útil a la hora de hacer que su reino crezca en esta tierra, pero… ¿es realmente esto lo que Dios anhela?

Dame, hijo mío, tu corazón, y miren tus ojos por mis caminos (Proverbios 23:26, RV60).

Más que cualquier derroche que desearíamos poder ofrecerle a Dios, él quiere lo único que ya tenemos: nosotros. Cristo no murió en la cruz para que nosotros nos dedicáramos a dar sin falta nuestro diezmo a la iglesia o para vender todo lo que tenemos en su nombre. Él murió simplemente para estar con nosotros, para abrir un camino para que lo conociéramos y tener una relación pura con él. Hoy, ofrécete a ti misma.

RENOVACIÓN

Las lluvias de primavera renuevan la tierra; limpian el suelo estéril y lo inundan de vida y crecimiento. El verdor que dejan a su paso es la prueba de su poder vivificador. Igual que la lluvia cambia la tierra con el paso de las estaciones, Dios también cambia las vidas de los hombres al volver su corazón hacia él.

Nadie que se haya encontrado de verdad con la presencia de Dios se quedará igual. Y la completa rendición de la vida de una persona a Cristo será una marca indeleble en su carácter. Jesús nos acepta como somos, pero nunca nos deja igual. Su misión es siempre rescatar las vidas que el pecado ha destruido y hacerlas nuevas.

Todo el que pertenece a Cristo se ha convertido en una persona nueva. La vida antigua ha pasado; ¡una nueva vida ha comenzado! (2 Corintios 5:17, NTV)

Dios revive, reconstruye, recupera y renueva. Él toma lo que era, lo arranca y crea algo completamente nuevo. La esperanza increíble de todo esto es que no tienes que intentar cambiar por ti misma. Él hará la obra milagrosa del cambio en tu vida. Está haciendo algo nuevo… ¡y ya ha empezado!

¿CUÁNTO VALE TU FE?

Como cristianos, nuestro llamado es ser la representación de Cristo para el mundo: somos la expresión visible de un Dios invisible. Para expresar el corazón del Padre, antes debemos conocerlo. Dios nos dice en su Palabra que él se preocupa profundamente por «los más pequeños»: los huérfanos, las viudas, los pobres, los necesitados.

No podemos predicar a Cristo a alguien necesitado sin hacer algo al respecto. Nuestras palabras no comunicarán el amor de nuestro Padre si no van acompañadas de acciones que hagan que Dios sea real para ellos.

¿De qué le sirve a uno decir que tiene fe si no lo demuestra con sus acciones? ¿Puede esa clase de fe salvar a alguien? Supónganse que ven a un hermano o una hermana que no tiene qué comer ni con qué vestirse y uno de ustedes le dice: «Adiós, que tengas un buen día; abrígate mucho y aliméntate bien», pero no le da ni alimento ni ropa. ¿Para qué le sirve? (Santiago 2:14-16, NTV)

¿Cuánto vale tu fe? ¿Hasta dónde estás dispuesta a llegar para expresar el amor de Dios a un mundo moribundo? ¿Te darás a ti misma incluso cuando no te sea cómodo hacerlo? ¿Amarás a alguien desagradable y le darás algo a alguien que jamás te podrá devolver el favor? El coste puede parecer tremendo y la obra, insignificante, pero Dios ve tu corazón y lo que has hecho, y considera que lo has hecho directamente para él.

ABRIL

¡Qué alegría para los que reciben su fuerza
del Señor, los que se proponen caminar
hasta Jerusalén!
Cuando anden por el Valle del Llanto,
se convertirá en un lugar de manantiales refrescantes;
las lluvias de otoño lo cubrirán de bendiciones.
Ellos se harán cada vez más fuertes,
y cada uno se presentará delante
de Dios en Jerusalén.

Salmos 84:5-7, ntv

UN BRILLANTE EJEMPLO

Cuando aceptamos el regalo de la salvación de Cristo, podemos estar seguros de que viviremos eternamente con nuestro Padre celestial. No hay nada que podamos hacer por nosotros mismos que nos asegure un lugar en el cielo. Pero eso no quiere decir que nos tengamos que desentender de todo esto por completo. Aunque no sea un requisito de admisión para entrar por las puertas del cielo, vivir haciendo el bien es algo que todos los seguidores de Cristo deberían querer hacer.

Como cristianos, actuamos como extensión del Señor durante nuestro tiempo en esta tierra. Los no creyentes buscarán señalar cualquier hipocresía que vean en nosotros, así que no les demos ningún motivo para hacerlo.

Hagan brillar su luz delante de todos, para que ellos puedan ver las buenas obras de ustedes y alaben al Padre que está en el cielo (Mateo 5:16, NVI).

Sé un brillante ejemplo de su amor para que otros puedan ver lo preciosa que es una vida con Cristo. ¿En qué se distingue tu vida? ¿Pueden ver los demás que amas a Cristo a partir de las decisiones que tomas?

QUEJAS CONSTANTES

La tentación de quejarnos o lamentarnos puede acabar siendo demasiado fuerte. Solo tienes que reunir a un grupo de mujeres en una habitación y rápidamente verás cómo aumenta la tensión. «Esto que me hizo esta chica no es justo». «Mi marido no colabora como debería». «Mi vida es muy difícil por varios motivos». La lista es inacabable.

Nuestras quejas a menudo son válidas y ciertas, pero nos perdemos el gozo que el Señor tiene para nosotros si solo nos fijamos en lo negativo.

Háganlo todo sin quejas ni contiendas, para que sean intachables y puros, hijos de Dios sin culpa en medio de una generación torcida y depravada. En ella ustedes brillan como estrellas en el firmamento, manteniendo en alto la palabra de vida. Así en el día de Cristo me sentiré satisfecho de no haber corrido ni trabajado en vano (Filipenses 2:14-16, NVI).

Esta carta de Pablo a los filipenses se escribió hace cientos de años, pero podría haberla redactado perfectamente hoy mismo. Seguimos estando en una generación torcida y depravada. ¡Brillemos como estrellas en el cielo! Aferrémonos con fuerza a las Escrituras y hablemos palabras de vida a todos los que nos rodean.

¿ME GUARDAS UN SECRETO?

A todos nos ha pasado. Un amigo se acerca y nos susurra: «¿Te has enterado de lo que ha hecho *esta*?». Y hay algo en nosotras que se muere de ganas de saberlo. De enterarse del último cotilleo. De decírselo a otros. Casi parece que eso de ser chismosas nos salga de forma natural. Queremos contarles a otros lo que sabemos de los errores y fallos de los demás.

Puede que en ese momento nos guste criticar a los demás porque así vemos que no estamos solos en nuestros muchos defectos. Pero eso es mentira. Hemos sino diseñados para animarnos unos a otros. Hemos sido creados para ser dignos de los secretos de nuestros amigos porque nuestros labios estarán sellados.

El chismoso anda contando secretos; pero los que son dignos de confianza saben guardar una confidencia (Proverbios 11:13, NTV).

La próxima vez que te veas tentada a contar algo que no deberías, inspira profundamente y detente. Plantéate si contar un secreto es más importante que decepcionar a un amigo o amiga. El Señor te ha diseñado para que seas un tipo de amiga concreto: procura serlo.

UNA ESCAPATORIA

Todos luchamos contra la tentación. Nadie escapa a ella. Desde los cotilleos hasta los excesos, pasando por los pensamientos desagradables y mucho más, todos nos enfrentamos a la tentación de distintas formas.

¡La buena noticia es que servimos a un Dios que es fiel y que ama a sus hijos con locura! La Biblia nos dice que no nos permitirá enfrentarnos a algo que no podamos superar. Si nos volvemos a él en medio de nuestras luchas, podremos encontrar una escapatoria.

Ustedes no han sufrido ninguna tentación que no sea común al género humano. Pero Dios es fiel, y no permitirá que ustedes sean tentados más allá de lo que puedan aguantar. Más bien, cuando llegue la tentación, él les dará también una salida a fin de que puedan resistir (1 Corintios 10:13, NVI).

Prepárate para la batalla orando por protección. Pídele al Señor que abra tus ojos para ver de qué formas puedes caer, de modo que puedas estar lista para enfrentarte a ellas cuando las encuentres. Aunque la tentación se cruzará en tu camino con toda seguridad, ten confianza en que no te podrá derrotar si confías en el Señor en todo lo que hagas.

ÉL OYE

A veces puede parecernos que Dios está muy, muy lejos: un hombre elusivo en los cielos, tan por encima de nosotros que de ningún modo podría estar interesado en nuestra vida diaria. En comparación, nuestros deseos y peticiones son tan pequeños que parece que no valga la pena acudir a él para que nos ayude.

Pero él es un Dios que ama a sus hijos. Quiere que seamos felices, que nos sintamos plenos. Cuando nos acercamos con nuestros deseos y necesidades, ¡él nos escucha de verdad! La próxima vez que sientas que tus peticiones son demasiado poco importantes como para acudir a Dios, recuérdate a ti misma que él siempre está escuchándote. Aunque puede que no te responda de la forma que esperas, él estará ahí, a tu lado, dispuesto a oírte.

Esta es la confianza que tenemos al acercarnos a Dios: que, si pedimos conforme a su voluntad, él nos oye. Y, si sabemos que Dios oye todas nuestras oraciones, podemos estar seguros de que ya tenemos lo que le hemos pedido (1 Juan 5:14-15, NVI).

Permítete ser llena de la presencia de Dios hoy. Él te ama y quiere lo mejor para ti. Si le pides algo dentro de su voluntad, él te responderá.

UN CAMBIO DE CORAZÓN

Es fácil sentir compasión por aquellos que sufren. Ves lo injusto que es: personas buenas que luchan con las presiones de la vida. Pero ¿qué pasa con aquellos que no parecen tan «buenos»? Aquellos a los que ves y te dices: «Bueno, la verdad es que se merece un poco lo que le está pasando por todo lo malo que ha hecho». Nos resulta muy difícil encontrar algo de compasión en nuestro corazón hacia estas personas, ¡pero la Biblia nos dice que lo tenemos que hacer de todos modos!

Nuestro Dios es bueno con los ingratos y los malvados, así que nosotros también debemos serlo. Aunque vaya en contra de nuestra mismísima naturaleza hacer el bien a aquellos que nos han hecho daño, es lo que Dios espera de nosotros. Y la única forma de que podamos hacer esto es con un cambio en nuestro corazón que solo puede venir del Señor.

Ustedes, por el contrario, amen a sus enemigos, háganles bien y denles prestado sin esperar nada a cambio. Así tendrán una gran recompensa y serán hijos del Altísimo, porque él es bondadoso con los ingratos y malvados. Sean compasivos, así como su Padre es compasivo (Lucas 6:35-36, NVI).

¡Ora para que hoy Dios te cambie el corazón! Pídele a tu Padre celestial que ablande tu corazón por aquellos que te hacen daño. Solo entonces podrás amar realmente a tus enemigos como él quiere.

UN COMPORTAMIENTO INFANTIL

A veces nos puede resultar difícil obedecer a Dios. Incluso como mujeres adultas, hay veces en las que todo nuestro ser quiere ponerse a patalear y gritar: «¡No! ¡No quiero!». Cuando tenemos que enfrentarnos a tareas complicadas, queremos huir. Queremos rendirnos a nuestros propios deseos e ignorar lo que Dios nos está pidiendo.

Pero así estaremos incompletas. Las Escrituras dicen que la obediencia nos hará perfectas en nuestra relación con Dios. Sabremos realmente lo que significa el amor si elegimos obedecer. Y no podemos afirmar que le conocemos y amamos si no estamos viviendo según su Palabra.

En cambio, el amor de Dios se manifiesta plenamente en la vida del que obedece su palabra. De este modo sabemos que estamos unidos a él: el que afirma que permanece en él debe vivir como él vivió (1 Juan 2:5-6, NVI).

Cuando la niña que hay en ti amenace con levantarse y empezar a tomar decisiones por ti, detente y ora. Acércate más al Señor y pídele ayuda para elegir ser obediente. Solo con su guía seremos capaces de ser completas y dejarles las pataletas a los más pequeños.

DESPERTANDO AL SOL

Abril es un mes precioso en el hemisferio norte. La nieve empieza a derretirse, todo empieza a florecer y la tierra parece volver a la vida tras un largo letargo.

Del mismo modo que apreciamos la belleza de esta estación, Dios también tiene muy buen ojo para la belleza. Él es el pintor definitivo, el creador de un bello lienzo sobre el mundo entero a medida que este despierta. Él quiere que cada uno de nosotros reciba el abrazo cálido del sol y que esto, a su vez, nos recuerde su calidez y su amor.

Su mensaje se ha difundido por toda la tierra y sus palabras, por todo el mundo.
Dios preparó un hogar para el sol en los cielos, y este irrumpe como un novio radiante luego de su boda.
Se alegra como un gran atleta, ansioso por correr la carrera. El sol sale de un extremo de los cielos y sigue su curso hasta llegar al otro extremo; nada puede ocultarse de su calor (Salmos 19:4-6, NTV).

¡Alza la vista! Vuelve tu rostro hacia el sol. Siente su calidez. Dios está obrando en todas las cosas, incluso a través de la luz del sol. Del mismo modo que su luz cubre cada rincón de la tierra, el Señor está trabajando en cada área de tu vida. Déjale hacer su obra en ti hoy. Tómate un momento para advertir cómo te envuelve en su cálido abrazo.

LO MÁS PRECIOSO

Se nos da muy bien apreciar si algo es bello. Cualquier cosa brillante capta rápidamente nuestra atención y buscamos rodearnos de belleza. Y, en la naturaleza de nuestro mundo, podemos encontrarla a raudales.

No hay nada malo en que nos parezcan *bonitas* algunas cosas de este mundo, pero lo que sobrepasa en belleza a todo lo demás es el Señor Dios. Su amor, su misericordia, su gracia y su comprensión cortan el aliento.

Lo único que le pido al Señor —lo que más anhelo—
es vivir en la casa del Señor todos los días de mi vida,
deleitándome en la perfección del Señor y meditando
dentro de su templo (Salmo 27:4, NTV).

En el día de hoy no te pierdas la belleza del Señor. Búscala: ¡puedes encontrarla! Has sido creada para disfrutar de todo lo que es exquisito, bello y cautivador. ¡Entrégate a ese deseo y sácialo en él! Cuando descubras el atractivo que tiene, te darás cuenta de que no hay nada más bello que el Señor en su amor.

LA LISTA DE COSAS POR HACER

Es muy fácil ir avanzando por el día tachando todas las cosas pendientes de nuestra lista y asegurándonos de hacer todo lo que tenemos por hacer. Y, a veces, pasar tiempo con el Señor puede acabar convirtiéndose en otra casilla más que debemos marcar. ¿El baño? Limpio. ¿La compra? Hecha. ¿El pasaje bíblico de hoy? Leído.

Pero el Señor quiere mucho más de su relación con nosotros; no quiere convertirse en simplemente otra tarea más u otro punto de nuestra lista. Él es mucho más que una pequeña porción de nuestro día que olvidamos tan pronto como cerramos la Biblia. Búscalo: ¡él quiere que lo encuentres! Él quiere mostrarte todo lo que puedes tener si deseas una relación verdadera con él.

Me buscarán y me encontrarán cuando me busquen de todo corazón (Jeremías 29:13, NVI).

¿Estás dándolo todo en tu relación con el Señor? ¿Le has entregado tu corazón por completo? No retengas ni te guardes nada. ¡Entrégaselo todo a él! Búscalo en todas las áreas de tu vida. Él está allí donde mires, esperándote, queriendo conectar contigo.

PERDER PARA GANAR

Egoísta. La misma palabra ya es fea. Nos trae a la mente todas las cosas poco atractivas de nuestro interior. No podemos negar que queremos, antes que nada, lo que es mejor para *nosotros* en la vida. ¿Y lo mejor para los demás? Bueno, eso ya es un poco secundario.

Pero ¿qué pasa con el egoísmo en la vida cristiana? Aquí las cosas cambian completamente. La Biblia nos dice sin rodeos que no tenemos que ponernos en primer lugar, sino que debemos perder nuestra vida para ganar otra en Cristo. Si intentamos aferrarnos a una forma de actuar egoísta, perderemos la vida. Pero somos salvos cuando tomamos nuestra cruz y le seguimos. Cuando le decimos que no a la carne, decimos que sí a muchas otras cosas.

—Si alguien quiere ser mi discípulo —les dijo—, que se niegue a sí mismo, lleve su cruz y me siga. Porque el que quiera salvar su vida la perderá; pero el que pierda su vida por mi causa y por el evangelio la salvará (Marcos 8:34-35, NVI).

Echa un vistazo a tu vida hoy. ¿En qué áreas estas mirándote demasiado el ombligo? Entrégale estas áreas al Señor y busca su voluntad para tu vida.

TÁCTICAS DEL ENEMIGO

Cuanto más profundices en tu relación con el Señor, más intentará el enemigo apartarte de él. Cuanto más escuches la voz de Dios, más intentará Satanás susurrarte cosas al oído. Que te acerques más a Dios es lo último que quiere el enemigo.

«No eres lo suficientemente buena». «Nada te va bien». «Estás equivocándote en todas tus decisiones». Puede que estas mentiras estén dando vueltas y más vueltas en tu cabeza hasta que empiezan a parecer ciertas. De repente, descubres que te las estás creyendo todas. ¡Eso no es lo que quiere el Señor para ti! Él quiere que te alegres en él.

Pero que se alegren todos los que en ti se refugian; que canten alegres alabanzas por siempre. Cúbrelos con tu protección, para que todos los que aman tu nombre estén llenos de alegría (Salmos 5:11, NTV).

Ora para recibir protección de las mentiras que el enemigo quiere que te creas. Pídele al Señor que te hable con una voz lo suficientemente fuerte como para oírla por encima de todos los engaños. Él quiere regocijarse contigo; quiere lo que es mejor para ti. Confía hoy en este hecho mientras pasas tiempo con él.

NACIDOS PARA RELACIONARNOS

Antes de que la raza humana llegara siquiera a ser, ya existía la relación. El Padre, el Hijo y el Espíritu Santo coexistían en una relación de amor unos con otros. Eran interdependientes; necesitaban su conexión con los otros. Fueron el primerísimo ejemplo de lo que significa ser familia.

Como hemos sido diseñados según la imagen de Dios, hemos sido creados para relacionarnos unos con otros. Lo deseamos. La Biblia nos dice que no es bueno que estemos solos, así que ¿por qué nos sentimos tan solos a menudo? Podemos estar en una habitación llena de gente y no sentir conexión con nadie.

Luego Dios el Señor dijo: «No es bueno que el hombre esté solo. Voy a hacerle una ayuda adecuada» (Génesis 2:18, NVI).

Si te sientes sola, párate a pensar en todas las cosas que has hecho para levantar muros y evitar entablar verdaderas amistades. ¿Estás poniéndote tú misma trabas a la hora de desarrollar relaciones fuertes con otros? Pídele al Señor que ponga a personas en tu vida con las que puedas tener una relación auténtica. ¡Busca formas de hacer que estas conexiones maduren a partir de hoy mismo!

MOVER MONTAÑAS

Mateo 17:20 nos dice que si tenemos fe como un grano de mostaza podemos mover montañas. Literalmente. Como a nadie le apetece levantar el Kilimanjaro y buscar un nuevo sitio donde dejarlo, ¿cómo podemos aplicar esto a nuestra vida? La verdad es que parece un poco absurdo eso de que podamos hacer grandes cosas con solo un poquito de fe. Pero, aun así, ¡la Biblia nos dice que es así!

¿Cómo podemos avanzar en nuestra fe? Cada persona lo hará de una forma distinta. Para algunos, el primer paso puede ser entregarse completamente a la creencia de que Cristo murió por sus pecados. Para otros puede ser dejar un trabajo que no es adecuado y lanzarse a lo desconocido, o cortar con una relación tóxica a sabiendas de que el Señor estará ahí para cuidar de ellos.

Sin fe es imposible agradar a Dios, ya que cualquiera que se acerca a Dios tiene que creer que él existe y que recompensa a quienes lo buscan (Hebreos 11:6, NVI).

Busca su voluntad para tu vida hoy. ¿Qué paso de fe quiere que des? ¿Cómo será este paso en tu propia vida? Pasa un rato hoy reflexionando sobre esto: ¡él quiere recompensarte por tu fe!

UNA RESTAURACIÓN CON HUMILDAD

Es muy difícil ver que alguien a quien amamos empieza a tomar una mala decisión tras otra. Lo único que queremos es decirle que deje de actuar así; sacudirle y preguntarle por qué no puede ver que lo que está haciendo está mal.

Pero la Biblia dice que tenemos que restaurarle con actitud humilde. En amor. La definición de la palabra «restaurar» es «reparar». Y para reparar correctamente algo, tienes que darle todo el apoyo necesario. No puedes limitarte a clavarle un par de clavos a un armario roto y esperar que se aguante así. Puede que te saque del apuro durante un tiempo, pero si no sigues todos los pasos necesarios para devolverlo a su estado original, con el tiempo se estropeará cada vez más.

Hermanos, si alguien es sorprendido en pecado, ustedes que son espirituales deben restaurarlo con una actitud humilde. Pero cuídese cada uno, porque también puede ser tentado (Gálatas 6:1, NVI).

¿Conoces a alguien que necesite restauración? Pídele a Dios que te muestre cómo puedes apoyarle con humildad en este proceso. Ora para recibir protección para ti, para no caer tú también en la misma trampa.

BAJO SUS ALAS

En algún punto de nuestras vidas todos nos sentimos heridos. Sentimos un dolor que va más allá de lo que creemos poder soportar, que nos lleva al límite, que nos deja magullados y con el corazón roto. Y nos sentimos muy, muy *solos* en medio de nuestro dolor.

Hay alguien que siempre está con nosotros, listo para consolarnos. Jesús no quiere que vivamos sumidos en el dolor. Quiere darnos refugio. Puede que no sepamos por qué tenemos que llevar una carga concreta. A menudo tenemos la sensación de que esto es injusto, pero debemos ser conscientes de que podemos acudir a él en medio de todo esto y encontrar alivio.

Con sus plumas te cubrirá y con sus alas te dará refugio. Sus fieles promesas son tu armadura y tu protección (Salmos 91:4, NTV).

Entrégale tu dolor a Dios. Llórale. Él quiere darte paz. Deja que te acoja bajo sus alas y te proteja de todo lo que te está hiriendo. Muéstrale tus heridas y permítele sanarte hoy. Descansa en el conocimiento de que nunca estás sola.

YO PRIMERO

¿Qué es lo primero que hacemos cuando vemos una foto de grupo en la que salimos? Nos buscamos a nosotros, ¿verdad? Nos fijamos en si nos ha quedado bien el pelo, si se nos ha corrido el pintalabios o si nos han fotografiado en nuestro mejor perfil.

Para decirlo sin tapujos, estamos bastante centrados en nosotros mismos. Nuestro primer pensamiento siempre somos nosotros. Pero ¿qué pasaría si eligiéramos fijarnos primero en las otras personas que salen en la foto? ¿Y si nos dedicáramos a admirar a los demás que nos acompañan en la imagen? En la imagen general de la vida, ¿pensamos primero en nosotros mismos o anteponemos a los demás?

Ninguno busque su propio bien, sino el del otro (1 Corintios 10:24, RV60).

El Señor nos ha pedido que pensemos en los demás antes que en nosotros mismos. Es fácil asegurarnos de que nuestras necesidades están cubiertas antes de fijarnos en los demás. ¿De qué formas puedes intentar hoy servir a los otros antes que a ti misma?

¿TEMOR O TERROR?

A veces la imagen que tenemos de Dios es de fuego y azufre, maldición y pesimismo. Nos enseñan que debemos tener temor del Señor y, de repente, nuestro Dios empieza a ser terrorífico.

Hay una diferencia significativa entre un temor sano y tener miedo. Aunque a menudo asociamos las palabras temor y terror, no necesariamente significan lo mismo. Tener temor del Señor significa que lo respetamos. Significa que estamos asombrados por él. Él es, de hecho, un Dios de gran gozo. Cuando buscamos estar completamente en su presencia, podemos encontrar ese gozo.

Me mostrarás la senda de la vida; en tu presencia hay plenitud de gozo; delicias a tu diestra para siempre (Salmos 16:11, RV60).

¡Nuestro Padre quiere que disfrutes de su gozo! ¿Placeres para siempre jamás? ¡Sí, yo me apunto! Sacúdete las antiguas nociones de pavor o aprensión que puedas sentir ante la idea de estar en su presencia y busca el camino de la vida que él ha preparado para ti. Él es una fuente de gran gozo. Regocíjate en este hecho hoy.

LIMPIEZA A FONDO

La primavera es un gran momento para tirar lo que no necesitamos y hacer una limpieza a fondo de la casa. Es muy agradable examinar las cosas que has ido acumulando y deshacerte de todo lo que ya no te hace falta. Esa montaña de cosas que vas a donar o regalar muestra todo el progreso que has hecho.

Del mismo modo que nuestras casas necesitan que nos deshagamos de todos los objetos inútiles que vamos acumulando a lo largo de los años, a nuestra alma también le iría bien un poquito de orden. Con los años vamos acumulando malas costumbres, formas incorrectas de pensar y reliquias de nuestra antigua forma de vivir que ya no encajan en nuestra vida.

Crea en mí, oh Dios, un corazón limpio y renueva un espíritu fiel dentro de mí. No me expulses de tu presencia y no me quites tu Espíritu Santo (Salmos 51:10-11, NTV).

¡Es hora de que ordenes un poquito tu corazón! ¿A qué te aferras que no encaja con la forma en la que quieres vivir hoy? ¿Por qué sigues conservándolo? Haz un montón con todos los «trastos» espirituales que has acumulado. Apílalos, échales un último vistazo y deshazte de todo. ¡Qué bien que sienta progresar!

EMPUJADA POR LAS OLAS

No hay nada que se parezca a la sensación de ir en bote en un día soleado. Tumbarte y disfrutar de las olas meciéndote suavemente es increíblemente relajante. Pero ¿alguna vez has estado en el agua durante una tormenta? Es cualquier cosa menos relajante. De hecho, ir de acá para allá a merced del viento mientras las olas son cada vez más altas es directamente aterrador.

Cuando Santiago nos dibuja una imagen de lo que pasa cuando dudamos, debemos tomárnoslo en serio. Al fin y al cabo, su generación sabía bien lo que era estar en el mar. ¡Dependían de la pesca para gran parte de lo que comían! Y sin la tecnología y los equipos que tenemos hoy en día para salvarlos ante una tormenta, el peligro era muy real.

Pero que pida con fe, sin dudar, porque quien duda es como las olas del mar, agitadas y llevadas de un lado a otro por el viento (Santiago 1:6, NVI).

¡Ora para pedir sabiduría! Pero, cuando lo hagas, asegúrate de estar lista para recibirla. Cree en la palabra que el Señor tiene para ti y no dudes. Tu mismísima vida depende de ello.

CEDE EL CONTROL

Suena el teléfono y, al oírlo, tu corazón se hunde. Son las malas noticias que tanto temías recibir. Esas noticias que podrían hacerte poner en entredicho todo lo que sabes. De repente te encuentras en medio de una lucha. ¿Cómo puede permitir el Señor que nos pasen cosas tan terribles si realmente nos ama?

La fe es algo complicado. Cuando confías plenamente en alguien, te entregas del todo a esa persona. Y cuando confías plenamente en Dios, le permites tomar las riendas de tu vida y le cedes todo el control. Ya no estás sentada en el asiento del conductor, sino que eres una copiloto muy activa. Y, aunque pueda ser difícil, entregarte por completo significa que no debes temer las cosas malas que inevitablemente llegarán. Él se encargará de todo: la situación está en sus capaces manos.

No temerá recibir malas noticias; su corazón estará firme, confiado en el Señor. Su corazón estará seguro, no tendrá temor, y al final verá derrotados a sus adversarios (Salmos 112:7-8, NVI).

¿Has entregado el control de tu vida completamente al Señor o sigues siendo una copiloto que no puede evitar dejar de dar instrucciones durante todo el viaje? Entrégale tus preocupaciones e inquietudes y deja que él lleve tu carga por ti. ¡Es lo suficientemente fuerte!

EL PRECIO DE LA GLORIA

Como cristianos, se nos dice que somos hijos de Dios. La Biblia nos confirma esto, así que sabemos que es verdad. Y como sus hijos, podemos descansar en el conocimiento de que seremos los herederos de todo lo que es suyo.

Aunque esto no nos exime de pasar por momentos difíciles, lo bueno es que las Escrituras también nos dicen que compartiremos su gloria. ¡Qué noticia más excelente! La gloria no es solo algo que está bien, como un día soleado o un delicioso trozo de chocolate. No, es algo maravilloso. Describirla como «belleza resplandeciente» y «magnificencia» son solo dos de las muchas opciones que podríamos elegir.

El Espíritu mismo le asegura a nuestro espíritu que somos hijos de Dios. Y, si somos hijos, somos herederos; herederos de Dios y coherederos con Cristo, pues, si ahora sufrimos con él, también tendremos parte con él en su gloria (Romanos 8:16-17, NVI).

Piensa en el lugar más precioso en el que has estado o en el momento más maravilloso que has vivido. Pues… ¡no es nada en comparación con la gloria del Señor, y nosotros la compartiremos! Regocíjate pensando en esto hoy. Aunque puede que pases por sufrimientos en tu camino, compartir su gloria es el mejor premio que jamás podrías recibir.

LLÁMALE

Muy a menudo nos encontramos, con estas agendas tan apretadas y estas vidas tan ajetreadas, completamente solos. Nos sentimos incomprendidos, marginados. Nos aislamos en un mundo de dolor y sentimos que no hay nadie a quien podamos acudir.

¡Buenas noticias! Sí que hay alguien que siempre te responderá cuando lo llames. Dios está esperando a que lo llamemos. Tiene amor más que de sobras para repartir, suficiente para todo aquel dispuesto a buscarlo. Cuando le pedimos que nos tenga misericordia, él oye nuestros ruegos.

Compadécete, Señor, de mí, porque a ti clamo todo el día. Reconforta el espíritu de tu siervo, porque a ti, Señor, elevo mi alma. Tú, Señor, eres bueno y perdonador; grande es tu amor por todos los que te invocan. Presta oído, Señor, a mi oración; atiende a la voz de mi clamor. En el día de mi angustia te invoco, porque tú me respondes (Salmos 86:3-7, NVI).

Sea cual sea tu situación, pídele su ayuda hoy mismo. Las Escrituras dicen que él perdona y es bueno. Él quiere amarte en medio de tu dolor y sacarte de tu miseria. Él te responderá si estás dispuesta a pedirle ayuda.

VERDADERA ADORACIÓN

¿Cuándo fue la última vez que te entregaste por completo a la adoración? No me refiero a cantar mecánicamente en la iglesia ni a inclinar la cabeza en oración, sino a dejarte consumir totalmente por la presencia del Señor.

La verdadera adoración es mucho más que cantar la letra de una canción. Servimos a un Dios impresionante y poderoso. Merece nuestra completa devoción. Cuando descubrimos lo maravilloso que es, también somos conscientes de que él merece toda nuestra alabanza.

Pero se acerca la hora, y ha llegado ya, en que los verdaderos adoradores rendirán culto al Padre en espíritu y en verdad, porque así quiere el Padre que sean los que le adoren. Dios es espíritu, y quienes lo adoran deben hacerlo en espíritu y en verdad (Juan 4:23-24, NVI).

¡Vamos a convertirnos en el tipo de adoradores que nuestro Padre desea! Busca un momento tranquilo hoy para dejar que su poderosa presencia te invada e inunde cada recoveco de tu ser. Disfruta del tiempo que tienes con él y adórale de la manera que te resulte más natural. Descubrirás que él es más que digno de tu devota reverencia.

ME CUESTA ORAR

¿Alguna vez te has sentado a orar y has descubierto que no sabes cómo empezar? Te tropiezas con las palabras y te quedas en blanco. Quieres ser obediente pasando tiempo con el Señor, pero no sabes ni por dónde comenzar.

La buena noticia es que Dios interviene por nosotros en medio de todas nuestras luchas, incluida nuestra vida de oración. Él nos cubre las espaldas en los momentos de dolor y tristeza. ¿Por qué no iba a estar ahí para ayudarnos cuando queremos conversar con él? Él nos dará las palabras correctas si nosotros no las encontramos. De hecho, ¡irá mucho más allá y te dará una forma de comunicarte que las palabras no pueden expresar!

Él también es poderoso para salvar para siempre a los que por medio de él se acercan a Dios, puesto que vive perpetuamente para interceder por ellos (Hebreos 7:25, LBLA).

Si te encuentras buscando la forma correcta de expresarle a Dios lo que quieres, ten presente que él intercederá si se lo permites. Pasa un tiempo en silencio y deja que sea él quien tome las riendas. ¡Él conoce tu corazón!

LOS ZORROS

Los zorros son conocidos por su astucia. Son animales taimados, que cazan a sus presas con argucias. Son famosos por su capacidad para camuflarse, escondiéndose mientras rodean a su víctima hasta que le saltan encima de repente. Entonces le clavan los dientes y sacuden a su presa hasta quitarle la vida.

Nuestro enemigo también es muy astuto y utiliza nuestro pecado y tentaciones de la misma forma taimada. Se camufla en las esquinas de nuestra mente y no lo detectamos hasta que suele ser demasiado tarde. Solo lo vemos cuando ya nos ha atrapado y nuestro pecado nos sacude hasta que estamos a punto de rendirnos y ceder.

Atrapen a las zorras, a esas zorras pequeñas que arruinan nuestros viñedos, nuestros viñedos en flor (Cantares 2:15, NVI).

Dios quiere que seamos como viñedos en flor. Él está listo para cazar a los zorros que pueden convertirse en nuestros depredadores. Busca formas en las que puede que el pecado se oculte en tu corazón y entrégaselo al Señor para que él pueda evitar sacudidas innecesarias en tu vida.

UNA DISCIPLINA DE TIEMPO

Puede ser muy difícil dominar la autodisciplina, especialmente a la hora de pasar un tiempo diario con el Señor. Es fácil encontrar una excusa para no pasar este momento con él: tienes una agenda muy apretada para el día de hoy. Las mañanas son una locura, pero tampoco es que estés más tranquila por la noche. Nunca hay un buen momento para quitártelo de encima.

Si realmente experimentamos a Dios del modo que él quiere, acabará convirtiéndose en mucho más que una tarea de nuestra lista de cosas pendientes. Del mismo modo que alguien que se entrena para un maratón debe ser disciplinado y dedicar tiempo con regularidad a correr, nosotros también debemos entrenarnos para pasar tiempo con nuestro Padre. Y en cuanto esto se convierta en nuestro hábito, también se convertirá en nuestro gozo.

¿No saben que en una carrera todos los corredores compiten, pero solo uno obtiene el premio? Corran, pues, de tal modo que lo obtengan. Todos los deportistas se entrenan con mucha disciplina. Ellos lo hacen para obtener un premio que se echa a perder; nosotros, en cambio, por uno que dura para siempre (1 Corintios 9:24-25, NVI).

Todos estamos corriendo en esta carrera llamada vida. No dejemos que nuestros ojos se aparten del mayor premio de todos: una corona que durará para siempre.

UNA CANCIÓN DE AMOR

Ay, ¡de cuántas maneras pecamos! Estamos plagados de errores. Tomamos tantas decisiones equivocadas… La lista de cosas en las que no estamos a la altura es inacabable.

Si nos arrepentimos de verdad, no nos hace falta dedicar tiempo a castigarnos por los errores que hemos cometido. Tenemos la oportunidad de decir que lo sentimos y seguir adelante. ¡La Palabra nos dice que el Señor se deleita en nosotros! Cuando Jesús murió para salvarnos de nuestros pecados, se evaporaron los reproches. Y, en vez de ello, ¡él se regocija por nosotros y eleva un cántico de alegría! ¡Imagínatelo! El mismísimo Dios que nos salvó está tan emocionado que nos canta una canción.

El Señor tu Dios está en medio de ti como guerrero victorioso. Se deleitará en ti con gozo, te renovará con su amor, se alegrará por ti con cantos (Sofonías 3:17, NVI).

Escucha la canción que el Señor tiene para ti. El simple hecho de que existas le produce un gran placer. ¡Arrepiéntete de tus pecados y regocíjate hoy con él! Él quiere cantar *contigo*.

DICHOSA

Cuando María, una virgen, recibió la noticia de que iba a tener un bebé (¡ni más ni menos que el hijo de Dios!), debió de sentir un montón de emociones mezcladas. Seguramente sintió bastante miedo e inquietud. Y es muy probable que se preguntara qué iba a pensar su prometido de su historia. Igual que haríamos nosotras hoy en día, María acudió a toda prisa a una amiga de confianza para contárselo todo.

¿Y qué es lo primero que su amiga y prima Elisabet le dijo? Que era *dichosa*. Ella creía que Dios cumpliría con lo que le había prometido y que, debido a eso, había recibido el favor divino. A pesar de tratarse de un regalo que ella no había pedido y que seguramente la haría tener que enfrentarse a muchísimas dificultades, ella creía que Dios sería bueno en todo este proceso.

¡Dichosa tú que has creído, porque lo que el Señor te ha dicho se cumplirá! (Lucas 1:45, NVI)

¿Estás buscando las promesas de Dios en medio de tus dificultades? Cree que lo que el Señor dice es cierto y tú también encontrarás bendiciones en tu propia vida.

EL ALCANCE DEL AMOR DE DIOS

La carta que Pablo escribió a los efesios era una poderosa oración que surgió de su profundo deseo de ver a las personas vivir una vida que solo podía conseguirse con un compromiso total con Cristo. Él creía que valía la pena pasar por todas las dificultades que a menudo venían con una vida así, ya que la recompensa era enorme.

Esta carta podría haberse escrito para cada uno de nosotros. Cuando sentimos a Cristo morar en nuestro interior, podemos experimentar un amor y un poder verdaderos.

Por esta razón me arrodillo delante del Padre, de quien recibe nombre toda familia en el cielo y en la tierra. Le pido que, por medio del Espíritu y con el poder que procede de sus gloriosas riquezas, los fortalezca a ustedes en lo íntimo de su ser, para que por fe Cristo habite en sus corazones. Y pido que, arraigados y cimentados en amor, puedan comprender, junto con todos los santos, cuán ancho y largo, alto y profundo es el amor de Cristo; en fin, que conozcan ese amor que sobrepasa nuestro conocimiento, para que sean llenos de la plenitud de Dios (Efesios 3:14-19, NVI).

¿Has experimentado lo ancho y largo, alto y profundo que es el amor de Dios por ti? Él quiere que lo experimentes por completo. ¡Ora hoy para que así sea!

MAYO

Felices son los que oyen el alegre llamado
a la adoración, porque caminarán a la luz de tu
presencia, Señor.
Todo el día se alegran de tu maravillosa fama;
se regocijan por tu justicia.

SALMOS 89:15-16, NTV

REBOSANDO IRA

¿De dónde ha salido esta explosión de ira? ¿Y nuestra tendencia a aferrarnos a nuestras ofensas o a dejar de hablarle a alguien? Gritamos, resoplamos, damos portazos, temblamos de rabia… La ira se enciende en algún lugar de lo profundo de nuestro interior cuando alguien nos ofende. O nos falta el respeto. O quizá nos maltrata.

Sea cual sea el origen de nuestra ira, esta es muy difícil de controlar, y el enemigo se aprovecha de nuestra carne débil y orgullo herido para destruirnos. La ira que brota del orgullo es una expresión de nuestros deseos egoístas: «Pero ¿cómo se atreve a hacerme más difícil la vida? ¡Tendría que saber que no debe interponerse entre mí y mis placeres y comodidades!».

Queridas hermanas, somos llamadas a andar en el amor y la paz de Jesucristo, y a ser testigos de su justicia:

Mas tú, Señor, Dios misericordioso y clemente, lento para la ira, y grande en misericordia y verdad (Salmos 86:15, RV60).

Si la ira amenaza con superar a tu compasión, recuerda la devoción de Dios hacia ti y su amor inacabable. A pesar de tu pecado, él es sufrido y está lleno de gracia. Si le entregas tus ofensas a Dios y aceptas la gracia de su Espíritu Santo, las peligrosas llamas de la ira acabarán reducidas a cenizas. Su santa misericordia se las lleva; tu corazón quedará limpio y tu mente, renovada.

PROTOCOLO REAL

Imagínate que entras en el Palacio de Buckingham sin que nadie te vea ni te prohíba pasar, sin llamar ni anunciarte, y que sacas una silla y te sientas al lado de Su Majestad, la reina de Inglaterra. «Vaya día que he tenido. No me ha salido nada bien y encima el coche me hace un ruidito rarísimo. ¿Me podrías echar una mano?».

¡Es una imagen que roza lo absurdo! Hay un protocolo para ver a la realeza, con reglas que deben seguirse, sin mencionar a los guardias armados que protegen cada rincón. Pero hay un trono real al que podemos acercarnos sin miedo o sin guardar la etiqueta. No hay guardias, billetes para entrar, cerrojos ni restricciones. En este trono está sentado el Dios de toda la creación, ansioso por oír cómo te ha ido el día.

Así que acerquémonos con toda confianza al trono de la gracia de nuestro Dios. Allí recibiremos su misericordia y encontraremos la gracia que nos ayudará cuando más la necesitemos (Hebreos 4:16, NTV).

Acércate al trono, saca una silla sin ninguna vergüenza y dirígete a Dios. A él le encanta tu compañía. ¿Qué necesitas? Pídeselo sin miedo. ¿Qué regalos y dones te ha concedido? Dale las gracias en persona. ¿En qué necesitas que te guíe? Su sabiduría es tuya si estás dispuesta a escuchar.

PENSAMIENTOS TÓXICOS

A veces, mientras conducimos, pequeños detalles de otros conductores nos pueden llevar a adoptar una mentalidad de superioridad: somos los únicos que conducimos a una velocidad segura, que señalizamos las maniobras correctamente o que prestamos atención a las señales. «*¿Pero por qué nadie tiene ni idea de lo que está haciendo?*». Estas pequeñas tonterías acaban por hacerse cada vez más grandes y, de repente, acaban escapando a nuestro control, para decirlo de alguna manera.

Pues esto, lisa y llanamente, es orgullo. «Yo sí que lo tengo todo claro y todo el mundo debería ponerse las pilas». Esta forma de pensar no solo es desagradable para los que nos rodean, sino que es tóxica para nuestra alma. ¡Y se extiende con rapidez!

Es mejor centrar nuestra mente en Cristo y su reconciliación… ¡Y rápido, antes de que empecemos a condenar también a nuestros amigos y familia! En Cristo, todos hacemos lo que podemos para llegar a nuestro objetivo. No somos mejores que nadie. Pero tampoco somos peores, porque Dios nos ha creado y envió a su Hijo, Jesús, para morir por nosotros. Y eso nos ha hecho dignos.

Dios nos hace justos a sus ojos cuando ponemos nuestra fe en Jesucristo. Y eso es verdad para todo el que cree, sea quien fuere. Pues todos hemos pecado; nadie puede alcanzar la meta gloriosa establecida por Dios (Romanos 3:22-23, NTV).

Reflexiona sobre esto hoy, estés o no en la carretera. Ora pidiendo que puedas llegar sana y salva al lugar donde vas y, por el camino, trata de saludar con amabilidad a las personas con las que te cruces.

ATRÉVETE A TENER ESPERANZA

¿Sabes de quién eres? Tu padre y tu madre afirman (y con razón) que tú eres su hija, pero ¿reconoces que Jesús es quien te ha restaurado para que seas suya? Él conoce tus entradas, tus salidas y cada uno de tus entresijos; eres suya.

¡Cuán difícil es entregar nuestras necesidades a las manos del Padre! ¿Acaso nos atrevemos a tener esperanza? Imagínate ver que tu hija ha muerto. Te sientes desesperada por su ausencia cuando, de repente, Jesús llega y afirma que solo está dormida. Tanto el padre como Jesús amaban a la niña y ambos afirmaron que era su hija. Pero solo Jesús gobernó su espíritu y su vida. Su hija oyó su voz y obedeció su orden.

—Dejen de llorar —les dijo Jesús—. No está muerta, sino dormida.
Entonces ellos empezaron a burlarse de él porque sabían que estaba muerta. Pero él la tomó de la mano y le dijo:
—¡Niña, levántate! Recobró la vida y al instante se levantó. *Jesús mandó darle de comer* (Lucas 8:52-55, NVI).

Dios es fiel a las necesidades más profundas de tu corazón; ¡te conoce perfectamente! ¿A dónde te está llevando hoy? ¿Eres una hija que necesita sanación? ¿Esperanza? ¡Oye su voz y permite que tu espíritu sea renovado!

BEBER DEL RÍO

De vez en cuando pasa que, cuando llegan las fuertes lluvias de primavera, en algunas casas los propietarios tienen que ir a toda prisa a sus sótanos y, en cuclillas, intentar restañar el agua que quiere entrar en sus hogares. Esta se filtra, sí, pero no por paredes o ventanas, sino a través del nivel freático y de los cimientos. Y ahí están los propietarios, arrodillados, intentando absorber todo el líquido que puedan.

Es un momento complicado, desde luego, mientras se agotan a partes iguales las toallas y la paciencia. Pero ¡recuerda el agua viva, que brota con fuerza y da vida a raudales! Podemos recordarnos a nosotros mismos que debemos sacar agua abundante de estos manantiales en nuestros momentos de frustración.

¡Qué precioso es tu amor inagotable, oh Dios! Todos los seres humanos encuentran refugio a la sombra de tus alas. Los alimentas con la abundancia de tu propia casa y les permites beber del río de tus delicias. Pues tú eres la fuente de vida, la luz con la que vemos (Salmos 36:7-9, NTV).

Es doloroso tener que pasar por pruebas. Pero el corazón se eleva y toda la sed es saciada. Estás con Jesucristo, quien vino a servir y no a ser servido. ¿Se te ocurre otro lugar mejor en el que quieras estar? Deja que su amor te llene hasta que reboses gratitud y alabanza.

SIEMPRE SE PREOCUPA POR TI

Cuando se abren las puertas del hospital y no estamos seguros de las noticias que vamos a recibir, Dios es compasivo. Cuando el jefe nos dice que vayamos a su despacho y el despido es una posibilidad real, Dios es tierno. Cuando volvemos a casa tarde por la noche y descubrimos que han robado o destruido nuestros bienes más preciados, Dios nos consuela. A Dios le importamos profundamente.

Hay quien ve a Dios como un ser distante, vengativo o condenador. Otros creen que es tierno, amable y atento. Hay veces en las que las circunstancias pueden ser abrumadoras. La ansiedad nos invade por completo y nos sentimos solos y aislados.

No permitas que las dudas arraiguen en tu corazón; él es un Dios a quien le importas profundamente, que te ama completamente y que permanece fiel, siempre a nuestro lado en los momentos de dificultad. Aunque nuestras penas nos puedan sobrepasar, él es el consuelo que necesitamos.

Cuando cruces las aguas, yo estaré contigo; cuando cruces los ríos, no te cubrirán sus aguas; cuando camines por el fuego, no te quemarás ni te abrasarán las llamas (Isaías 43:2, BAD).

Toma su mano, ofrecida en amor, y nota cómo te consuela. Recuerda su fe y deja que eso calme tu alma. ¡Él está contigo! ¡No te ahogarás! ¡Las llamas no te consumirán! Aférrate a sus promesas y esas montañas a las que te enfrentas, por muy altas que parezcan, se desmoronarán a tus pies.

UN CAMINO ETERNO

Hay una tira cómica de *The Family Circus* en la que le piden a uno de los hijos que saque la basura. En la imagen se ve entonces el embrollado y errático recorrido que sigue el niño hasta llegar a su destino final. Salta por encima de los sofás y pasa a través de las ventanas, bajo la carretilla, alrededor de los árboles y entre sus hermanos; todo para llegar al contenedor de basura que lo espera fuera de casa.

A veces nuestras vidas pueden ser algo parecido: impredecibles, ilógicas e incoherentes. Los cambios en nuestro trabajo, matrimonio, familia o iglesia pueden hacer que el camino parezca irracional, desigual y confuso. Pero Dios nos ha hecho la promesa de una senda que no cambia jamás si guardamos su pacto. Si examinamos nuestras vidas a través de nuestra perspectiva humana limitada, el camino parece confuso. ¡Pero la guía de Jesucristo es eterna!

Todas las sendas de Jehová son misericordia y verdad, para los que guardan su pacto y sus testimonios (Salmos 25:10, RV60).

Hay un camino preparado para ti y Dios ha puesto tus pies en él. Es, con certeza, un camino de amor y fidelidad. Él tiene un pacto contigo y tú lo cumples cuando confías en él, incluso cuando el camino se estrecha. Habrá momentos que serán poco cómodos y seguramente te preguntarás por qué te está guiando por lugares tan extraños, ¡pero confía en él! Sus caminos son perfectos.

CADA TALENTO ES IMPORTANTE

Durante la Primera Guerra Mundial, la Cruz Roja americana pidió a todos los ciudadanos americanos que ayudaran a los soldados que luchaban fuera del país. Uno de sus mayores éxitos fue una campaña para animar a hacer punto llamada «Knit Your Bit» [Teje un trocito], para la que solo hacían falta agujas de tejer, lana y una habilidad fácil de aprender. Al final de la guerra, los americanos produjeron veinticuatro millones de piezas de ropa militar, incluyendo jerséis, forros para cascos y calcetines. Hombres, mujeres, niños y niñas colaboraron. Por muy insignificante que fuera tu habilidad, por pequeña que fuera tu aportación, era bienvenida igualmente.

Del mismo modo, tus habilidades creativas son un regalo para el reino de Dios. ¡Puedes utilizar tu imaginación para su gloria! Puede que creas que Dios no está interesado en que aproveches tu creatividad. Pero tus dones son una gran bendición para los demás. ¿Dónde podrías ser de más ayuda? ¿Conoces a alguien a quien podría irle bien que le dedicaras tu atención? ¡Tu humilde ofrecimiento es un testimonio del amor de Dios!

El Señor los ha dotado de un talento especial en el arte de grabar, de diseñar, de tejer y bordar en hilo azul, púrpura y escarlata de lino fino. Ellos se destacan como artesanos y diseñadores (Éxodo 35:35, NTV).

Quizá ya hay en ti un deseo pero crees que te falta habilidad. Aprovecha las lecciones de tutoriales en vídeo para ayudarte a desarrollar la creatividad y el deseo que Dios te ha dado y que ya tienes hasta convertirlos en un talento que él promete utilizar. Es para su gloria que recibimos talentos, así que plantéate en oración cómo pulir los tuyos y usarlos para sus propósitos.

LA VENTAJA DEL TERRENO ELEVADO

En los tiempos de guerra, los estrategas aprovechan el terreno elevado como ventaja. Ver el campo de batalla desde arriba es la mejor forma de formular el plan de ataque para sus tropas. Antes del uso de los satélites y de la visión térmica solo era posible ver aquello que quedaba a ras de suelo, con lo que los estrategas se veían obligados a utilizar cualquier información que les proporcionaran los mapas y los espías para predecir los movimientos del enemigo y posicionar a sus hombres.

Nuestras vidas, de una forma similar, se benefician de contar con un punto de vista más elevado. Cuando nos alzamos por encima de estas circunstancias y dejamos de ver la vida desde nuestra perspectiva ansiosa, ávida y agobiada para empezar a ver las cosas como Dios las ve, la batalla de la vida deja de ser tan intimidante y las promesas de la eternidad empiezan a perfilarse ante nuestros ojos.

Dios tiene planes para nuestras vidas, pero a veces cuesta verlos. Las derrotas diarias de la vida nos consumen y luchamos para levantar la vista de las dificultades. Cuando lo conseguimos, podemos recordar sus elevados caminos y pensamientos, y creer que él nos dirigirá a través de ellos. Él ve todo el campo de batalla cuando nosotros solo podemos ver nuestra trinchera y las ensordecedoras explosiones que nos rodean.

La victoria proviene de ti, oh Señor; bendice a tu pueblo (Salmos 3:8, NTV).

¿Cómo sería para ti poner tu confianza en Dios en la batalla de hoy? Puedes estar confiada en que él te dirigirá con seguridad a la victoria.

PRISIONEROS DEL MIEDO

El piloto observa la luz roja que parpadea. Una madre busca frenéticamente a su hija entre los pasillos del supermercado. Una conductora ve por el retrovisor cómo un camión se le echa encima. Hay algunos miedos que nos atenazan y nos paralizan el cuerpo. El corazón se desboca, las pupilas se dilatan, nos sudan las manos.

Otros miedos nos sobrecargan la mente con pensamientos angustiosos y noches sin dormir. ¿Cómo vamos a pagar las facturas de este mes? ¿Nos dará malas noticias el doctor? Tenemos familiares que necesitan ayuda, amigos abrumados por el dolor y nosotros, impotentes, no podemos hacer nada.

Cuando nuestra mente se ve invadida por pensamientos que nos aterran, las palabras de consuelo y sabiduría de Dios pueden acabar por desaparecer. Si aprendemos a confiar completamente en él, calmará nuestro miedo y tranquilizará nuestros corazones acelerados. Podemos dejar el miedo atrás gracias a nuestra confianza en Dios y sus promesas.

Cuando te acuestes, no tendrás temor, sino que te acostarás, y tu sueño será grato. No tendrás temor de pavor repentino, ni de la ruina de los impíos cuando viniere, porque Jehová será tu confianza, y él preservará tu pie de quedar preso (Proverbios 3:24-26, RV60).

¿Qué miedos te tienen cautiva hoy? Deja que el terror se vaya desvaneciendo y ten la certeza de que Dios es tu refugio. Él cuidará con amor de todas tus necesidades. ¡No tengas miedo!

BERRINCHES

Los berrinches se dan en los adultos con tanta frecuencia como en los niños: simplemente, adoptan otra forma. Los niños no han aprendido a dominar sus gritos y pataleos de frustración o enfado, mientras que los adultos muestran un comportamiento más contenido. Pero el corazón es el mismo y la reacción surge de las mismas provocaciones.

Santiago va directo a la esencia del pecado. Cuando queremos algo y no lo podemos tener, nos entra una rabieta. ¡La cosa es muy sencilla! Observa a un niño y pronto podrás ver esto en acción. Si te fijas en un adulto quizá te costará más discernirlo, pero por desgracia esto está en todos nosotros.

Dale las gracias a Dios por su gracia inacabable, que nos concede precisamente por este motivo. Sometámonos al perdón de Dios y acerquémonos a él para recibir su gracia, que nos limpia y purifica. Nos inunda por doquier y todos nuestros berrinches son perdonados. Cuando nos humillamos, él promete exaltarnos. ¿Qué más podríamos querer?

¿Qué es lo que causa las disputas y las peleas entre ustedes? ¿Acaso no surgen de los malos deseos que combaten en su interior? Desean lo que no tienen, entonces traman y hasta matan para conseguirlo. Envidian lo que otros tienen, pero no pueden obtenerlo, por eso luchan y les hacen la guerra para quitárselo. Sin embargo, no tienen lo que desean porque no se lo piden a Dios (Santiago 4:1-2, NTV).

¿Ves reacciones en ti que te recuerdan a una niña con una pataleta? El perdón de Dios va mucho más allá de todo esto. Dale las gracias hoy por su misericordia y gracia. A él le encanta que medites en ellas.

NUEVA VIDA

La primavera es un tiempo de renacimiento y renovación, una recompensa por haber conseguido superar el largo, frío y desolado invierno. Algunas partes del mundo llevan semanas disfrutando de jardines primaverales repletos de color, floreciendo con fragancia. En otras regiones, la fría nieve todavía se está deshaciendo y los bulbos más tempranos aún tienen que lograr abrirse paso a través del duro suelo. Ya sea por encima de la superficie o por debajo de ella, la resurrección está en todo lo que nos rodea, recompensándonos con nueva vida y vitalidad. La resurrección es un regreso de la esperanza, de la luz que brilla en la oscuridad, de nuestro premio glorioso.

Isaías 42:16 comparte una promesa que no puede sernos arrebatada. Él ha conseguido su gloria y nosotros compartiremos su recompensa: ¡la muerte no puede conquistar ni robar nuestra herencia! Por lo tanto, podemos confiar y creer en Jesucristo, nuestra esperanza. No hay nada más magnífico y más digno de nuestra emoción: ¡él ha abierto un camino para que podamos compartir su gloria!

Y guiaré a los ciegos por camino que no sabían, les haré andar por sendas que no habían conocido; delante de ellos cambiaré las tinieblas en luz, y lo escabroso en llanura. Estas cosas les haré, y no los desampararé (Isaías 42:16, RV60).

Deja que los pecados que han estado estorbando tu alma se derritan como la nieve de invierno; permite que su fuerza renovadora inunde tu alma. Inspira profundamente: es un nuevo comienzo. Hoy es un nuevo día, prometedor y lleno de vida. Recibe el regalo de la recompensa de la salvación.

SOLICITUD ACEPTADA

Las solicitudes son esenciales para separar a los candidatos prometedores de los que no son adecuados: rellena este formulario y averigua si te podemos conceder una hipoteca, si puedes entrar en esa universidad o si puedes optar a una tarjeta de crédito. Así que nosotros enumeramos nuestras mejores cualidades sobre el papel, retocamos un poquito nuestros puntos débiles y esperamos que nos aprueben. Pero el rechazo es siempre una posibilidad.

Aun así, con Dios nuestra aceptación ya ha sido asegurada. Lo único que tenemos que hacer es pedírselo a su Hijo, Jesús, quien en nuestro nombre solicita esta aprobación. No hay ningún problema de crédito, ningún suspenso, ninguna falta que su muerte en la cruz no pueda cubrir por completo. Su amoroso perdón nos cubre y, por lo tanto, no hay en nosotros ninguna falta. Somos aceptados por Dios como parte de su familia y redimidos por su gracia en su reino eterno.

Dios nos escogió en él antes de la creación del mundo, para que seamos santos y sin mancha delante de él (Efesios 1:4, BAD).

¡Eres aceptada! Descansa en la promesa de que no hay nada en tu pasado, ningún pecado anterior o presente, que pueda separarte de su amor. Déjalo todo en sus manos y ten fe; ¡eres completamente aceptada y amada en abundancia!

AMA COMO ÉL AMA

Los mayores mandamientos de Dios son amarle a él y amarnos unos a otros. Amarle a él puede ser fácil; al fin y al cabo, él es paciente y amoroso. Pero la segunda parte de su mandamiento puede ser complicada, porque implica amar a esos vecinos entrometidos de la barbacoa del barrio, a nuestros primos odiosos en la cena de Navidad, a ese dependiente maleducado en el supermercado o a esas visitas insoportables que llevan demasiados días en nuestro cuarto de invitados.

Amarnos unos a otros solo es posible cuando amamos como Dios. Cuando intentamos amar desde nuestra humanidad, el pecado nos lo impide. Obedecer el mandamiento de amar empieza con el amor *de Dios*. Cuando advertimos lo espectacular que es su amor por nosotros, cuando vemos lo inmerecido, inacabable e incondicional que es, nos conmovemos porque no lo merecemos. Pero él nos lo concede de todos modos, libremente y con abundancia, y esto nos lleva a amar a los demás.

Nosotros le amamos a él, porque él nos amó primero
(1 Juan 4:19, RV60).

A través del amor mostramos a Jesucristo al mundo entero. Si conocemos cuán ancho y largo, alto y profundo es su amor hacia nosotros, entonces no nos quedará más remedio que derramar este mismo amor sobre los demás. Lo intrusivo se convierte en bienvenido, lo ofensivo se vuelve pacífico, la grosería da paso a la gracia y lo insufrible queda eclipsado por la cruz y todo lo que Jesús sufrió en ella.

GENEROSIDAD INESPERADA

Te pones a la cola, pides el café que tanto necesitas para empezar el día y oyes que el dependiente te dice: «La persona que iba delante de ti ha dejado pagado tu café». Esta generosidad inesperada produce en ti una gratitud que te conmueve, y el día ahora está lleno de la presencia de Dios. Puede que un desconocido haya sido el medio a través del cual has recibido este regalo, pero la inspiración que ha habido tras su acto es inconfundible: Dios.

Dios es el autor de la generosidad y nos provee de todo lo que necesitamos. ¡Fíjate en todo lo que les dio a Adán y Eva y lo poco que exigió a cambio! Ellos estuvieron en su presencia cada día y disfrutaron de una relación auténtica con su Padre. *Lo único que no tienen que hacer es comer de ese fruto.* E incluso cuando comieron lo que sabían que no debían, Dios les ofreció redención.

Debido a nuestra fe, Cristo nos hizo entrar en este lugar de privilegio inmerecido en el cual ahora permanecemos, y esperamos con confianza y alegría participar de la gloria de Dios (Romanos 5:2, NTV).

Nosotros, como Adán y Eva, hemos pecado y merecemos la muerte. ¡Pero Cristo es nuestra generosa provisión! Como si la eternidad en su reino no fuera ya más que suficiente, nos bendice a todos cada día, seamos consciente o no de ello. Algunas cosas, como un café gratis, son pequeños regalos. Otras son sutiles o, directamente, nos pasan desapercibidas. ¡Pero él está obrando en su amor dándote una generosísima porción a ti, su amada!

ROBLES DE JUSTICIA

¿Cuántos pensamientos concibe la mente humana en una hora? ¿Y en un día? ¿Y en toda una vida? ¿Cuántos de esos pensamientos son sobre Dios, sobre la persona que es y lo que ha hecho por sus hijos? Imagina tus propios pensamientos de tu día a día (la lista de la compra, la cita con el dentista, letras de canciones y llaves que no sabes dónde están) y luego reflexiona en tus pensamientos sobre Dios (su majestad, santidad, consuelo y creatividad), y pon ambas cosas en una balanza. Es bastante probable que esta indique que pesan más las innumerables minucias de la existencia humana.

Estos detalles temporales eclipsan el único consuelo y la única promesa en los que podemos descansar: el evangelio del nacimiento, la muerte, la resurrección y la ascensión de Jesús para nuestra salvación eterna. ¡Si nos deshacemos de cualquier otro pensamiento, solo queda esta verdad! Para aquellos cargados por su pecado, esto supone un gran consuelo. ¡Jesús vino para darnos nueva vida!

Y a los dolientes [...] [me] ha enviado a darles una corona en vez de cenizas, aceite de alegría en vez de luto, traje de fiesta en vez de espíritu de desaliento. Serán llamados robles de justicia, plantío del Señor, para mostrar su gloria (Isaías 61:3, BAD).

No eres un árbol joven y débil, limitado por una luz inadecuada y pocos nutrientes, sino un roble elegante y robusto, alto y resistente para la gloria de Dios. Las cenizas, el duelo y las pesadas cargas han desaparecido. La balanza se inclina bajo el peso de esta idea: eres suya. Deja que tus pensamientos se alcen por encima de todos los detalles diarios de tu humanidad para deleitarte en este gozo: él te ha entregado todo lo que necesitas en Jesús.

LA SEGURIDAD DE LA SALVACIÓN

Todo acabó destruido en cuestión de días. Primero robaron, mataron o quemaron a sus 11.000 cabezas de ganado y sirvientes. Después, sus diez hijos murieron a la vez. Y para empeorar todavía más las cosas, la piel de este desafortunado hombre acabó plagada de dolorosísimas llagas, que se rascaba con un trozo de cerámica rota.

¿Cómo puede alguien soportar una tragedia así? Hay que decir que Job se lamentó, lloró y se vistió de duelo. Se sentía confuso, desesperado y débil. Y, encima de sentirse maldito, sus amigos y su mujer lo provocaban: «Reniega de Dios; él ha renegado de ti. Deja de esperar que Dios te redima cuando tan claramente se ha olvidado de ti».

La fe de Job se había visto debilitada por todas estas pruebas, pero él se aferró desesperadamente a la única promesa que lo podía sostener: pasara lo que pasara en esta vida terrenal, nada podía arrebatarle el gozo que iba a compartir con Dios en su vida eterna.

Pero en cuanto a mí, sé que mi Redentor vive, y un día por fin estará sobre la tierra. Y después que mi cuerpo se haya descompuesto, ¡todavía en mi cuerpo veré a Dios! Yo mismo lo veré; así es, lo veré con mis propios ojos. ¡Este pensamiento me llena de asombro! (Job 19:25-27, NTV)

Todo lo que hay en la tierra es un tesoro pasajero, una comodidad momentánea que puede perderse en un instante. Pero la seguridad de tu lugar eterno en su reino, si le has entregado tu vida a Jesucristo, es indestructible.

SEGURIDAD GARANTIZADA

Apiñados en el sótano del museo, los visitantes esperaban a que el huracán pasara. Los niños lloraban o dormían; las caras de los padres transmitían tensión y ansiedad. El personal del museo se aferraba a sus *walkies-talkies* y linternas, cuyos haces se movían de aquí para allá nerviosamente. Las sirenas ululaban, el viento rugía y hasta los cimientos del refugio temblaban mientras la impresionante tormenta desataba su ira en el exterior.

Incluso contando con todos los avances de la ingeniería, aquellos que intentaban guarecerse del huracán seguían preocupados. No había ninguna garantía de seguridad. ¿Acaso podría esperarse que toda esa muchedumbre amontonada se pusiera a cantar de gozo? ¿A regocijarse en su escondrijo? Si conocieran a aquel que ha prometido protegernos siempre, entonces sus alabanzas resonarían entre las paredes del refugio.

Podemos estar gozosos a la sombra de la protección de Dios. ¡Él es el único capaz de garantizar nuestra seguridad! Su protección se extiende sobre nosotros, más fuerte que cualquier refugio antiaéreo o búnker apocalíptico que pudiéramos diseñar.

El Señor te libra de todo mal y cuida tu vida. El Señor te protege al entrar y al salir, ahora y para siempre (Salmos 121:7-8, BAD).

¿Te sientes identificada en el día de hoy con esta necesidad de protección? Imagínate que te pudieras deleitar en medio de la tormenta, cantando mientras las estructuras se derrumban, consciente de que, mientras todo esto pasa, tú estás protegida bajo la poderosa mano de Dios.

ELIGE LA COMPASIÓN

Piensa en los israelitas cuando vagaban por el desierto: Dios los había rescatado de la esclavitud y andaba delante de ellos en una columna de fuego, cubriendo cada una de sus necesidades y protegiéndolos. ¿Y qué le dieron a cambio? Quejas.

Escucha los salmos de David, un hombre según el corazón de Dios, en los que él deposita sus cargas a los pies de Dios, alabando su majestad y poder. Pero ¿qué hizo David cuando quiso algo que no podía tener? Robar, matar y mentir.

Pablo, que vivió una vida dedicada a predicar su amado evangelio a personas de todos los lugares, compartió el asombroso regalo de la gracia de Dios tanto a judíos como a gentiles. Pero ¿quién era antes de su conversión? Un asesino y perseguidor de cristianos empujado por el odio.

Compasivo y clemente es el Señor, lento para la ira y grande en misericordia (Salmos 103:8, LBLA).

Dios ama a sus hijos, sean cuales sean sus pecados, su pasado y sus errores. No se nos trata como mereceríamos, sino según su tremendo amor por nosotros. ¿Puede decirse lo mismo de nuestra forma de tratar a los que están a nuestro alrededor? ¿Somos compasivos, lentos para la ira y llenos de amor? ¿O actuamos con impaciencia, sintiéndonos ofendidos y molestos?

VEN

Hay quien dice que el romanticismo ha muerto. Pero no para Dios: él es el amante de nuestras almas. ¡Y no hay nada que desee tanto como pasar tiempo con su creación! Puede resultarnos un poco incómodo tener su mirada tan fijamente sobre nosotras. Al fin y al cabo, ¡no somos nada especial! Ni reinas de belleza, ni eruditas académicas, ni prodigios atléticos. Puede que no tengamos oído musical ni seamos hábiles con las manualidades u organizadas. Quizá nuestra casa sea un desastre, y seguramente nos iría bien una buena manicura.

¿Te sientes algo aprensiva ante una mirada tan cargada de adoración? Pues, ¡buenas noticias! ¡Tú eres, de hecho, su preciosa amada! Y él quiere sacarte de este frío invierno. Ha terminado la temporada de riego y por fin (¡por fin!) ha llegado el momento de regocijarse en la temporada de renovación.

Mi amado habló, y me dijo: Levántate, oh amiga mía, hermosa mía, y ven. Porque he aquí ha pasado el invierno, se ha mudado, la lluvia se fue; se han mostrado las flores en la tierra, el tiempo de la canción ha venido, y en nuestro país se ha oído la voz de la tórtola (Cantares 2:10-12, RV60).

¿Por qué te sientes incómoda bajo la mirada de aquel que te ama más de lo que nadie te podría amar? Ha llegado el momento. Él te está llamando, por muy indigna que creas ser. ¿Te levantarás e irás con tu amado? ¡Te está esperando!

UN GOZO SIN FIN

Piensa, por un momento, en la etapa de mayor gozo que hayas pasado junto a Cristo. Recrea la delicia de esa temporada, la alegría y el placer que había en tu corazón. Disfruta de ese recuerdo durante un minuto y permite que esas emociones te invadan de nuevo. ¿Está volviendo ese gozo? ¿Lo sientes? Pues ahora escucha esta verdad: el modo en el que te sientes al pensar en Dios en tu mejor momento, en la temporada más gozosa, maravillosa y gloriosa, es como él se siente al pensar en ti *en todo momento*.

¡Qué bendición más gloriosa! Nuestro gozo nace de la misma alegría que rebosa en el corazón de Dios; es una de las muchas bendiciones que Dios derrama sobre nosotros. Cuando advertimos lo bueno que él es y cómo nos ha concedido todo lo que necesitamos para la salvación a través de Jesús, ¡podemos regocijarnos!

¡Mi corazón se alegra en el Señor! El Señor me ha fortalecido. Ahora tengo una respuesta para mis enemigos; me alegro porque tú me rescataste. ¡Nadie es santo como el Señor! Aparte de ti, no hay nadie; no hay roca como nuestro Dios (1 Samuel 2:1-2, NTV).

La temporada de mayor gozo de tu vida puede empezar ahora mismo si te paras a pensar en la fuerza que él te da, el sufrimiento del que te ha rescatado y la roca que es nuestro Dios. Sus bendiciones no dependen de que nos sintamos gozosos, sino que experimentamos gozo porque somos conscientes de los regalos del amor y la gracia de Dios. Elévale tu alabanza y entona una canción sin fin.

ESPERANDO EL AMANECER

El pecado y la tristeza de la vida pueden hacer que esta parezca una noche inacabable en la que esperamos constantemente el amanecer de la llegada de Cristo. En la noche más oscura no siempre ayuda saber que él volverá *algún* día, porque *este* momento está lleno de desesperación.

Para ti, su amada, él ofrece consuelo. No pierdas la esperanza. ¡Él vendrá a buscarte! Puede ser duro porque parece que está tardando mucho, pero él está preparando un lugar para ti. No se ha olvidado de ti en esta larga noche; tu dolor le es conocido. ¡Mantén la mirada puesta en él! ¡Pronto oirás su voz! Él también ansía que llegue este momento.

Y los redimidos de Jehová volverán, y vendrán a Sion con alegría; y gozo perpetuo será sobre sus cabezas; y tendrán gozo y alegría, y huirán la tristeza y el gemido (Isaías 35:10, RV60).

Vivimos en la promesa de su retorno. Esta promesa nos ayuda a superar nuestro dolor, nuestro anhelo, nuestra desesperación y nuestros límites. ¡Todas las cosas se vuelven soportables y ligeras cuando tenemos la seguridad de poder ver a Jesús, abrazarle y admirar su belleza! Nos convertiremos en una novia pura y sin mancha. No tenemos que hacer nada más que maravillarnos ante él. Glorificarle. Creer en él. Amarle. Y darle las gracias.

ACEPTAR LA DEBILIDAD

¿Hay veces en las que de repente te sientes abrumada por una repentina percepción de tu propia y tremenda debilidad? ¿Tienes momentos en los que eres consciente de que, si solo dependiera de tus buenas obras, no tendrías ninguna oportunidad de alcanzar la salvación? Debería consolarnos grandemente el hecho de que no somos nada sin la salvación de Jesucristo.

Por suerte, Dios abrió un camino para que pudiéramos reunirnos con él a pesar de nuestro egoísmo, impaciencia, ira y orgullo. Dios se preocupa profundamente por nosotros y nos sostiene pacientemente con un amor constante, fiel y devoto. Y, maravillosamente, su amor va incluso más allá de esto, hasta el punto de llegar a *abrazar* y *transformar* nuestra debilidad cuando la rendimos a él. La debilidad no es algo que debamos temer u ocultar: si la entregamos a Dios, el poder de Cristo podrá trabajar en nosotros y a través de nosotros.

Si conocemos nuestros puntos débiles, somos más conscientes de lo mucho que necesitamos su fuerza. Si adoptamos una actitud humilde y le pedimos que sea fuerte cuando nosotros somos débiles, él estará encantado de ayudarnos. Al fin y al cabo, ¡al caballero no hace falta pedirle dos veces que rescate a su princesa!

Humillaos delante del Señor, y él os exaltará
(Santiago 4:10, RV60).

Entrega en oración a Dios tu debilidad para que, a través de él, puedas ser fuerte. Su amor transformador está esperándote, listo para restaurarte con su gracia.

UNA ESTROFA SIN FIN

Hay algunos días que empezamos con alabanzas en los labios y cantándole a Dios en nuestro corazón. La humildad nos cubre como una tela de terciopelo: suave, delicada y gentil. La verdad de Dios retumba en nuestra cabeza: «¡Dios es bueno! ¡Dios es bueno! ¡Soy libre!», y ni toda la oscuridad del mundo entero podría apagar esta estrofa.

Pero otros días empiezan trasteando con el botón del despertador para tener cinco minutos más de sueño, ignorando la ocasión de reunirnos con él en la silenciosa tranquilidad de la mañana. El orgullo se vuelve nuestro escurridizo compañero, exigente, amargo y feo, y nos preguntamos si algún día seremos capaces de disfrutar de Dios otra vez. Nos sentimos atados.

Estos altibajos deberían parecernos ya bastante familiares, pero ¿algún día llegaremos a acostumbrarnos a vivir una vida santa que coexiste con nuestra carne? Un día glorioso, la carne dará paso a la libertad y ya no tendremos que convivir con ella. Solo quedará lo santo. Solo quedarán las alabanzas de nuestros labios y la canción de nuestro corazón, el cantar eterno de su bondad y el roce suave del terciopelo cuando nos sentemos ante su trono celestial.

Porque también la creación misma será libertada de la esclavitud de corrupción, a la libertad gloriosa de los hijos de Dios (Romanos 8:21, RV60).

¿Sabes cuánto desea Dios que descanses en su presencia? Él es paciente, fiel y tierno. Si pasas tiempo con él, no hay ninguna necesidad de esconderte. Puedes ser exactamente quien eres. Hay libertad en su presencia.

UN AMIGO MÁS QUE DIGNO

Dios te creó para que tuvieras una relación con él, igual que creó a Adán y Eva. Él se deleita en tu voz, tu risa y tus ideas. Él ansía la comunión contigo, igual que la deseaba con su primer hijo e hija.

La amistad que nos ofrece es un regalo de valor incalculable. No hay nadie como él; de hecho, no hay nadie tan digno de nuestra comunión como el Dios todopoderoso, nuestro Creador y Redentor. Entrena a tu corazón para que acuda siempre en primer lugar a Dios con tu dolor, tu gozo, tu frustración y tu emoción. ¡Su amistad nunca te decepcionará!

Que todo lo que soy alabe al Señor; que nunca olvide todas las cosas buenas que hace por mí. Él perdona todos mis pecados y sana todas mis enfermedades. Me redime de la muerte y me corona de amor y tiernas misericordias. Colma mi vida de cosas buenas; ¡mi juventud se renueva como la del águila! (Salmos 103:2-5, NTV).

Cuando la vida se pone difícil, ¿corres a él con tus frustraciones? Cuando estás abrumada por la tristeza o la aflicción, ¿acudes a él para entregarle tu dolor? En medio del enfado o la frustración, ¿le pides a él que te libere? Él es un amigo que nos ofrece todo esto (¡y mucho más!) en misericordia y amor. Él es digno de nuestra amistad.

¿UN REY PODEROSO?

Cuando Jesús, el esperadísimo Mesías, reveló su deidad a su familia, a sus discípulos y a las multitudes, todos esperaban un poderoso Dios que pudiera librarlos de sus opresores y establecer un reino eterno. Pero la persona que tenían delante era un siervo humilde que comía con los recaudadores de impuestos y cuyos pies limpió una prostituta con sus lágrimas. Jesús no era exactamente quien creían que iba a ser.

¡Era incluso mejor! Jesús llegó para traer salvación a aquellos que estaban ahogándose en un mar de pecado y enfermedad; a los marginados que necesitaban una redención santa; a las personas a las que los líderes religiosos habían considerado indignas pero cuyos corazones ansiaban una restauración de verdad. Él llegó para redimir a su pueblo, pero no del modo en el que ellos habían esperado.

El Espíritu de Jehová el Señor está sobre mí, porque me ungió Jehová; me ha enviado a predicar buenas nuevas a los abatidos, a vendar a los quebrantados de corazón, a publicar libertad a los cautivos, y a los presos apertura de la cárcel; a proclamar el año de la buena voluntad de Jehová […] (Lucas 4:18-19, RV60).

Jesús te libera de las ataduras del pecado y la opresión a través de su muerte y resurrección, además de tu arrepentimiento del pecado por la fe. ¡El Espíritu del Señor está sobre ti y te ha ungido! Proclama esta buena noticia hoy: ¡has sido liberada!

SIEMPRE ESTÁS AHÍ

Desde canciones famosas hasta anuncios de la tele, pasando por nuestros amigos más cercanos, solemos oír una promesa que a menudo se hace y pocas veces se cumple: «Siempre estaré ahí; puedes contar conmigo». A la mayoría nos han prometido esto en algún punto de nuestras vidas, y muchos hemos sentido la punzada del rechazo o de la decepción cuando las cosas no acaban siendo así.

En medio de nuestras circunstancias difíciles acudimos a aquellas personas que nos prometieron que siempre estarían ahí pero, en esos momentos, no responden. Ni siquiera nos devuelven la llamada. Incluso la mejor amiga, la hermana más cercana o el padre más devoto nos fallarán en algún momento en el que los necesitemos.

Pero sí que hay alguien con quien *siempre* puedes contar. Puedes explicárselo todo: él te *escucha*. Te envolverá en su abrazo, te acariciará el pelo y te dirá que todo va a salir bien. Puedes confiar completamente en su palabra.

El camino de Dios es perfecto. Todas las promesas del Señor demuestran ser verdaderas. Él es escudo para todos los que buscan su protección. Pues ¿quién es Dios aparte del Señor? ¿Quién más que nuestro Dios es una roca sólida? (Salmos 18:30-31 NTV)

¿Te ha decepcionado o herido alguien a quien amas? Pues confía en alguien que siempre estará ahí para ti: Dios.

UNA DEVOCIÓN
QUE NOS SOBREPASA

Dios no nos falla en su gran poder y fidelidad; nunca nos da por perdidos y jamás nos abandona a nuestra suerte. Independientemente de nuestras circunstancias o debilidades, su amor por nosotros permanece sólido e inmutable. Su devoción por sus hijos supera a la de cualquier padre ya que, por muy incomparable que parezca su amor hacia sus retoños, no deja de ser humano. Dios no solo está a la altura de este amor: lo supera con creces. No tiene ningún límite y nada podrá cambiar jamás su devoción por nosotros.

Esta verdad supone una satisfacción que nos sobrepasa; cuando tal devoción se ha visto demostrada, ¿qué otra cosa podría atraer nuestras miradas? ¿En qué otro lugar podríamos posar los ojos para encontrar tal belleza y pureza si no es en el rostro de Jesús? Maravillados, reconocemos que sus ojos están fijos en los nuestros: nos ve preciosos, un premio que vale la pena. No podemos merecer su mirada ni escapar a ella. Somos imperfectos, pero él es inamovible en su amor por nosotros.

¡Siempre cantaré acerca del amor inagotable del Señor! Jóvenes y ancianos oirán de tu fidelidad. Tu amor inagotable durará para siempre; tu fidelidad es tan perdurable como los cielos (Salmos 89:1-2, NTV).

¿Sabes que el Padre está completamente dedicado a ti? Su gran amor por ti es tuyo para que lo disfrutes por siempre.

VERDADERA SATISFACCIÓN

El estrés a veces acaba por agotarnos y hay momentos en los que, simplemente, nos queremos esconder del mundo. Al acordarnos de aquella barrita de chocolate que tenemos guardada en la despensa puede que nos escabullamos para, precisamente, hacer eso: distraernos con este consuelo, dulce pero temporal, que nos ayuda a aflojar un poquito el ritmo aunque solo sea durante unos instantes.

Puede que nos pase exactamente lo mismo con Dios. Quizá estamos sobrepasados por sus ministerios, o hace demasiado que no buscamos su perdón, o llevamos mucho tiempo sin abrir su Palabra y dejamos de conocerlo como deberíamos. En vez de correr hacia él, huimos de él y buscamos otras formas de suplir nuestras necesidades. Pero no podemos escondernos de su mirada y él, en amor, nos llama para que acudamos.

Paloma mía, que estás en los agujeros de la peña, en lo escondido de escarpados parajes, muéstrame tu rostro, hazme oír tu voz; porque dulce es la voz tuya, y hermoso tu aspecto (Cantares 2:14, RV60).

No puedes escapar a su amor por ti; tampoco deberías intentarlo. En vez de ello, deja atrás la falsa seguridad que te ofrecen los agujeros de la peña, los escondrijos y las despensas con chocolate. Siente el placer de su amistad: este es el Dios que quiere oír tu voz y ver tu cara porque le parecen preciosas y dulces. ¿Hay alguien más que te pueda satisfacer tan perfectamente?

VAGANDO EN EL PATIO

Hace mucho, mucho tiempo, había un patio en un lejano país lleno de niños perdidos. Todos iban muy sucios, vestidos con harapos, y estaban muy, muy hambrientos. Algunos tenían heridas abiertas y otros cojeaban o estaban llenos de magulladuras. Un hombre caminaba entre ellos, cuidándolos a todos con amor.

Al lado de ese patio había un majestuoso castillo con banderas de vivos colores y altos torreones. Las puertas del castillo estaban abiertas de par en par y dentro había un banquete con comida deliciosa, cálidas hogueras y cortinas de terciopelo. Y ahí estaba el rey sentado, rodeado de todos sus hijos: limpios, bien alimentados y sonrientes.

Dos de los niños del patio se acercaron a la puerta atraídos por el olor de la comida y la calidez que se percibía del interior del castillo. El hombre del patio los tomó de la mano y les preguntó si querían unirse al rey como hijos suyos. Uno saltó de alegría y sin perder un solo segundo salió corriendo hacia el castillo. La otra niña se contuvo, echó un vistazo a sus harapos, meneó la cabeza y volvió con los demás niños

Sin embargo, cuando se cumplió el tiempo establecido, Dios envió a su Hijo, nacido de una mujer y sujeto a la ley. Dios lo envió para que comprara la libertad de los que éramos esclavos de la ley, a fin de poder adoptarnos como sus propios hijos (Gálatas 4:4-5, NTV).

Hija, ¿estás vagando por ese patio? ¿Por qué crees que tus pecados te hacen indigna del banquete de Dios? Has sido comprada por un altísimo precio y eres adoptada en la familia de Dios.

EL SUSURRO

A menudo no hay nada que queramos más que «ir a por todas» para Dios. Nuestro deseo más profundo es sacrificarnos por él, sea cual sea el coste. Pero lo que no siempre vemos es que, más allá del sacrificio, de las acciones y de los regalos, lo que Dios realmente quiere es nuestro corazón.

Nos esforzamos por oír a Dios y esperamos que su respuesta sea como el trueno; buscamos sentirle en medio de la tormenta de fuego. Pero cuando estamos en aquel punto en el que ya no podemos más, arrodillados ante él, entonces él nos hablará con aquella voz suave y tranquila que solo podemos oír cuando estamos rotos y con un corazón humilde.

[…] Y he aquí Jehová que pasaba, y un grande y poderoso viento que rompía los montes, y quebraba las peñas delante de Jehová; pero Jehová no estaba en el viento. Y tras el viento un terremoto; pero Jehová no estaba en el terremoto. Y tras el terremoto un fuego; pero Jehová no estaba en el fuego. Y tras el fuego un silbo apacible y delicado (1 Reyes 19:11-12, RV60).

Conocemos el carácter de Dios, pero, aun así, cada día seguimos esperando que él no actúe como sabemos que es. Sabemos que él quiere nuestros corazones, pero nosotros intentamos darle más cosas porque tememos, en lo profundo de nuestro interior, que eso no será suficiente. Dios habla en susurros porque quiere revelarnos que él no busca el espectáculo. Solo quiere que lo amemos.

JUNIO

Y Dios proveerá con generosidad todo lo que necesiten. Entonces siempre tendrán todo lo necesario y habrá bastante de sobra para compartir con otros.

2 CORINTIOS 9:8, NTV

LEVANTANDO EL VELO

Incluso tras aceptar a Cristo como nuestro Salvador a menudo seguimos construyendo muros en nuestros corazones. Nos esforzamos por amarle con cada átomo de nuestro ser, pero puede que fallemos a la hora de entregarnos por completo a él. Es como si la parte más humana de nosotros sintiera que, al conservar ese último rinconcito, nos protegemos y somos libres para ser quien preferimos ser.

La verdadera libertad se experimenta cuando nos rendimos, cedemos y nos entregamos por completo. Él quiere retirar ese velo que nos impide ver completamente toda la belleza que tiene preparada para nosotros.

Pero, cada vez que alguien se vuelve al Señor, el velo es quitado. Ahora bien, el Señor es el Espíritu; y, donde está el Espíritu del Señor, allí hay libertad. Así, todos nosotros, que con el rostro descubierto reflejamos como en un espejo la gloria del Señor, somos transformados a su semejanza con más y más gloria por la acción del Señor, que es el Espíritu (2 Corintios 3:16-18, NVI).

Ora para que tu velo sea levantado y para que Dios se lleve hasta la última parte de ti que se le haya estado resistiendo. Experimenta la libertad que hay en su gloria.

ESPECIAL DE VERDAD

Todos queremos creer que somos especiales. La mayoría de nosotros hemos crecido con personas que nos decían que lo éramos, y es agradable pensarlo. Pero, con el paso del tiempo, miramos a nuestro alrededor y nos damos cuenta de que, en realidad, somos como cualquier hijo de vecino. Las dudas empiezan a filtrarse en nuestra mente; nos hacen cuestionarnos y dañan nuestra confianza en nosotros mismos.

Mucho antes de que estuvieras siquiera en el vientre de tu madre, fuiste elegida y señalada como alguien especial. Tú fuiste escogida para ser propiedad especial de Dios, y eso es maravilloso.

Pero ustedes son linaje escogido, real sacerdocio, nación santa, pueblo que pertenece a Dios, para que proclamen las obras maravillosas de aquel que los llamó de las tinieblas a su luz admirable. Ustedes antes ni siquiera eran pueblo, pero ahora son pueblo de Dios; antes no habían recibido misericordia, pero ahora ya la han recibido (1 Pedro 2:9-10, NVI).

Dios cree que eres especial. Regocíjate en esta idea. Él te saca de la oscuridad de lo ordinario y te lleva a la luz de lo extraordinario. Él te ha elegido. Él te ama. Él te quiere. Confía en esta verdad.

ÉL COMPRENDE LA TENTACIÓN

Una de las cosas más bellas sobre el Dios al que servimos es que él entiende perfectamente lo que estamos pasando en cualquier momento determinado. ¿Y cómo lo sabe? Pues porque él mismo lo ha experimentado.

Cuando Jesús vino a la tierra en forma de humano, él también fue tentado por las mismas cosas del día a día con las que nosotros nos encontramos. Ya sea la lujuria, pensamientos desagradables, ira irracional… lo que sea: él tuvo que enfrentarse a ello. Igual que nosotros.

Ya que tenemos un gran Sumo Sacerdote que entró en el cielo, Jesús el Hijo de Dios, aferrémonos a lo que creemos. Nuestro Sumo Sacerdote comprende nuestras debilidades, porque enfrentó todas y cada una de las pruebas que enfrentamos nosotros, sin embargo, él nunca pecó (Hebreos 4:14-15, NTV).

Tú puedes llevar tu tentación y pecado confesado al Señor sin ningún miedo; él sabe exactamente cómo te sientes. No es un Dios distante en los cielos que no es capaz de entenderte o de comprender tu vida. ¡Pide que te proteja de la tentación igual que lo hizo él, y te responderá!

DESCANSA EN SU SEGURIDAD

Estés donde estés, Dios también estará ahí. Aunque puede que haya momentos en los que ansiamos ocultarnos de él en medio de nuestra vergüenza, él es una presencia constante. Lo más maravilloso de su omnipresencia es que tenemos a un compañero constante y firme que siempre está listo para ayudarnos en los momentos de dificultad.

No hay ningún motivo para temer las cosas que el mundo nos eche encima. ¡Tenemos al mejor protector a nuestro lado! ¿Estás pidiéndole ayuda en momentos de preocupación y pena, o te encierras en ti misma para intentar solucionar tus problemas?

Siempre tengo presente al Señor; con él a mi derecha, nada me hará caer.
Por eso mi corazón se alegra, y se regocijan mis entrañas; todo mi ser se llena de confianza (Salmos 16:8-9, NVI).

Deja que Dios sea tu refugio. ¡No hay nada demasiado grande o demasiado pequeño para él! Incluso en tus peores momentos puedes disfrutar de gozo verdadero porque él es tu guardador. Toma las cosas que te preocupan y te agobian y entrégaselas; él puede encargarse de ellas. Descansa en él.

UN SACRIFICIO VIVO

Vivir la vida que deberíamos tener como cristianos es, para decirlo de una forma sencilla, muy difícil. Se nos llama a ser un reflejo de Jesús y eso puede parecer bastante imposible.

La verdad es que lo es, especialmente si intentamos conseguirlo por nosotros mismos. Solo somos capaces de vivir como deberíamos si lo hacemos de la mano del Espíritu Santo. Está en nuestra naturaleza querernos conformar a los caminos de este mundo. Pero podemos luchar contra esa tentación y salir victoriosos si tenemos a Dios de nuestro lado.

Todos nosotros, a quienes nos ha sido quitado el velo, podemos ver y reflejar la gloria del Señor. El Señor, quien es el Espíritu, nos hace más y más parecidos a él a medida que somos transformados a su gloriosa imagen (2 Corintios 3:18, NTV).

¿De qué maneras te estás conformando a este mundo? Pídele que te proteja de esto hoy. Ofrécete al Señor como un sacrificio vivo y él te honrará por ello.

LA DEFINICIÓN DE LA AMABILIDAD

Amabilidad. Es un atributo tan importante para Dios que se menciona entre los frutos del espíritu (además de otros que también son bastante buenos: amor, alegría, paz, paciencia, bondad, fidelidad, humildad y dominio propio). Pero ¿qué significa realmente? ¿Quiere decir solamente ser atentos con los demás? ¿Ser «majos»?

La verdadera amabilidad es mucho más. También es ser generosos y considerados. Es una decisión que tomamos cada día. Elegimos ser generosos con nuestro tiempo y con nuestro dinero. Decidimos pensar en los sentimientos de los demás antes que en los nuestros propios. La Biblia habla mucho sobre la amabilidad. Incluso Job, en medio de su miseria, reconoció lo amoroso y atento que había sido el Señor con él. A pesar de haber sufrido tragedia tras tragedia, él seguía viendo la amabilidad de Dios.

Me diste vida, me favoreciste con tu amor, y tus cuidados me han infundido aliento (Job 10:12, NVI).

¿Estás eligiendo ser amable en tu día a día? ¿Vas más allá de simplemente ser atenta para ser generosa? Busca maneras en las que hoy puedas ser considerada con los demás. Ora para que Dios te abra los ojos a las necesidades de los demás y te muestre formas de ser compasiva.

MODA ETERNA

La moda viene y va. Puede ser muy divertido ver las novedades de las tiendas cada temporada y encontrar ropa que nos haga estar al día y le dé un poco de chispa a nuestro armario. Y no hay nada que se compare a la sensación de encontrar una prenda que nos haga sentir genial cada vez que nos la ponemos, aquella cosa que, nada más verla en la tienda, nos enamoró.

La moda está muy bien, pero Dios nos llama a vestirnos con algo que es incluso mejor que lo último que acaba de salir de la pasarela. Él quiere que nos vistamos cada día con algo que nos haga sentirnos incluso mejor que nuestro jersey favorito o esos tacones que tanto nos gustan. Tenemos que vestirnos con los bellos rasgos de un carácter que quiere imitar al de Jesucristo.

Por lo tanto, como escogidos de Dios, santos y amados, revístanse de afecto entrañable y de bondad, humildad, amabilidad y paciencia (Colosenses 3:12, NVI).

¿Qué llevas hoy? ¿Estás vestida de compasión? ¿Te has cubierto con una buena dosis de humildad? ¿Llevas puesta la amabilidad y te has echado el perfume de la paciencia? Puede que las tendencias de la moda sean pasajeras, pero la amabilidad nunca pasa de moda. ¡Llévala con orgullo!

DE DÓNDE VIENE LA GLORIA

Cuando conseguimos grandes cosas puede resultarnos fácil olvidar de dónde viene nuestro éxito. «He trabajado muchísimo», puede que nos digamos a nosotros mismos. «¡Me lo merezco más que de sobras!». Ir subiendo los peldaños de la escalera del éxito no tiene nada de malo (sea lo que sea el éxito para ti), pero si olvidamos darle la gloria a Dios por todo lo que hemos logrado, acabamos perdiendo de vista la misma victoria.

En vez de esto, deberíamos hacerlo todo para la gloria de Dios. Él es quien nos da todo lo que tenemos. Él quiere que tengamos éxito en todo lo que emprendamos, pero también quiere que recordemos de dónde ha salido este éxito. Debemos tener presente que debemos ser humildes en medio de todos nuestros triunfos.

Cabalga con majestad hacia la victoria y defiende la
verdad, la humildad y la justicia.
¡Avanza para realizar obras imponentes! (Salmos 45:4, NTV)

¿Le has dado gracias al Señor por todo lo que has conseguido? Mientras te dedicas a cosechar todas esas victorias, tómate un momento para alabar a Dios. Sigue adelante y ve a por la medalla de oro, pero tómate un momento para darle la gloria y sé humilde en todo lo que haces.

PROCLAMANDO TU FE

¿Alguna vez has tenido miedo de lo que los demás van a pensar de ti si se enteran de que eres cristiana? ¿Alguna vez te ha preocupado que puedan asumir que eres una rarita si proclamas tu fe? Ya de por sí es difícil encajar sin tener que darle a la sociedad otro motivo para marginarte.

Pues… ¡te aseguro que no tienes ningún motivo para temer! ¡Dios nos ha dado su Espíritu Santo para guiarnos en las conversaciones complicadas. No seas tímida: él te ha equipado con todo el talento que necesitas para compartir su amor con los que te rodean. Habrá quien se reirá de ti y te ridiculizará por lo que crees. Pero el mismo Señor nos dice en su Palabra que no tenemos nada que temer.

[…] Que él les dé el poder para llevar a cabo
todas las cosas buenas que la fe los mueve a hacer
(2 Tesalonicenses 1:11, NTV).

¡Sacúdete la timidez! Imagínate que te deshaces de ella como de un abrigo de invierno cuando llega la calidez de la primavera. ¡Prepárate para compartir tu fe sin ningún miedo! Dios te ha enviado a su Espíritu Santo para darte poder cuando a ti te falte. ¡Aprovéchalo!

EN BUENA COMPAÑÍA

Cuando pasamos mucho tiempo con otros empezamos a actuar como ellos. Imitamos sus acciones y copiamos sus comportamientos. A la hora de elegir a nuestros amigos, tenemos que hacerlo con sabiduría.

¿Te rodeas de personas que siguen el ejemplo que Cristo marcó para nosotros? ¿O tus amigos hacen lo que les pide la carne? Si alguien que no conoce nuestros corazones echara un vistazo a nuestras vidas, ¿vería a Jesús en ellas?

Hermanos, sigan todos mi ejemplo, y fíjense en los que se comportan conforme al modelo que les hemos dado. Como les he dicho a menudo, y ahora lo repito hasta con lágrimas, muchos se comportan como enemigos de la cruz de Cristo. Su destino es la destrucción, adoran al dios de sus propios deseos y se enorgullecen de lo que es su vergüenza. Solo piensan en lo terrenal. En cambio, nosotros somos ciudadanos del cielo, de donde anhelamos recibir al Salvador, el Señor Jesucristo (Filipenses 3:17-20, NVI).

Busca amigos decididos a vivir como Dios nos pide que vivamos. Juntos, pueden poner sus ojos en el premio de la vida eterna en el cielo.

LA MELODÍA DE LA ALABANZA

¿Alguna vez has sentido la canción de tu corazón alabando al Señor? Puede que no tenga palabras, estrofas ni estribillos, pero todo tu ser parece estar a punto de explotar con la música que hay en tu interior. ¡No eres la única! Incluso los mismos cielos lo alaban de esta forma.

La Biblia nos dice que, sin palabras y sin hacer el menor ruido, los cielos explotan en una canción de alabanza por la gloria de Dios. ¿No es acaso una imagen maravillosa? ¿A que casi puedes ver la orquesta que hay sobre nuestras cabezas?

Los cielos proclaman la gloria de Dios
y el firmamento despliega la destreza de sus manos.
Día tras día no cesan de hablar; noche tras noche
lo dan a conocer.
Hablan sin sonidos ni palabras; su voz jamás se oye.
Sin embargo, su mensaje se ha difundido por toda la tierra
y sus palabras, por todo el mundo (Salmos 19:1-4, NTV).

¡Canta! ¡Canta tu canción! Deja que tu corazón sienta las palabras a pesar de que tú no seas capaz de encontrarlas. Dale a Dios toda tu alabanza hoy. ¡La merece más que de sobras! Deja que tu corazón sea una celebración de tu amor por Jesucristo. Entrégate a la melodía de la alabanza que hay en tu interior.

MÁXIMA PRIORIDAD

Nos resulta muy fácil caer presa de todos los deseos y anhelos del mundo. Lo último de esto, lo mejor de aquello: queremos tenerlo todo. Vemos a nuestro vecino con el *gadget* de última tecnología y de repente el nuestro ya nos parece obsoleto. Nuestra amiga viene a tomarse un café con un collar precioso que acaba de comprarse en una joyería de las más refinadas y ahora nosotras estamos ansiosas para añadirlo a nuestra colección.

Ir de compras no tiene nada de malo, y para nada estamos pecando cuando adquirimos algo. La cosa está más en la prioridad que damos a nuestras compras que en la compra en sí. El quid de la cuestión está en nuestro corazón.

No amen al mundo ni nada de lo que hay en él. Si alguien ama al mundo, no tiene el amor del Padre. Porque nada de lo que hay en el mundo —los malos deseos del cuerpo, la codicia de los ojos y la arrogancia de la vida— proviene del Padre, sino del mundo (1 Juan 2:15-16, NVI).

¿Qué estás poniendo en primer lugar en tu vida? ¿Estás codiciando todo lo que el mundo te puede ofrecer o tu corazón anhela la presencia de Jesús? Pide protección hoy ante los deseos del mundo.

ALABAR EN TODO MOMENTO

Cuando la vida va bien es fácil alabar a Dios. «Mi vida está llena de bendiciones», nos decimos. «¡Qué bueno es conmigo!». Pero ¿qué pasa cuando la vida se complica? ¿Seguimos dándole la gloria cuando nos tenemos que enfrentar a problema tras problema?

Independientemente de nuestras circunstancias, sea cual sea nuestra situación, tenemos que seguir ofreciéndole a Dios las alabanzas que tanto merece. Que tengamos una vida junto a Jesucristo no significa que no vayamos a sufrir dolor, incomodidad o momentos complicados. Pero sí que significa que podemos encontrar satisfacción de todos modos, porque podemos acudir a él.

No digo esto porque esté necesitado, pues he aprendido a estar satisfecho en cualquier situación en que me encuentre. Sé lo que es vivir en la pobreza, y lo que es vivir en la abundancia. He aprendido a vivir en todas y cada una de las circunstancias, tanto a quedar saciado como a pasar hambre, a tener de sobra como a sufrir escasez. Todo lo puedo en Cristo que me fortalece (Filipenses 4:11-13, NVI).

Ora para recibir hoy satisfacción, sean cuales sean tus circunstancias. No hay crisis en la que el Señor no esté dispuesto a acompañarte. Con él a tu lado, ¡no hay nada que no puedas hacer!

TODO TU SER

Los fariseos siempre intentaban «pillar» a Jesús. No había nada que quisieran más que encontrarle algún defecto; algún motivo para llevarlo a juicio o deshacerse de él. Así que cuando le preguntaron cuál de los mandamientos era el más importante, esperaban que de algún modo metiera la pata con una respuesta equivocada.

Y, como siempre, eso no sucedió. ¡Y qué respuesta más perfecta! Cuando amamos al Señor nuestro Dios con todo nuestro corazón, todo lo demás encaja. ¡Es fácil seguir los demás mandamientos! Realmente, es imposible que lo amemos de verdad y no hagamos el bien en otros aspectos.

Uno de ellos, experto en la ley, le tendió una trampa con esta pregunta: —Maestro, ¿cuál es el mandamiento más importante de la ley?
—«Ama al Señor tu Dios con todo tu corazón, con todo tu ser y con toda tu mente» —le respondió Jesús—. Este es el primero y el más importante de los mandamientos (Mateo 22:34-38, NVI).

¿Te has entregado por completo a él? ¿Amas al Señor tu Dios con *todo* tu corazón, *toda* tu alma y *toda* tu mente? ¡Deja que caiga hasta el último de tus muros y entrégate por completo a él hoy!

ENCUENTRA EL MOMENTO Y EL LUGAR

¿Cuándo encuentras el momento para orar? Incluso si nos apasiona la oración y decidimos cuándo vamos a ponerla en práctica, las actividades del día a día de nuestra vida casi siempre acabarán teniendo prioridad por encima de Dios. A menudo se dice que podemos orar en cualquier momento y está claro que es así, pero ¿es importante tener un momento específico en el que nos comuniquemos con el Señor?

¿Alguna vez has caído en la cuenta de que la idea del «tiempo devocional» viene del ejemplo que marcó Jesús? En la Biblia vemos que Jesús se levantaba antes de que saliera el sol y se iba a orar a un sitio tranquilo. No se nos dice mucho sobre qué oraba Jesús. Lo que importa no es el contenido, sino la disposición de mantener una relación con el Padre y buscar su voluntad. ¿Y qué mejor momento que el inicio de nuestro día?

Levantándose muy de mañana, siendo aún muy oscuro, salió y se fue a un lugar desierto, y allí oraba (Marcos 1:35, RV60).

En vez de intentar encajar la oración en nuestros ajetreados días, ora antes de que todo empiece a acelerarse para poder enfrentarte a las presiones de la vida. ¿Puedes dedicarle a Dios un rato de buena mañana? ¿Puedes encontrar un lugar tranquilo donde oír su voz? Sé cómo Jesús y encuentra el momento y el lugar en los que esperar al Padre.

NECESITO AYUDA

«¡Ayuda!». No solemos pronunciar esta palabra a menudo, pero, desde luego, sí que resuena en nuestro interior, y más veces de las que creemos. ¿Qué haces cuando necesitas ayuda? ¿A quién acudes para superar las dificultades?

Jesús le pidió al Padre que nos diera un ayudador, alguien que siempre estuviera con nosotros y que hablara con la verdad. Se trata del Espíritu Santo y este es su papel en nuestras vidas. Jesús prometió que el Espíritu Santo moraría en nosotros porque lo recibiríamos a través de nuestra fe en él.

Y yo rogaré al Padre, y Él os dará otro Consolador para que esté con vosotros para siempre; es decir, el Espíritu de verdad, a quien el mundo no puede recibir, porque ni le ve ni le conoce, pero vosotros sí le conocéis porque mora con vosotros y estará en vosotros (Juan 14:16-17, LBLA).

¿Te enfrentas hoy a una situación difícil? ¿Te cuesta ser obediente al Señor? ¿Te preocupa algo? Puede que el mundo piense que tiene las respuestas, pero no conoce al Espíritu. El Espíritu está presente en ti en todo momento y habla la verdad. Así que pídele ayuda hoy y muéstrate dispuesto a recibirla.

UNA LUZ QUE LLEGA A LOS CONFINES DE LA TIERRA

El plan de Dios siempre fue traer salvación a toda su creación. Sabemos que el pueblo de Israel son los elegidos a través de los que Dios nos trajo salvación, pero también debemos recordar que Dios quería que su mensaje llegara a todos los confines de la tierra.

Jesús no quería restringir su ministerio a los judíos y a los creyentes de su tiempo. Él extendió su ministerio a los gentiles y a todo el mundo que estuviera «fuera» de la ley de los escribas y los fariseos.

Dice: Poco es para mí que tú seas mi siervo para levantar las tribus de Jacob, y para que restaures el remanente de Israel; también te di por luz de las naciones, para que seas mi salvación hasta lo postrero de la tierra (Isaías 49:6, RV60).

Dios no quiere que nos lo quedemos solo para nosotros. Quiere que seamos una luz que brilla para que todos la vean y para que la salvación pueda llegar a toda la tierra. ¿Estás dispuesta a ser esta luz para Cristo hoy?

HAZ TU QUEJA

La vida no es justa. Piensa en los partidos deportivos, las carreras o incluso la escuela. Siempre hay alguien que queda el primero y siempre hay perdedores. Podemos influir en algunos resultados, pero hay muchas otras cosas que escapan a nuestro control. No podemos garantizar que vamos a estar protegidos ante todos los problemas de esta vida.

Así que… ¿qué hacemos cuando tenemos ganas de quejarnos de nuestras desgracias? A menudo sentimos que no tenemos ningún derecho de quejarnos a Dios: al fin y al cabo, siempre deberíamos ser agradecidos en todo, ¿no? Pues sí, así es, pero Dios también puede escucharte cuando te quejas y le pides respuestas, igual que lo hizo David en su salmo.

Con mi voz clamaré a Jehová; con mi voz pediré
a Jehová misericordia.
Delante de él expondré mi queja; delante de él
manifestaré mi angustia (Salmos 142:1-2, RV60).

Puede ser sano hablar de tus problemas con Dios. Usar la voz es importante a la hora de mostrar lo que hay en tu corazón. ¿Tienes ganas hoy de transmitirle tus quejas? En vez de decírselas a otros, cuéntaselas al Señor. Él es comprensivo y lleno de gracia, y promete estar contigo en todas las cosas.

BONDAD QUE NUNCA FALLA

¿Recuerdas la primera cosa en la que fallaste? Quizá fue un examen en la escuela, una dieta, una entrevista de trabajo o incluso una relación. Es difícil admitir nuestros fallos, especialmente en una cultura que valora el éxito y el aspecto externos. A menudo oímos que el éxito nace de los muchos fracasos, ¡pero eso solo lo dicen las personas exitosas!

Cuando Josué ya era de edad avanzada, les recordó a los israelitas todo lo que Dios había hecho por ellos. Aunque le habían sido infieles muchas veces, Dios había permanecido fiel, y los convirtió en una gran nación a la que nadie podía hacer frente.

Y he aquí que yo estoy para entrar hoy por el camino de toda la tierra; reconoced, pues, con todo vuestro corazón y con toda vuestra alma, que no ha faltado una palabra de todas las buenas palabras que Jehová vuestro Dios había dicho de vosotros; todas os han acontecido, no ha faltado ninguna de ellas (Josué 23:14, RV60).

Dios tenía un plan y un propósito para la nación de Israel y, a través de su poder y misericordia, se aseguró de que estos planes se cumplieran. Del mismo modo, Dios tiene un propósito para tu vida y, aunque puede que tú falles, él no fallará. Aprovecha la oportunidad que tienes hoy para rendir tu corazón a su voluntad. Ten presente que no fracasará ninguna de las cosas buenas que Dios tiene planeadas para ti.

CON PASO SEGURO

Si alguna vez has tomado de la mano a un niño pequeño, habrás notado que se aferraba a ti para equilibrarse. Y, si tropezaba, te era fácil mantenerle en pie. Con este sencillo acto de sujetarle la mano, tanto tú como el niño tienen la confianza de que el pequeño no va a darse de bruces.

Del mismo modo, cuando nos comprometemos a seguir el camino de Dios, lo que estamos haciendo es, básicamente, tomarle de la mano. A él le encanta el hecho de que caminemos con él. Incluso en los momentos en los que tropezamos, él nos sujetará con firmeza y nos infundirá la confianza necesaria para seguir andando.

El Señor dice: «Yo te instruiré, yo te mostraré el camino que debes seguir; yo te daré consejos y velaré por ti» (Salmos 32:8, NVI).

¿Sientes que últimamente has tropezado o que vas insegura en tu andar con Dios? Ten la certeza de que al Señor le encanta tu compromiso con él. Acepta su mano, sigue andando y confía en que él impedirá que caigas.

HONRA A TUS PADRES

¿Alguna vez has tenido la sensación de que tus padres no sabían realmente lo que estaban haciendo al criarte? ¡Pues claro que no tenían ni idea! Tuvieron que ir aprendiendo sobre la marcha.

No todos hemos tenido una gran infancia y muchos de nosotros podemos sentirnos resentidos sobre la forma en la que nos criaron. Aun así, Dios le dio a su pueblo el mandamiento de honrar a sus progenitores, lo merecieran o no.

Honra a tu padre y a tu madre, como Jehová tu Dios te ha mandado, para que sean prolongados tus días, y para que te vaya bien sobre la tierra que Jehová tu Dios te da (Deuteronomio 5:16, RV60).

¿Cómo puedes honrar a tu padre o madre hoy? Tanto si siguen en esta tierra como si no, puedes estar agradecida por las cosas buenas que te han dado y mostrarte compasiva con sus errores. Recuerda que Dios quiere traer restauración a las relaciones. Hoy, déjale que te dé un corazón lleno de amor y gracia por tus padres.

UN MANANTIAL ETERNO

Damos por hecho que, cuando abrimos un grifo, saldrá agua. Si necesitamos algo para beber podemos saciar nuestra sed con facilidad. Pero en los tiempos de Jesús, las personas (normalmente las mujeres) tenían que ir a sacar el agua del pozo, que a menudo solía estar bastante lejos de sus casas. Era una tarea diaria y básica para cubrir las necesidades de la familia.

Imagínate, entonces, que en esa situación alguien te ofreciera agua que durase para siempre. Eso es lo que Jesús le ofreció a la mujer en el pozo. Jamás tendría que volver a hacer ese trayecto bajo el sol abrasador. Ella buscaba esta respuesta a sus necesidades. Jesús comparó su deseo con un deseo espiritual: del mismo modo que el pozo era una fuente de vida física, él era la fuente de la vida eterna.

Mas el que bebiere del agua que yo le daré, no tendrá sed jamás; sino que el agua que yo le daré será en él una fuente de agua que salte para vida eterna (Juan 4:14, RV60).

Has recibido a Jesús como la fuente de tu vida. Él no solo afirma que te ofrecerá agua eterna, sino que dice que esta agua será como una fuente que salta. ¿Estás agradecida por la vida eterna que Jesús ha puesto en tu interior? Acuérdate de sacar agua de su pozo como fuente de vida hoy.

PROMESAS DIVINAS

Cuando Dios descubrió el pecado de Adán y Eva, estos se avergonzaron. En vez de arrepentirse intentaron protegerse echándoles la culpa a otras cosas. Fue culpa de la mujer, ¿verdad? ¿O acaso la causante fue la serpiente? Dios los castigó a todos; cada uno fue responsable de su propia decisión.

Las mentiras han estado en la humanidad desde el jardín del Edén. Y nosotros respondemos de forma demasiado similar a Adán y Eva cuando intentamos ocultar nuestras malas acciones. Rápidamente encontramos excusas para disculpar lo que hemos hecho; a nadie le gusta sentirse avergonzado. Por desgracia, como sabemos que en ocasiones no somos del todo sinceros, a menudo tampoco estamos muy seguros de si los demás están diciendo la verdad. Es la naturaleza humana. Pero no es la naturaleza de Dios.

Dios no es hombre, para que mienta, ni hijo de hombre para que se arrepienta. Él dijo, ¿y no hará? Habló, ¿y no lo ejecutará? (Números 23:19, RV60)

Dios es totalmente divino; no puede mentir. Lo que Dios ha dicho es verdad, así que podemos confiar en que sus promesas se cumplirán. ¿Dudas a veces de la presencia de Dios, de su ayuda o de su bondad en tu vida? Tómate un momento para leer su Palabra hoy y cree que sus palabras son verdad y que permanecerán.

¿CONFUSA?

A veces, cuando no sabemos qué decidir, podemos encontrar tantas respuestas que acabamos con más preguntas de las que teníamos al principio. ¿Alguna vez han orado por ti y has recibido «palabras» que parecían contradecirse? ¿Te has sentido confusa porque no entendías una respuesta o no sabías cuál venía realmente de Dios?

Las Escrituras nos dicen que la iglesia en Corinto estaba pasando por este tipo de problema. Tras haber sido llenos del Espíritu Santo, los santos estaban tan entusiasmados que había todo tipo de profecías y revelaciones entre ellos. Esta falta de orden acabó resultando muy confusa para la gente, así que Pablo animó a los santos a transmitir la palabra que Dios les había dado de forma responsable.

Dios no es Dios de confusión, sino de paz. Como en todas las iglesias de los santos (1 Corintios 14:33, RV60).

Dios ha elegido hablar a través de su gente, y eso viene con la responsabilidad de declarar la palabra de Dios de una forma que produzca paz y no confusión. Si estás experimentando confusión en tus circunstancias ahora mismo, ora para que Dios te dé discernimiento de la verdad. Lee su Palabra y deja que su paz te guíe en todas las cosas.

DA EL PASO EN FE

Cuando Dios nos llama a hacer algo, a menudo no nos muestra directamente todo su plan. Josué y los israelitas tuvieron que cruzar el río Jordán antes de poder entrar en la tierra prometida. Dios le dijo a Josué que él abriría las aguas ante el pueblo. Los sacerdotes, encabezando la marcha con el arca, entraron los primeros. Y ahí estaban, con medio cuerpo metido en el río, esperando a que Dios hiciera lo que había prometido. Seguramente necesitaron muchísima fe para pararse en medio del agua esperando a que sucediera el milagro.

A veces Dios nos pedirá que nos metamos en medio de un río antes de abrir las aguas porque toda la obra que puede hacer con este simple acto de fe en nuestros corazones bien vale el miedo que pasamos antes.

Dales la siguiente orden a los sacerdotes que llevan el arca del pacto: «Cuando lleguen a la orilla del Jordán, deténganse» (Josué 3:8, NVI).

Si Dios te mostrara su plan paso a paso, entonces la fe no sería necesaria. Dios es consciente de hasta dónde puedes llegar en tu humanidad y, a partir de ahí, no te contará lo que no necesites saber. Dios no miente ni cambia de idea, y no olvidará lo que te ha dicho. Si puedes confiar en él lo suficientemente como para meterte en el agua, él cumplirá su promesa y tú podrás seguir caminando sobre tierra firme.

LA PALABRA

Encontramos mucha oposición en nuestro día a día si queremos seguir a Cristo. Es muy fácil que nos distraigamos con las cosas de este mundo, con nuestras propias luchas emocionales y nuestra guerra contra el pecado. Sin la verdad de la Palabra de Dios, activa y viva, perdemos todas nuestras defensas a la hora de vivir con éxito la vida cristiana.

La Palabra de Dios es nuestra mejor defensa contra la desesperación, el temor y el pecado; además, se trata de nuestra mejor arma ofensiva contra la tentación, las mentiras y el enemigo de nuestras almas.

¿Con qué limpiará el joven su camino?
Con guardar tu palabra.
Con todo mi corazón te he buscado; no me dejes
desviarme de tus mandamientos.
En mi corazón he guardado tus dichos, para no pecar
contra ti (Salmos 119:9-11, RV60).

Márcate como objetivo memorizar versículos de la Biblia que sirvan para tu día a día. Pega versículos en tu calendario, ponlos con imanes en la nevera y enmárcalos para colgarlos en tus paredes. La Palabra de Dios es el libro más poderoso, instructivo y útil que jamás tendrás. Aliméntate de ella, absórbela, conócela y vívela.

APROBACIÓN

¿Qué es lo que te impulsa a ser espiritual? ¿Buscas hablar con elocuencia en la iglesia para que otros queden impresionados por lo que dices, o tus palabras surgen de un amor sincero por Cristo y por un deseo de edificar a su cuerpo con la verdad? ¿Levantas las manos en adoración para que los demás vean tu conexión con Cristo, o tu alabanza es fruto de un corazón rebosante de amor por tu Salvador?

Nuestras palabras deben estar motivadas por nuestro amor por Dios o acabarán por no significar nada. Nuestra alabanza debe nacer del amor por Dios o se convertirá en mero ruido.

¿Busco ahora el favor de los hombres, o el de Dios? ¿O trato de agradar a los hombres? Pues si todavía agradara a los hombres, no sería siervo de Cristo (Gálatas 1:10, RV60).

Al servir y seguir a Cristo, examina constantemente tu corazón para ver si tus acciones nacen de un deseo de impresionar a los demás o a Dios. Pablo dejó muy claro que aquellos que intentan complacer a los demás no están sirviendo a Cristo. Ten tu corazón y tus ojos fijos en Dios, porque él es el único digno de toda alabanza.

MUY, MUY OCUPADA

Nuestras vidas están tan llenas que a menudo nos cuesta encontrar un momento para pasar con Jesús. Tenemos tantas cosas que exigen nuestra atención que puede resultar difícil encontrar un momento para dedicar una porción de nuestro día a Dios.

Dios, que ha existido durante toda la eternidad, no está condicionado por el tiempo. Y como está fuera del tiempo, este no lo limita del mismo modo que nos limita a nosotros. Cuando nos tomamos incluso unos pocos minutos para dedicarlos a buscar su presencia en medio de nuestro ocupadísimo día, él puede estar con nosotros y revelarle profundas verdades a nuestro corazón.

Venid, apartaos de los demás a un lugar solitario y descansad un poco. (Porque había muchos que iban y venían, y ellos no tenían tiempo ni siquiera para comer) (Marcos 6:31, LBLA).

En aquellos días en los que sientas que ni siquiera tienes tiempo de comer, pídele a Dios que te dé la gracia para encontrar unos pocos instantes en los que escaparte a solas a su presencia. Dios le habla tremendamente a un corazón abierto a su verdad, incluso a pesar del trajín de tus días más ocupados.

PALABRA VIVA

¿Alguna vez has notado que Dios te habla de temas concretos? Todos pasamos por distintas temporadas en la vida, y Dios habla a nuestros corazones según lo que necesitamos. Puede que algunos de nosotros estemos pasando por una temporada en la que aprendemos a esperar, mientras que a otros el Señor les está enseñando a dar un paso de fe. Pero lo precioso de nuestro Dios es que él es lo suficientemente grande como para hablarnos a todos, en los distintos puntos en los que estamos y con corazones diferentes, a la vez y con las mismas palabras.

La Palabra de Dios es viva y activa. Puede revelarle la verdad al corazón de cada uno. Y dos personas pueden llevarse algo completamente distinto del mismo pasaje de la Biblia según lo que Dios haya estado haciendo en cada uno de sus corazones por separado. A través del cuerpo de Cristo podemos reunirnos y compartir lo que Dios nos está enseñando, con lo que multiplicamos nuestro crecimiento individual a medida que nos animamos unos a otros.

La palabra de Dios es viva y eficaz, y más cortante que cualquier espada de dos filos; penetra hasta la división del alma y del espíritu, de las coyunturas y los tuétanos, y es poderosa para discernir los pensamientos y las intenciones del corazón (Hebreos 4:12, LBLA).

No dudes nunca del poder que tienes en tus manos cuando lees la Palabra de Dios. Tu Creador te conoce tan íntimamente porque él es quien ha labrado tu alma con sus mismas manos, y se preocupa lo suficientemente por ti como para hablarle directamente a tu corazón a través de su Palabra viva.

PARA UN MOMENTO COMO ESTE

A veces puede ser difícil ser feliz justo donde estás. Mirar hacia adelante nos da esperanza y puede ser muy fácil desear estar en otro lado que no sea el lugar en el que Dios te ha puesto ahora mismo.

Como Dios nos ha diseñado para que ansiemos el cielo, tenemos una tendencia innata a mirar a lo que espera más adelante. Pero ¿cómo podemos encontrar la satisfacción en el lugar en el que Dios nos ha puesto ahora mismo sin estar siempre esperando a lo siguiente? ¿Cómo podemos vivir nuestras vidas al máximo, justo donde estamos, si tenemos un deseo tan profundo de estar en otro lugar?

Cuando Ester se enteró de los planes del rey para destruir a los judíos, debió de pensar que Dios había cometido un error al hacer que ella se casase con él. Probablemente deseó que otra persona hubiera sido la reina. Pero Dios la eligió a ella.

Si te quedas callada en un momento como este, el alivio y la liberación para los judíos surgirán de algún otro lado, pero tú y tus parientes morirán. ¿Quién sabe si no llegaste a ser reina precisamente para un momento como este? (Ester 4:14, NTV)

Puede que sientas que una situación de tu vida es imposible. Quizá desees estar en cualquier otro lugar o que fuera otra persona la que se encontrara en tus circunstancias. Pero Dios te eligió a ti. Dios no comete errores. Él te eligió para que estuvieras exactamente donde estás, para hacer la obra que él tiene para ti. Has sido elegida para un momento como este.

JULIO

Los mandamientos del Señor son rectos;
traen alegría al corazón.
Los mandatos del Señor son claros;
dan buena percepción para vivir.

SALMOS 19:8, NTV

LIBERTAD SIN COMPLICACIONES

Complicamos demasiado la libertad en la vida cristiana. Intentamos encontrar una forma de humanizar la obra redentora de la cruz con legalismos porque, simplemente, somos incapaces de comprender el carácter sobrenatural de Dios.

Puede ser difícil comprender la gracia completa que nos ofreció en el Calvario precisamente porque somos incapaces de dar este tipo de gracia. Pero cuando Dios dice que él ha olvidado nuestros pecados y que somos nuevas criaturas, lo dice de verdad. Dios es amor y el amor no guarda un registro con todas las ofensas del otro. Nada nos puede apartar de este amor. La salvación rasgó el velo que nos separaba de la santidad de Dios. Esa obra completa no puede disminuirse ni borrarse con nada que nosotros hagamos.

He disipado tus transgresiones como el rocío, y tus pecados como la bruma de la mañana. Vuelve a mí, que te he redimido (Isaías 44:22, NVI).

La libertad realmente es así de fácil. La belleza del evangelio puede resumirse en este único concepto: una gracia que, aunque no la merecemos, podemos recibir sin ningún límite. Acéptala hoy. Camina hoy en la gracia completa sin ponerla en duda.

CASTILLOS DE ARENA

¿Alguna vez te has sentado en la playa y has observado a un niño trabajando incansablemente en un elaborado castillo de arena? Dedican horas y horas a perfeccionar su creación, formando con atención cada una de sus partes y, con frecuencia, retrocediendo para admirar su obra. Pero estos pequeños no saben qué son las mareas y no son conscientes de que, a medida que vaya pasando el día, sus obras maestras acabarán desapareciendo bajo las olas. Todo ese trabajo, toda esa concentración y todo ese orgullo se desvanecerán cuando el agua invada la costa.

¿Qué castillos metafóricos estamos construyendo en nuestras vidas que en cualquier momento podrían desaparecer de la faz de la tierra? Debemos invertir en una perspectiva superior. Debemos ser conscientes de lo que puede durar y de lo que no. Hay reinos efímeros y un reino que dura para siempre. Y debemos ser conscientes de cuál es el reino para el que estamos trabajando.

No acumuléis para vosotros tesoros en la tierra, donde la polilla y el óxido destruyen, y donde los ladrones se meten a robar. Más bien, acumulad tesoros en el cielo, donde ni la polilla ni el óxido carcomen, ni los ladrones se meten a robar. Porque donde esté tu tesoro, allí estará también tu corazón (Mateo 6:19-21, BAD).

Si estás invirtiendo tu trabajo y tu corazón en una visión celestial, entonces todo lo que has hecho en tu vida seguirá siendo relevante más allá del tiempo que estés en esta tierra. Dedica tu tiempo a invertir en las almas inmortales de los demás, en la visión eterna de avanzar el reino de Dios y en la verdad inacabable del evangelio. En estas cosas encontrarás un propósito y un tesoro que jamás se perderán.

RIESGO

La mayoría de las grandes cosas de la vida implican cierto riesgo. Seguramente todos podemos decir que nos hemos arriesgado al tomar algunas decisiones bastante tontas, pero otras han tenido resultados increíbles. Unos riesgos acaban en desastre, pero otros en pura belleza.

Pero una cosa que todos los riesgos tienen en común es que enseñan alguna lección. Siempre nos cambian. Y aunque dar el paso y asumir el riesgo pueda inspirarnos temor, descubrimos nuestra propia valentía en el proceso.

Para creer en Dios necesitamos fe, lo que supone un riesgo. Pero correr un riesgo es necesario para poder seguir a Dios de todo corazón. Está claro que es más fácil quedarnos en el banquillo. Disimular y no llamar la atención. Vivir en nuestra zona de confort. Pero si dejamos que el miedo nos impida correr un riesgo, nos estaremos perdiendo las fascinantes posibilidades que nos ofrece la vida.

El Señor es mi fuerza y mi escudo; mi corazón en él confía; de él recibo ayuda. Mi corazón salta de alegría, y con cánticos le daré gracias (Salmos 28:7, NVI).

A veces, sencillamente, tienes que saltar. Tienes que olvidarte del hecho de que puede que te hagas daño. Debes dejar a un lado lo que tu propio sentido común te está diciendo y confiar en lo que Dios promete. Y el riesgo necesario para tener fe en Dios es el tipo de riesgo que mayor recompensa tiene.

DAME LIBERTAD

La libertad es un lugar sin obligaciones. La libertad es vivir sin deudas, restricciones ni ataduras.

Nuestra obligación por los pecados que hemos cometido es cumplir con la justicia. Nuestras almas no pueden ser libres sin desligarnos de nuestra deuda de pecado, y el precio correspondiente a un alma es la muerte. Cuando Jesús, con su muerte, pagó nuestra deuda, nuestra alma recibió el regalo de la libertad más verdadera. Se rompieron nuestras cadenas y fuimos liberados. Cuando Jesús volvió al cielo, dejó atrás su espíritu con nosotros porque, donde está su espíritu, hay libertad (como se dice en 2 Corintios 3:17).

Ahora quedaron libres del poder del pecado y se han hecho esclavos de Dios. Ahora hacen las cosas que llevan a la santidad y que dan como resultado la vida eterna (Romanos 6:22, NTV).

Hay una libertad que te está esperando y que pondrá en tela de juicio cualquier noción preconcebida que hayas tenido sobre la libertad. Hay una libertad sin precedentes en la presencia del Espíritu de Dios. Dios quiere que dejes atrás el pecado y empieces a andar en la vida de libertad que él ha preparado para ti. Deja todas tus obligaciones a sus pies: él se encargará de ellas.

MILAGROS

La Biblia está llena de relatos emocionantes de poder, sanación y resurrección. Tras leerlos, pensamos que ojalá pudiéramos haber visto el fuego de Dios cayendo sobre el sacrificio de Elías, o a Lázaro cuando salió de la tumba: un hombre muerto, vivo de nuevo.

Dios deja muy claro que los milagros no se terminaron donde acaba el relato bíblico. Su poder no está limitado por los años, y él sigue siendo tan omnipotente hoy como lo fue entonces. Así que… ¿*qué* ha cambiado? ¿Por qué sentimos que hay menos milagros hoy en día? Dios nos dice que las obras que hará a través de los creyentes serán mayores que las obras que hizo mediante sus discípulos. Pero estas obras se harán en *aquellos que creen*. El poder de Dios no puede ser limitado, pero la forma en la que este se muestra sí que puede disminuir por nuestra falta de fe.

De cierto, de cierto os digo: El que en mí cree, las obras que yo hago, él las hará también; y aun mayores hará, porque yo voy al Padre (Juan 14:12, RV60).

Dios no miente. Él nos dice que, si creemos en él, podremos hacer milagros… y los haremos. Cree que Dios hará algo hoy. No te creas la mentira de que su poder está escondido, guardado en un rincón; no dudes de su habilidad para hacer un milagro en tu vida. Cree que él hará algo grande y pídeselo con fe, a sabiendas de que puede hacerlo.

PALABRAS QUE SANAN

Las palabras pueden herir profundamente. ¿A que es curioso que nos cueste tanto recordar un número de teléfono pero, aun así, tenemos grabada a fuego esa dura frase que nos dijeron hace años?

En toda la Biblia, Dios describe a las personas sabias como aquellas que son de pocas palabras. Quizá esto se debe a que una palabra dicha sin pensar puede causar muchísimo daño. Nadie negará que las palabras tienen poder. Pueden dejar fácilmente una marca que no se borrará con rapidez.

¿Traen sanación nuestras palabras a los que nos rodean? No podemos subestimar el poder de lo que decimos. Lo bello del siguiente versículo es que nos recuerda que las palabras sabias traen *alivio*.

Algunas personas hacen comentarios hirientes, pero las palabras del sabio traen alivio (Proverbios 12:18, NTV).

Aunque hayas dicho palabras sin tener cuidado, también tienes el poder de traer alivio con nuevas palabras de sabiduría. Si te han dolido las palabras de otra persona, acude a las palabras más sabias que jamás hayan existido, las Escrituras, para traer sanidad a las cicatrices de tu propio corazón.

EL PESO DE LA GRACIA

Cuando en las noticias aparece la historia de un hombre que ha matado a otro de forma premeditada, se nos sube la sangre a la cabeza. Nos enfadamos muchísimo y casi se nos nubla la vista ante la injusticia de lo que estamos oyendo. Queremos oír el castigo.

¿Qué pasaría si el juez dejara caer su maza y anunciara que el asesino no recibiría ninguna condena? Más bien lo contrario: quedaría protegido por el tribunal. Recibiría algunas consecuencias y después sería libre bajo la protección del gobierno. No parece demasiado justo, ¿verdad?

Caín respondió al Señor: —¡Mi castigo es demasiado grande para soportarlo! Me has expulsado de la tierra y de tu presencia; me has hecho un vagabundo sin hogar. ¡Cualquiera que me encuentre me matará! El Señor respondió: —No, porque yo castigaré siete veces a cualquiera que te mate. Entonces el Señor le puso una marca a Caín como advertencia para cualquiera que intentara matarlo (Génesis 4:13-15, NTV).

Caín ofreció un sacrificio inaceptable para Dios, mató a su hermano inocente por celos y mintió sobre este asesinato. Aunque Dios estaba afligido por el pecado de Caín, respondió con una gracia más que notable, en forma de una marca de protección. Este es el peso de la gracia: una gracia tan vasta y que abarca tanto que incluso el asesino más terrible está cubierto por el amor y la misericordia de Dios. Y es *tuya* hoy.

VOZ QUE CLAMA EN EL DESIERTO

Juan el Bautista fue un hombre radical con un fuego que ardía en su interior con el deseo de preparar al mundo para la llegada de Jesús. No vivía para sí mismo, sino que estaba completamente entregado al mensaje del Mesías. Sentía anhelo por la eternidad y su único objetivo era llevarle la gloria a Dios.

Del mismo modo que Juan era la voz que clamaba en el desierto preparando el camino para la primera llegada de Jesús, ahora nosotros somos la voz que prepara al mundo para su segunda venida.

Ustedes saben que les dije claramente: «Yo no soy el Mesías; estoy aquí solamente para prepararle el camino a él». Es el novio quien se casa con la novia, y el amigo del novio simplemente se alegra de poder estar al lado del novio y oír sus votos. Por lo tanto, oír que él tiene éxito me llena de alegría (Juan 3:28-29, NTV).

Para que Jesús tuviera el lugar que le correspondía en el corazón de la gente, Juan sabía que él tenía que acabar por desaparecer. Tú no puedes salvar a las personas a las que predicas. No puedes rescatarlas de sus pecados ni evitar que vayan al infierno. Solo Jesús puede hacer eso. Pero sí que *puedes* preparar el camino en sus corazones para su presencia. ¡No te calles la gloria de Dios! Proclámala y habla de él a los demás para que, cuando venga, aquellos que te hayan conocido a ti sepan quién es porque habrás hablado claramente de su persona.

BELLEZA OCULTA

La belleza es una influencia muy poderosa en la vida de las mujeres. Se nos bombardea constantemente con imágenes y mensajes de lo que es y debería ser la belleza. Incluso aunque nos sintamos confiadas en quienes somos, puede seguir resultándonos difícil no entregarnos a los sutiles pensamientos de que no estamos a la altura.

La terrible verdad sobre la belleza externa es que da igual el tiempo, la atención y la inversión que le dediques: la belleza nunca durará para siempre. Nuestro aspecto cambia inevitablemente con el tiempo y nuestra belleza física se desvanece.

En un mundo donde se nos dice constantemente que debemos embellecernos para que los demás se fijen en nosotros, el concepto de adornar el interior de nuestros corazones puede parecer incluso una fantasía. Pero, al final, todo acaba reduciéndose a la verdad de que la opinión a la que más importancia debemos dar es la de nuestro Creador. Puede parecer un cliché o sonar repetitivo, pero si nos alejamos de los medios de comunicación y de todas las mentiras que nos cuentan, la verdad se hace mucho más clara.

[Vuestro atavío sea] [...] el interno, el del corazón, en el incorruptible ornato de un espíritu afable y apacible, que es de grande estima delante de Dios (1 Pedro 3:4, RV60).

Has sido creada para que el corazón de Dios se deleite en ti. Nada le alegra más que tu corazón, vuelto hacia tu Salvador y vestido en la belleza imperecedera de un espíritu afable y apacible del que fluyen la dulzura, la amabilidad y la bondad.

JUGANDO A FANTASÍAS

Todas hemos jugado a fantasías cuando éramos pequeñas, danzando por nuestra habitación en un elegante vestido o corriendo por el campo con una emocionante historia que existía puramente en nuestras mentes. Cada niña pequeña probablemente ha disfrutado de esas largas tardes de verano persiguiendo luciérnagas y sueños, o jugando al escondite e imaginando qué seríamos de mayores. En nuestra infancia repleta de fantasía corrimos las aventuras más maravillosas mientras el corazón nos latía, desbocado, con las creaciones de nuestra alma.

Hacer ver que somos otra persona o que estamos en *otro lugar* empieza temprano en la infancia, pero seguimos haciéndolo sutilmente a medida que nos hacemos mayores. Seguimos dejando que la imaginación nos transporte a otros lugares y otras circunstancias. Por algún motivo, nos es más fácil abrazar la maravilla del «ojalá fuera así» en vez de la realidad del «es así».

Yo sé que nada hay mejor para el hombre que alegrarse y hacer el bien mientras viva; y sé también que es un don de Dios que el hombre coma o beba y disfrute de todos sus afanes (Eclesiastés 3:12-13, NVI).

Se puede decir más alto pero no más claro. No hay nada mejor que ser feliz en tu vida. Y tu vida es el *ahora*. Cada momento que vives, cada respiración, se da exactamente en el segundo que dura el presente. Encontrar la felicidad en tu vida es encontrar lo mejor. Y encontrar satisfacción en tu esfuerzo es encontrar el regalo de Dios. ¡Atesora tu vida! Siéntete satisfecha del lugar en el que estás. La satisfacción es vivir cada día como si fuera nuestro sueño.

EL ARMARIO DE LAS ESPECIAS

Cualquier persona a la que le guste cocinar tendrá un armario de las especias: aquel lugar donde todos nuestros aderezos están al alcance de la mano cuando estamos ante los fogones. Hay algunos de estos ingredientes que se utilizan a menudo: ajo, sal y pimienta. Y despúes están los que seguramente solo usas de vez en cuando: cardamomo, estragón y anís. Aunque algunas de estas especias que no usamos tanto pueden estar acumulando polvo al fondo del armario, seguimos confiando en ellas para que le den ese toque de sabor perfecto a ese plato especial.

La vida se parece bastante al armario de las especias. Vamos coleccionando experiencias igual que hacemos con las especias: algunas tienen tanto sentido (como la sal y la pimienta) que las aprovechamos a menudo, muy conscientes de su utilidad. Otras experiencias son más sutiles y menos comprensibles, y a menudo pasamos años sin acabar de entender por qué las hemos vivido. Pero entonces, en un momento determinado, a la receta de nuestra vida le hará falta algo de azafrán. Y, de repente, todo tendrá muchísimo más sentido. Aquella experiencia que tuvimos, la que creemos haber vivido por error, será la única que nos podrá ayudar en aquel momento.

Y sabemos que Dios hace que todas las cosas cooperen para el bien de quienes lo aman y son llamados según el propósito que él tiene para ellos (Romanos 8:28, NTV).

Quizá a menudo te preguntes por qué tuviste que pasar por una temporada concreta de tu vida. Puede que pienses que aquella época no fue más que un gran error o una pérdida de tiempo. Si no puedes entender por qué ha pasado, recuerda que Dios hace que *todas* las cosas cooperen para el bien debido a tu amor por él.

RENDIRSE

Rendirse es ofrecer sin reservas lo que tienes a otra persona. Si rindes algo, estás entregando tu propiedad y tus derechos sobre ello. ¿Y cómo es una vida completamente rendida a Cristo? Es aquella en la que no nos quedamos nada para nosotros y le entregamos todo, cada parte de nuestro ser, a Dios.

La rendición absoluta a un Dios santo no puede ser fingida. No puedes engañar al Dios omnisciente con palabras elocuentes o un falso compromiso. La rendición absoluta a él no puede ser nada menos que una entrega sincera, legítima y completa.

Cualquiera de ustedes que no renuncie a todos sus bienes, no puede ser mi discípulo (Lucas 14:33, NVI).

Para ser un discípulo de Cristo, tienes que entregar de forma completa y total todo lo que tienes y todo lo que eres. Dios no te está pidiendo que entregues algo que él no esté también dispuesto a dar por ti. Cuando él entregó la gloria y los derechos de su trono celestial, dio más por ti de lo que tú jamás podrías dar por él. Jesús nunca nos vendió esta vida como algo sin demasiado compromiso, sencillo o sin coste. Pero sí que prometió que la recompensa sería enorme.

IDOLATRÍA

Es fácil pensar en la idolatría como un problema lejano, definido por personas en ropa extranjera que se arrodillan ante las tallas intrincadas de los ídolos literales. Pero la idolatría no está limitada a un ídolo obvio y físico. La idolatría es la devoción extrema a algo o alguien.

Podemos estar consumidos de admiración por muchas cosas. La idolatría puede adoptar un millón de formas en nuestras vidas. Los ídolos son simplemente cosas que ocupan el primer lugar en nuestros corazones, cuando este debería estar reservado solo a Dios.

No os apartéis en pos de vanidades que no aprovechan ni libran, porque son vanidades (1 Samuel 12:21, RV60).

Los ídolos (ya sean el dinero, una persona, una carrera o un sueño) no nos pueden rescatar. Solo el Dios del universo, que nos ha salvado con su gran amor, es digno de nuestra admiración extrema. Solo él merece nuestro amor y reverencia. Otras cosas que puede que nos sintamos tentados a perseguir no nos darán ganancias o beneficios. Examina tu corazón y hazte aquellas preguntas tan difíciles. ¿Está Dios sentado de forma exclusiva en el trono de tu corazón? ¿O hay otras cosas que han tomado su lugar como objeto de tu mayor pasión y afecto?

TENTACIÓN

Cuando te acercas a Dios para pedirle ayuda para resistir la tentación, o perdón por un pecado al que has sucumbido, ¿te sientes avergonzada? ¿Sientes que es imposible que Dios comprenda cómo has podido volver a caer en ese pecado otra vez?

Sabemos que Jesús fue tentado a pecar mientras estaba aquí en la tierra, pero también sabemos que él nunca se entregó al pecado. Como experimentó la tentación, tiene una gran compasión hacia nosotros cuando luchamos con nuestro deseo de pecar.

Grande es nuestro Señor, y muy poderoso; su entendimiento es infinito (Salmos 147:5, LBLA).

¡Jesús comprende tu tentación porque él pasó por lo mismo! Jesús es tu defensor; él comprende lo difícil que es resistir la tentación porque él también se ha enfrentado a ella. Puedes acercarte con confianza a Dios para pedirle perdón. Él da misericordia y gracia abundantes a aquellos que se acercan con sinceridad a pedírselo.

EL PLAN

A todos nos gusta tener un mapa delante para ver cada giro y cada cambio de dirección de la carretera. Como cristianos, dedicamos gran parte de nuestro tiempo a buscar la «voluntad de Dios».

Y, si te soy sincera, en este aspecto solemos equivocarnos por completo: buscamos lo que él quiere que hagamos, pero no nos interesa conocer quién es él. Dios sabe lo que hace. La mayoría de las veces no te dirá qué es lo que va a hacer, sino que simplemente te mostrará quién es él.

Por la fe Abraham, cuando fue llamado para ir a un lugar que más tarde recibiría como herencia, obedeció y salió sin saber a dónde iba (Hebreos 11:8, NVI).

No siempre sabremos a dónde vamos, pero el corazón de Dios es que lo conozcamos *a él*, no necesariamente que tengamos a mano cada uno de los detalles del plan. Ni saber qué es lo que les pasa a los demás. Simplemente, conocerle a él por quien es él. Cuanto más cerca estés de Dios, más se deleitará él en ti. Y ¿acaso no es ese nuestro deseo? ¿Que Dios se deleite en nosotros? Si permaneces en Jesús, solo entonces él podrá cumplir realmente su voluntad perfecta en ti. Preséntate ante él hoy y deshazte de tus preguntas y de tu necesidad de conocer el plan a la perfección. Preséntate ante él con la única necesidad de conocerle y te dejará conocerle sin ocultarte nada.

CUBRIR LAS OFENSAS

Si un amigo o amiga hace algo que nos ofende, nuestro dolor puede hacer que salgamos a buscar la validación de una persona completamente ajena al problema. Sentimos la necesidad de procesar nuestro dolor, así que encontramos a alguien dispuesto a escucharnos y a reafirmarnos en lo que sentimos.

Cuando nos ponemos a darles vueltas a las cosas, tanto en nuestra mente como con nuestras palabras, la ira empezará a crecer en nuestro interior. Y cuanto más repetimos la ofensa ante las personas que nos dan la razón con solo escuchar nuestra parte de la historia, más nos alejamos de la reconciliación. Para que el amor prospere en nuestras relaciones, debemos elegir el perdón por encima de la ofensa. Debemos entregar los derechos que creemos tener sobre la situación y poner al amor por delante, porque el amor viene de Dios.

El que cubre la falta busca amistad; mas el que la divulga, aparta al amigo (Proverbios 17:9, RV60).

La próxima vez que alguien te ofenda, en vez de buscar a otra persona con la que quejarte, acude a Dios y pídele que te dé fuerza para perdonar. Elige perdonar la falta y proteger tu amistad en vez de aumentar tu dolor al compartirlo con los demás.

AMISTAD PROFUNDA

Si una amiga íntima te confronta sobre algo que tienes que cambiar, puede que te sientas frustrada. Incluso cuando sabes que tiene la razón, nunca es fácil que señalen tus debilidades.

Tras uno de estos momentos frustrantes en una relación muy cercana, puede que te salga de dentro sentirte más atraída a otras personas con quienes tienes una amistad más superficial. Disfrutas de la naturaleza fácil y cómoda de estas amistades porque no tienes que esforzarte tanto como en las amistades más íntimas.

Las amistades superficiales pueden parecer más fáciles de mantener que enfrentarse a la sinceridad que viene con una amistad más estrecha. Pero solo son más atractivas porque no hemos profundizado lo suficiente como para llegar a las partes que están rotas. Si ahondamos, encontraremos a personas tan imperfectas como todas las demás.

Las heridas de un amigo sincero son mejores que muchos besos de un enemigo (Proverbios 27:6, NTV).

Valora las relaciones profundas que hay en tu vida. No es fácil encontrar a alguien que vea lo desastre que realmente eres y que, aun así, siga a tu lado. Las personas dispuestas a decirte las cosas difíciles para animarte en tu camino con Dios son mucho más valiosas que los amigos que simplemente te dicen lo que quieres oír.

PERSPECTIVA ETERNA

Ponemos mucho énfasis en llevar las riendas de la vida. Y nos resulta tan fácil quedar atrapados con el aquí y ahora que acabamos perdiendo de vista el hecho de que la vida en esta tierra no es más que un parpadeo en comparación con lo que nuestra vida será en la eternidad.

Todos nuestros objetivos cambiarán si empezamos a vivir con una perspectiva eterna. Cuando comprendemos que las únicas cosas que durarán son aquellas que tienen valor espiritual, de repente caemos en la cuenta de que deberíamos adaptar nuestras prioridades. Nuestro valor eterno pasa por delante de nuestro valor terrenal. Podemos estar entre los más ricos del mundo aquí pero ir camino de la destrucción eterna. O puede que vivamos apurando hasta el último céntimo para llegar a fin de mes en esta vida y ser gobernadores de medio reino en la siguiente.

Todo lo hizo hermoso en su tiempo; y ha puesto eternidad en el corazón de ellos, sin que alcance el hombre a entender la obra que ha hecho Dios desde el principio hasta el fin (Eclesiastés 3:11, RV60).

Ahora tienes la oportunidad única de determinar cómo vas a pasar tu vida eterna. Sirve bien a Dios con tu única y corta vida en la tierra para que puedas vivir para siempre con él en la gloria.

LA MAYOR HISTORIA DE AMOR

Piensa en la historia de amor más bella que hayas oído jamás. ¿Quizá Romeo y Julieta? ¿O la historia de una pareja cuyo amor parece trascender todo lo que creíamos posible? ¿Qué es lo más bello sobre este amor? ¿Es su poesía, susurrada en suaves estrofas? ¿O es su belleza, lo guapos que se ven juntos? ¿O es su sacrificio, todo aquello que han dado a cambio de su amor?

El amor no es fácil porque hace falta sacrificarse. Para un amor verdadero, hay que entregar algo a cambio de la persona a la que amas. Jesús lo dio todo por nosotros: su vida, su gloria, su deidad y sus derechos. Él era la única persona capaz de condenar a toda la raza humana, y eligió condenarse a sí mismo. No tenemos a un amante desafortunado que murió en vano por una historia de amor que acabaría en tragedia: no, nuestro amor es victorioso y fuerte.

Dios hizo que Cristo, quien nunca pecó, fuera la ofrenda por nuestro pecado, para que nosotros pudiéramos estar en una relación correcta con Dios por medio de Cristo (2 Corintios 5:21, NTV).

Jesús sabía que, si no entregaba su vida, no podría estar con nosotros. Su amor por nosotros es tan profundo que no puede enfrentarse a la eternidad sin que estemos a su lado. Nunca oirás una historia de amor más fuerte. Jesús te anhela con tal fervor que murió por ti. Respóndele dejando que su amor enamore a tu corazón en su presencia.

CORAZONES TOZUDOS

La tozudez es un atributo complicado. Puede ser difícil decir algo una conversación con una persona tozuda: ella ya tiene sus propias ideas sobre cómo hay que hacer las cosas, y normalmente no estará dispuesta a escuchar el consejo de los demás.

Podemos tender a ser tozudos en ciertos aspectos. Por desgracia, nuestra tozudez a veces actúa en contra de Dios. Sentimos que su Espíritu nos aconseja con suavidad, pero lo racionalizamos en nuestra cabeza en vez de dejar que guíe nuestro corazón. Dios puede hacer más en un mes con una vida completamente entregada a él que en muchos años con una vida que no le obedece.

Yo soy Jehová tu Dios, que te hice subir de la tierra de Egipto; abre tu boca, y yo la llenaré. Pero mi pueblo no oyó mi voz, e Israel no me quiso a mí. Los dejé, por tanto, a la dureza de su corazón; caminaron en sus propios consejos (Salmos 81:10-12, RV60).

¿Hay alguna área en tu vida en la que tengas un corazón tozudo contra Dios? No olvides lo que ha hecho por ti. Dios quiere llenarte la boca y usar tu vida, pero tienes que abrirte a él. No te quedes con nada. Entrégale cada parte de ti y sigue su consejo en vez del tuyo propio.

ELEGIDOS Y LLAMADOS

Cuando Dios nos pide que hagamos algo, a menudo nuestra primera reacción es mirar a nuestro alrededor en busca de alguien que seguramente podría hacerlo mejor. Nos preguntamos por qué Dios no ha elegido a esa persona que, a nuestro parecer, está claramente más preparada que nosotros.

Dios podría haber elegido a cualquier persona para ser su portavoz y líder para la increíble obra que hizo con los israelitas. Pero eligió a Moisés. Él conocía los puntos débiles y fuertes de Moisés incluso antes de llamarle. Y, aun así, le eligió a él.

Pero Moisés rogó al Señor: —Oh Señor, no tengo facilidad de palabra; nunca la tuve, ni siquiera ahora que tú me has hablado. Se me traba la lengua y se me enredan las palabras (Éxodo 4:10, NTV).

¿Sientes a veces que Dios no debería haberte elegido para algo? ¿Tienes la sensación de que hubiera sido más inteligente que eligiera a alguien más creativo, listo o elocuente? Puede que no entiendas por qué Dios te eligió para una tarea concreta, pero puedes estar segura de que, si te llama a hacer algo, no es solo porque sabe que eres capaz de hacerlo, sino porque quiere que seas tú quien lo haga.

COSAS QUE NO SABES

«Dios, si estás ahí, ¡dame una señal!». La gente lleva gritándole esto a los cielos muchas veces y desde hace mucho tiempo. Queremos ver algo que nos diga que Dios es real, y no solo real, sino presente. Queremos esa experiencia que haga que el cielo baje a la tierra y despeje todas nuestras dudas con un solo relámpago cegador.

Dios es más que capaz de darnos esas señales milagrosas, como hemos visto innumerables veces en la Biblia y en la historia. Pero él es muchísimo *más* que una experiencia. Nos equivocamos al pensar que sus demostraciones físicas son el apogeo de su poder. Otros dioses pueden hacer milagros y ofrecer experiencias, pero el único Dios verdadero sigue mostrando su poder en el valle. Él incluso nos acompaña en el valle de sombra de muerte, donde los milagros parecen no existir. Estos otros dioses no tienen nada que ofrecernos en medio de la desesperación.

Así ha dicho Jehová, que hizo la tierra, Jehová que la formó para afirmarla; Jehová es su nombre: Clama a mí, y yo te responderé, y te enseñaré cosas grandes y ocultas que tú no conoces (Jeremías 33:2-3, RV60).

¡Dios nos mostrará cosas que ni siquiera conocemos! Nosotros lo limitamos a nuestra experiencia y a lo que hemos visto hasta ahora, tanto de él como de la vida. Pero él nos mostrará cosas grandes y poderosas. Dios no está limitado por el tiempo, el espacio o la comprensión humana. Deposita tu fe y esperanza en el Dios que *es*.

EL SEÑOR ME SOSTIENE

Siempre tenemos algo por lo que preocuparnos, ¿verdad? Ya sea nuestra salud, nuestra economía personal, nuestras relaciones u otros detalles, en la vida hay muchas cosas que no sabemos y que fácilmente nos preocupan. Pero ¿y si dejáramos de preocuparnos? ¿Y si dejáramos de cuestionarnos todo y decidiéramos sentir paz? ¿Y si pudiéramos confiar completamente en que Dios puede cuidar de nosotros y de nuestros seres queridos? Dios es nuestra roca y solo él nos sostiene.

Las palabras del salmo 3 nos pueden consolar y dar paz cuando tenemos temor. Hablan a gritos de la gracia de Dios: de la protección y seguridad de su mano. Pero el versículo va más allá de la paz y el consuelo, y habla del *poder* de Dios. Y esto es lo que nos sostiene a diario. Cuando creemos en Dios y confiamos en él, quien posee el poder de la vida y la muerte, ¿qué vamos a temer? Nuestra vida entera está en sus manos. Y ya que esto es un hecho que no podemos cambiar, aprovechemos para descansar en él.

Yo me acosté y me dormí; desperté, pues el Señor me sostiene (Salmos 3:5, LBLA).

En tu vida habrá muchas cosas que no sabrás. Habrá momentos en los que sentirás que de repente pierdes el equilibrio y la desesperación te atenaza con sus garras. En esos momentos que no puedes controlar, lo que sí puedes hacer es *confiar*. Puedes dejar que tu alma, tu mente y tu cuerpo descansen en las manos de aquel que tiene el poder para sostenerte.

GENEROSIDAD

Allá donde dirijamos la vista encontraremos necesidad. Familias que necesitan un hogar, misioneros que necesitan apoyo, estanterías de comida a las que les hacen falta donativos y organizaciones sin ánimo de lucro que necesitan una inyección de liquidez. Pero ¿cómo vamos siquiera a empezar a suplir todas estas necesidades? ¿Cómo vamos a poder dar lo suficiente como para marcar una diferencia?

La generosidad puede darnos algo de miedo. Dar puede significar que *nosotros* no tengamos suficiente. Dar nos puede costar algo. Pensamos que, para hacer más, debemos tener menos. Pero, en la economía de Dios, a aquel que da con generosidad se le devolverá multiplicado. Aquel que no se queda nada para sí lo heredará todo.

Da con generosidad y serás más rico; sé tacaño y lo perderás todo. El generoso prosperará, y el que reanima a otros será reanimado (Proverbios 11:24-25, NTV).

Dios cubrirá todas tus necesidades, independientemente de cuánto des a los demás. Él no mide las riquezas como lo hacemos nosotros. No funciona según nuestro sistema económico. Él da recompensas que durarán para siempre y riquezas que jamás se acabarán.

UNIDAD CRISTIANA

Como cristianos, tendemos a trazar líneas divisorias en la iglesia. Nos separamos por diferencias doctrinales, preferencias en la alabanza y decisiones personales. A menudo nos obsesionamos con estos detalles y acabamos por perder de vista la poderosa visión de Jesús para su iglesia. Al trazar estas líneas divisorias, nos ponemos en contra de nuestros compañeros de equipo y ponemos palos a las ruedas en el llamado que tenemos como cuerpo entero.

No te pido solo por estos discípulos, sino también por todos los que creerán en mí por el mensaje de ellos. Te pido que todos sean uno, así como tú y yo somos uno, es decir, como tú estás en mí, Padre, y yo estoy en ti. Y que ellos estén en nosotros, para que el mundo crea que tú me enviaste. Les he dado la gloria que tú me diste, para que sean uno, como nosotros somos uno. Yo estoy en ellos, y tú estás en mí. Que gocen de una unidad tan perfecta que el mundo sepa que tú me enviaste y que los amas tanto como me amas a mí (Juan 17:20-23, NTV).

Esfuérzate para caminar en unidad con tus hermanos y hermanas en Cristo. Anda en amor con ellos para que el mundo vea su amor como prueba de Cristo en ustedes. Tómate un momento hoy para leer el resto de Juan 17 y deja que el corazón y la oración de Jesús para la iglesia pasen a ser tuyos.

TROPEZAR EN LA OSCURIDAD

¿Alguna vez has andado sumida en la oscuridad más absoluta? Te chocas con los muebles, tiras cosas al suelo y a menudo no tienes ni idea de dónde estás y a dónde vas. En la oscuridad, todo es indefinido. Sin una luz que nos guíe, no podemos ver a dónde vamos ni con qué vamos a encontrarnos.

Muchas veces, a lo largo de la Biblia, Dios compara estar en pecado con estar en la oscuridad. Cuando nos sumergimos en el pecado y rechazamos la luz de la verdad, ya no somos capaces de ver dónde nos estamos metiendo. La oscuridad enturbiará nuestros pensamientos y nuestra lógica, y ni siquiera seremos capaces de determinar qué pecados estamos a punto de encontrar. Si permitimos que los mensajes pecaminosos entren en nuestra alma por distintas vías, acabamos por perder la capacidad de dirigir nuestra vida.

La Palabra le dio vida a todo lo creado, y su vida trajo luz a todos. La luz brilla en la oscuridad, y la oscuridad jamás podrá apagarla (Juan 1:4-5, NTV).

Si la maldad empieza a adueñarse de tu vida, perderás la capacidad de advertir qué te está haciendo pecar. Esfuérzate para que tu alma siga siendo sensible a la verdad. Céntrate en la luz pasando tiempo en la Palabra de Dios.

VICTORIA

¿Alguna vez has visto una película con una de esas escenas donde a los buenos los superan en número, y por mucho? Te retuerces en el asiento mientras los ejércitos de los malos empiezan a aparecer, miles y miles de soldados cargados con sofisticadas armas. Y aunque el ejército bueno tiene muchísimo coraje, sabes que no tienen ni una oportunidad de salir con vida. Pero, cuando todo parece perdido, hay un momento en el que, de la nada, llegan refuerzos en una oleada de esperanza para ayudar al ejército de los buenos. De repente, ¡pasan de llevar todas las de perder a triunfar y llevarse la victoria!

Luchamos a diario nuestra propia batalla contra el pecado. Por nosotros solos no tenemos la fuerza necesaria como para ganar la lucha. Pero, cuando parece que se ha perdido toda esperanza, aparece *nuestro* refuerzo, Jesucristo, y cobramos las fuerzas necesarias para triunfar valientemente sobre el pecado.

¡Pero gracias a Dios! Él nos da la victoria sobre el pecado y la muerte por medio de nuestro Señor Jesucristo. Por lo tanto, mis amados hermanos, permanezcan fuertes y constantes. Trabajen siempre para el Señor con entusiasmo, porque ustedes saben que nada de lo que hacen para el Señor es inútil (1 Corintios 15:57-58, NTV).

Puede que pases por temporadas de tu vida en las que sientes que el pecado te sobrepasa. La tentación es grande y no sientes que te queden fuerzas suficientes como para superarla. Pero sé consciente de que no tienes que luchar sola. Tienes el poder de Dios a tu lado, ¡y él ya ha ganado contra el pecado y la muerte!

CHICAS MALAS

Chicas malas. Todas hemos conocido a alguna, hemos sido una o alguna nos ha hecho daño. A las mujeres no nos hace falta dar demasiadas vueltas a la definición de este término, ya que lo hemos creado nosotras mismas. En algún momento llegamos a la conclusión de que pisotear a otra mujer nos haría subir más a nosotras. Ya sea criticando su aspecto, su personalidad o su situación, tenemos la sensación de que nosotras estaremos mejor cuanto peor esté la otra.

Al participar en el fenómeno de la chica mala, lo que realmente estamos haciendo es impedirnos caminar a nosotras mismas en la plenitud de nuestra salvación. ¿Por qué no tiramos de la manta en todo este engaño de la chica mala? ¿Y si nos permitiéramos ser vulnerables unas con otras y nos aceptáramos unas a otras con comprensión? ¿Y si eligiéramos ser amables en vez de hablarnos con dureza y desprecio?

Por lo tanto, abandonando toda maldad y todo engaño, hipocresía, envidias y toda calumnia, desead con ansias la leche pura de la palabra, como niños recién nacidos. Así, por medio de ella, creceréis en vuestra salvación, ahora que habéis probado lo bueno que es el Señor (1 Pedro 2:1-3, BAD).

Cada vez que te sientas tentada a menospreciar a otra mujer, intenta ensalzarla. Deja atrás tus celos y cámbialos por la estima; transforma la crítica en elogio y la maldad en amabilidad. ¡Imagina lo que esto podría hacer por el cuerpo de Cristo!

NUESTRO ABOGADO

Isaías dice que, vayamos donde vayamos, oiremos una voz que nos dirá: «Este es el camino; anda por él». Pero a menudo nos resulta muy difícil oír esa voz, y nos cuesta incluso más distinguirla de las demás voces que hay en nuestras vidas.

Tropezamos y caemos cada día. Oímos mal y erramos el blanco por completo. Caemos en el pecado cuando lo que buscábamos era la rectitud y nos sentimos culpables incluso cuando sabemos que hemos recibido gracia. Debemos descansar en el hecho de que nuestro Dios está lleno de gracia, conoce nuestra humanidad y la compensa.

Hijitos míos, estas cosas os escribo para que no pequéis; y si alguno hubiere pecado, abogado tenemos para con el Padre, a Jesucristo el justo (1 Juan 2:1, RV60).

Tienes a un mediador entre ti y el Dios todopoderoso. Se trata de alguien que te ha amado lo suficiente como para entregarlo todo por ti. Y seguro que un hombre que te ama con este tipo de intensidad también te quiere lo suficiente como para perdonar tus imperfecciones.

AMOR A PRIMERA VISTA

«¿Y cómo se conocieron ustedes dos?». Hacemos la inevitable pregunta, con ojos soñadores, sabiendo que nos responderán con recuerdos atesorados y románticas anécdotas. Cada historia de amor tiene un inicio: una primera mirada, una primera palabra, un primer pensamiento… El comienzo del mismísimo amor.

¿Cómo es el inicio de tu historia de amor con Dios? ¿Hubo una canción que te hizo enamorarte de él? Quizá fue un versículo, una palabra salida de su misma boca que cautivó tu corazón. O quizá tuviera algo que ver el lugar o la posición en la que estabas cuando tu corazón respondió al suyo y acabaste siendo transformada por completo. Es muy fácil perder la pasión inicial del amor. Dios acaba entretejiéndose en nuestras vidas como si fuera un único hilo en nuestro tapiz y así, a pesar de que forma parte de nosotros, no es todo lo que nos conforma.

Pero tengo contra ti, que has dejado tu primer amor (Apocalipsis 2:4, RV60).

Examina hoy tu corazón. ¿Has abandonado el profundísimo amor que tenías al principio? ¿Te has alejado de ese punto en el que lo único que querías era tenerle y lo único que necesitabas era su presencia? Tómate un tiempo hoy para acallar tu corazón y recordar completamente el momento en el que te enamoraste de Dios. A veces tenemos que recordar cómo nos enamoramos para recordar que *estamos* enamorados.

PERSONAS QUE HABLAN VERDAD

¿Alguna vez has conocido a una de esas personas que suelta verdades como puños cada vez que hablas con ella? Parece estar embebida de la palabra de Dios y sabes que, cuando la oyes hablar, el poder del Espíritu Santo te ministrará a través de ella. Estas personas reflejan el corazón de Dios porque estudian la Palabra de Dios.

Si meditamos en la verdad, nos convertiremos en personas llenas de verdad. Si leemos la Biblia constantemente, la verdad fluirá de nosotros, junto con el gozo, la paz y la sabiduría. Incluso en nuestras conversaciones normales nos encontraremos usando frases sacadas literalmente de las Escrituras. Y eso es lo que Dios quiere. Él quiere que tus labios estén constantemente alabándole y repitiendo sus palabras: una reunión de alabanza inacabable mientras hablamos.

Nunca se apartará de tu boca este libro de la ley, sino que de día y de noche meditarás en él, para que guardes y hagas conforme a todo lo que en él está escrito; porque entonces harás prosperar tu camino, y todo te saldrá bien (Josué 1:8, RV60).

Si estamos constantemente en la Palabra y dejamos que el poder de Dios nos inunde el alma, el espíritu y la mente, entonces el poder de Dios es lo que saldrá a relucir cuando abramos la boca y hablemos a otros. Su bondad, amabilidad, misericordia y gracia fluirán de ti y te convertirás en una persona que habla verdad.

AGOSTO

A quien Dios le concede abundancia y
riquezas, también le concede comer de
ellas, y tomar su parte y disfrutar de sus
afanes, pues esto es don de Dios. Y como
Dios le llena de alegría el corazón, muy poco
reflexiona el hombre en cuanto a su vida.

ECLESIASTÉS 5:19-20, BAD

PLANIFÍCATE

El mes de agosto nos crea una sensación de expectativa. El verano termina y normalmente, en septiembre, todo vuelve a empezar de nuevo. La emoción flota en el aire con la llegada de los autobuses escolares y el inicio de la temporada de deportes. Empezamos a pensar en hacer el cambio de armario. Puede ser un gran momento para comenzar a marcarnos una rutina.

Agosto puede significar que tus mañanas empiezan media horita antes para pasar tiempo en la presencia de Dios. O quizá dedicas unos momentos por la tarde para salir a dar un paseo rápido para orar. A lo mejor puedes empezar una cadena de oración con mujeres a las que conoces para orar unas por otras a medida que vayan pasando los meses. Si apartas tiempo para reservarlo para el Señor, conversar con él acaba convirtiéndose en un hábito diario: tu día no está completo sin él. Y ay, ¡cómo le deleita que pasemos tiempo en su presencia!

Ahora, pues, busquen al Señor su Dios de todo corazón y con toda el alma. Comiencen la construcción del santuario de Dios el Señor, para que trasladen el arca del pacto y los utensilios sagrados al templo que se construirá en su honor (1 Crónicas 22:19, NVI).

¿Cómo sería un cambio de rutina para ti? ¿Cómo podrías tomar una decisión en lo referente a tus encuentros con el Señor?

GRATITUD

¿Te has fijado en que, cuando estás de vacaciones, sientes el corazón más liviano? ¿Que te preocupas menos y estás más agradecida? Cultivar un corazón de agradecimiento puede cambiar toda nuestra perspectiva sobre la vida. Cuando somos agradecidos, empezamos a ver mucho más la luz de Dios. Empezamos a verlo en *todas partes*.

Un corazón agradecido es un corazón que se niega a dejar que el enemigo entre y nos engañe. De repente, nuestras circunstancias no parecen tan terribles y nuestros problemas se ven más pequeños. Un corazón agradecido glorifica a Dios y nos hace estar centrados en él. Puedes tener la misma perspectiva que cuando estás de vacaciones, pero cada día. Incluso en las circunstancias más cotidianas.

Y todo lo que hagan, de palabra o de obra, háganlo en el nombre del Señor Jesús, dando gracias a Dios el Padre por medio de él (Colosenses 3:17, NVI).

¿Qué puedes hacer para empezar a cultivar un corazón de gratitud? Un corazón agradecido te hace estar arraigada en Cristo, en comunión con él, y te permite vivir la vida más plena que ha diseñado para ti.

EN EL CENTRO DE TU CORAZÓN

Las redes sociales: una vía de escape, un regalo, una herramienta comunicativa, un ladrón del gozo, un comparador, un cómico, ocio. ¡Pueden ser muy divertidas! Pero también pueden convertirse en un ídolo si no las reconocemos como tales. De repente, en vez de abrir la Biblia, estamos mirando nuestros móviles, consultando Facebook y publicando fotos y actualizaciones de estado para ganarnos la aprobación y la atención de otros en vez de las de nuestro Creador.

El deseo de Dios para nuestras vidas es que lo prefiramos a él por encima de todo lo demás. Quiere ser nuestro punto focal, aquel al que volvemos una y otra vez para no desviarnos demasiado de nuestro rumbo. En vez de buscar la aprobación de los demás, dirijamos nuestros ojos hacia aquel que más nos ama, cuya voz es la única que debemos escuchar.

Si, pues, habéis resucitado con Cristo, buscad las cosas de arriba, donde está Cristo sentado a la diestra de Dios. Poned la mira en las cosas de arriba, no en las de la tierra (Colosenses 3:1-2, RV60).

¿Dónde decides pasar la mayoría de tu tiempo? ¿Qué decisiones podrías tomar para seguir centrada en Jesús? En una vida llena de opciones, es importante saber que tu apoyo es también tu mejor opción: buscar a Dios y elegir una vida con él.

LA VOZ DEL AMOR

Cuando vivimos para otras voces, rápidamente nos agotamos y desanimamos. Las expectativas que otras personas tienen sobre cómo deberíamos vivir, actuar y ser a veces son inalcanzables. Pero hay una voz que sí que importa y que puede hacerse oír de varias formas: la voz de Dios.

Y lo que Dios nos dirá es que somos queridas, deseadas y tenemos un valor importante. Somos sus amadas, sus hijas, su bella creación. Esta es la voz que importa. Esta es la voz a la que acudir cuando sentimos que no somos suficiente.

Los que el Padre me ha dado vendrán a mí, y jamás los rechazaré (Juan 6:37, NTV).

¿Qué voces sueles escuchar? ¿Puedes ignorarlas y centrarte solo en la voz que sí que importa? Él te animará y te recordará que *eres* suficiente. Nada de lo que hagas o dejes de hacer hará que te ame más o menos. Sumérgete en esta voz hasta apagar todas las demás.

CORRER RIESGOS

Habrá momentos en los que surgirán oportunidades que nos sorprenderán. Puede que de repente se nos presente algo que nos dé un poco de miedo. Lo consideramos una oportunidad porque vemos la ventaja que puede tener en algún momento más adelante. Comprendemos que podría suponer tanto un regalo para nuestra vida como una situación bastante complicada, o una transición antes de que llegue la recompensa.

Para avanzar a través de lo desconocido es necesario ser valiente, y no siempre andamos sobrados de coraje. A través del poder de la oración y valorando las cosas positivas y negativas de la oportunidad, con suerte llegaremos a un punto en el que nuestro corazón sienta esa paz que hemos estado buscando. Y eso hace que aceptar la oportunidad nos resulte mucho más fácil.

Tu palabra es una lámpara que guía mis pies y una luz para mi camino (Salmos 119:105, NTV).

¿Has corrido un riesgo y has quedado agradablemente sorprendida por el resultado? ¿Cómo puedes entregarle completamente tu confianza a Dios? Puede que todavía no te sientas valerosa ante la decisión que has tomado, pero puedes confiar en la paz que sientes en el corazón. Y eso ya es ser valiente. Esta oportunidad puede ser una de las mayores sorpresas de tu vida; es maravillosa y da miedo, pero es perfecta para ti.

ROMPE TODAS LAS CADENAS

Tenemos la oportunidad de partir de cero: si lo deseamos, podemos hacer tabla rasa cada día. Podemos ser transformados completamente y tener un corazón renovado. Básicamente, podemos rehacernos a nosotros mismos con la ayuda, la sanación y la naturaleza transformadora de Cristo. Jesús murió en la cruz para prometernos una vida libre de las ataduras del pecado, de la desesperanza y de cualquier cadena que nos intente atrapar. En Cristo hemos sido liberados.

Necesitamos oír la verdad de la promesa de Cristo para nosotros y detener el ciclo de desánimo, derrota y cautividad al pecado. Lo único que tenemos que hacer es ponernos de rodillas y orar.

Esto lo hizo Dios para que todos lo busquen y, aunque sea a tientas, lo encuentren. En verdad, él no está lejos de ninguno de nosotros (Hechos 17:27, BAD).

¿Hay alguna área de tu vida en la que necesites recibir liberación? Espera a que la voz de Dios impregne las partes más profundas y tristes de tu interior. Él quiere que le permitas cuidar de ti. Él busca tu corazón.

¿POR VISTA O POR FE?

A veces le pedimos mucho a Dios. «Dios, yo quiero esta casa», «Dios, este es el trabajo de mis sueños» o «Estoy más que preparada para tener un marido», y nos quedamos a la expectativa. Esperamos que él haga lo imposible. Esperamos que nos conceda los deseos de nuestro corazón. Porque, si lo hace, entonces demostrará que es, sin lugar a duda, todopoderoso. Si lo hace, sabremos que ha oído nuestra petición y la ha respondido. Si lo hace, es que nos ama.

Esto es vivir *por vista*.

En 2.ª de Corintios se dice que vivimos por fe, no por vista. A menudo dudamos de Dios. Vivir por fe es rendir cualquier control que creyéramos tener y optar por sentarnos en el asiento del copiloto, embargados por la emoción y deseando saber a dónde nos llevará Dios.

[...] Sabemos que mientras vivamos en este cuerpo estaremos alejados del Señor. Vivimos por fe, no por vista (2 Corintios 5:6-7, NVI).

¿Has estado viviendo por fe o por vista? ¿Cómo puedes deshacerte de tus deseos incumplidos y empezar a vivir por fe? ¡Los deseos de Dios para ti son maravillosos! Solo quiere lo mejor para ti y, a cambio, pide tu fe.

EN LO SECRETO

Atesora las cosas secretas. Mucha parte de nuestra vida es para los demás. *Muchísima*. Ya sea por nuestro trabajo, cuidando de nuestras relaciones con otros o en los voluntariados en los que participamos, dedicamos una porción muy grande de nuestro tiempo y energía a los demás.

Dios quiere nuestro tiempo. Él lo quiere para nosotros y para él. Quizá para ello necesitarás un cuarto en el que refugiarte para orar o un lugar tranquilo. Quizá tengas que escabullirte fuera de casa con tu Biblia y tu diario. Lo hagamos como lo hagamos, nuestro Padre celestial nos ve. *Él nos ve*. ¡Qué regalo más grande es este pensamiento en sí mismo! Él nos ve en lo secreto y se reunirá con nosotros allí donde estemos.

Cuando oren, no sean como los hipócritas, porque a ellos les encanta orar de pie en las sinagogas y en las esquinas de las plazas para que la gente los vea. Les aseguro que ya han obtenido toda su recompensa. Pero tú, cuando te pongas a orar, entra en tu cuarto, cierra la puerta y ora a tu Padre, que está en lo secreto. Así tu Padre, que ve lo que se hace en secreto, te recompensará (Mateo 6:5-6, NVI).

¿Puedes escaparte hoy en secreto para orar? En lo secreto, Dios recompensará tu corazón. Haz que tus escapadas con Dios se conviertan en una rutina diaria.

SU GLORIA

Las hojas que cambian de verde a naranja y rojo. La nieve que cae con suavidad. Un amanecer del color del arcoíris. Un brote nuevo en medio del barro. El olor de la hierba recién cortada. El crujido de las hojas en los árboles. El aroma de un pino en Navidad. Nubes perezosas que se van moviendo. El sol que te besa las mejillas. Es maravilloso que nuestro Creador haya hecho todo esto para nuestro disfrute.

Aun así, puede que vayan pasando los días y no nos hayamos detenido a fijarnos en estas cosas. Nos olvidamos de bajar el ritmo. Ignoramos este mundo, maravillosamente bello, creado para que lo exploremos y disfrutemos. Es increíble lo que un paseo con un amigo, una carrera por el bosque o el tacto de la hierba bajo nuestros pies descalzos pueden llegar a hacer por nuestra alma.

En la hermosura de la gloria de tu magnificencia, y en tus hechos maravillosos meditaré (Salmos 145:5, RV60).

¿Te tomas un momento para salir fuera y disfrutar de todo lo que él ha creado? La próxima vez que te sientas algo inquieta, baja el ritmo, sal a caminar afuera y sumérgete en su presencia, que está por todas partes: en la hierba que acaricia tus pies, en el crujir de las hojas sobre tu cabeza y en la luz del sol que te besa las mejillas.

AFÉRRATE A ELLA

Si tienes a una mujer que ha estado contigo gran parte de tu vida (una hermana, una madre o una mejor amiga), aférrate a ella. Si encuentras a esa mujer con quien la vida es fácil, sin juicios, humillaciones o miedo a ser tú misma, aférrate a ella. Si encuentras a esa mujer con la que puedes reír y llorar, todo en la misma conversación, aférrate a ella.

Es maravilloso tener buenas amigas. Te entienden bien, aunque nadie más sepa lo que te pasa. Son personas a las que puedes acudir a pedirles consejo, sea la hora que sea. La Biblia dice que los amigos se animan y se quieren. Estas cualidades son un regalo tremendo, especialmente si las encuentras en una amiga con la que puedas compartir tu vida diaria.

Este es mi mandamiento: Que os améis unos a otros, como yo os he amado. Nadie tiene mayor amor que este, que uno ponga su vida por sus amigos. Vosotros sois mis amigos, si hacéis lo que yo os mando (Juan 15:12-14, RV60).

¿Tienes a una amiga que bendice tu vida a menudo? ¿Eres tú esa persona para otras? Si tienes una amistad en la que se benefician mutuamente, aférrate a ella. Y si no la tienes, empieza a ser el tipo de amiga que necesitas tener y fíjate en lo que pasa.

UN VACÍO

Hay días en los que puede que te levantes un poco más descentrada, con menos energía y positividad para el día que se presenta. Puede que te sientas algo hueca, como si tuvieras un vacío que quieres llenar. Pero lo maravilloso sobre el Dios al que sirves es que, en él, puedes estar completa. Él es quien llena esos vacíos. Y cuando te sientas con él, su luz empieza a arder con más fuerza.

En ese tipo de días, búscalo para depender de él. Acude a él aunque no te apetezca. Preséntale tu indefensión y vacío, y él te bendecirá y llenará ese hueco con calidez, gozo, paz, cariño y amor.

Dichosos los pobres en espíritu, porque el reino de los cielos les pertenece. Dichosos los que lloran, porque serán consolados. Dichosos los humildes, porque recibirán la tierra como herencia. Dichosos los que tienen hambre y sed de justicia, porque serán saciados (Mateo 5:3-6, NVI).

¿Alguna vez has visto el fruto de esta promesa en uno de esos días complicados? Si pasas tiempo con él y le permites hablarte, puedes descansar en el conocimiento de que has sido transformada y has recibido plenitud en uno de los días más difíciles. Él es fiel y te quiere, independientemente de las circunstancias o los sentimientos.

CONFIANZA EN LAS COSAS PEQUEÑAS

La naturaleza fiel de Dios supone un increíble regalo. Él nos promete cosas y cumple siempre sus promesas.

Parece que es más fácil confiar en Dios en los grandes momentos, en los momentos desesperados. Pero ¿qué pasa con los momentos cotidianos? ¿Con aquellas veces en las que tomamos el control de la situación y queremos hacerlo todo nosotros? Pues en esos momentos también podemos acudir a él, sin condiciones. Podemos liberarnos de todo, llorar con él y pedirle que nos sostenga. Y lo hará. Aquellos momentos del día a día que pueden parecernos torcidos se enderezarán. Él te llevará en sus brazos tal y como te ha prometido.

En ti confiarán los que conocen tu nombre, por cuanto tú, oh Jehová, no desamparaste a los que te buscaron (Salmos 9:10, RV60).

¡Cuán bello es este Dios! Él te dará un camino en el que andar con paso firme si confías en él. ¿Qué es lo que más te cuesta a la hora de confiar en Dios? Practica cómo dejar de aferrar las riendas en esos momentos. Confía en él.

EXAMINA MI CORAZÓN, OH DIOS

Es muy fácil señalar el pecado de los demás y pasar por alto el nuestro. Puede que no sea tan obvio, pero seguro que también hay pecado en nosotros: todos somos pecadores. Examina tu corazón y encuentra aquello que hay que podar. Aquello que sientes que es más oscuro en tu interior. Hay esperanza en la oscuridad; hay luz. Independientemente de lo que hayas hecho o de los sentimientos que a veces puedas tener, no hay nada que no pueda ser perdonado y superado.

Alza tu corazón sin podar al Padre que te ha creado y pídele que saque tu oscuridad a la luz. Pídele que te revele dónde eres débil. Él puede hacerte fuerte. Puedes hacerlo, ¡eres hija del único rey verdadero! Tienes al mejor guerrero a tu lado, proyectando su luz en todo tu ser.

[...] Por un breve momento nos has mostrado tu bondad al permitir que un remanente quede en libertad y se establezca en tu lugar santo. Has permitido que nuestros ojos vean una nueva luz, y nos has concedido un pequeño alivio en medio de nuestra esclavitud (Esdras 9:8, NVI).

¿Cuáles son las áreas de tu vida que tienen que confesarse? Tómate un momento para reflexionar sobre ellas en oración con Dios. Pídele que se revele a ti.

SIN LÍMITES

¿Te cuesta encontrar un lugar en el que encajar? ¿Estás buscando cuál es tu propósito? ¿Tienes la sensación de que has cambiado y de que el propósito que pensabas que Dios tenía para ti es ahora completamente distinto? Puede ser todo muy complicado, ¿verdad? Cuando creemos que nuestro propósito no está claro, podemos olvidarnos fácilmente de la capacidad de Dios.

Y es que, amiga, la capacidad de Dios no tiene fin. Servimos a un Dios sin límites. Él nos dice que, en él, todo es posible. No te hace falta tener confianza en lo que puedes hacer, sino solo en lo que él puede cumplir a través de ti. Él es capaz de hacer cualquier cosa, y sus planes para ti van mucho más allá de lo que puedas pensar.

Una y otra vez pusieron a prueba la paciencia de Dios y provocaron al Santo de Israel. No se acordaron de su poder ni de cómo los rescató de sus enemigos (Salmos 78:41-42, NTV).

¿Cuál sientes que es tu propósito? Abre tu corazón y tu mente a un Dios sin límites. Cree, en lo profundo de tu corazón, en la plenitud de su capacidad ilimitada para ti. Ora por eso, da pasos y observa cómo cumple tu propósito más significativo.

UNIDAS EN UN MISMO CUERPO

Por lo general, las mujeres somos seres relacionales. Buscamos la cercanía y las conversaciones sinceras; relaciones maduras, reales y vulnerables. Pero, al mismo tiempo, a veces somos nosotras las que hacemos que sea tan difícil entablar estas relaciones. Juzgamos, comparamos, nos limitamos a la superficie para protegernos a nosotras mismas.

Hay un motivo por el que hemos sido creadas así. Dios no es ingenuo en lo referente a las mujeres. Su deseo es conseguir que seamos un mismo cuerpo. Ya seamos negras, rojas, amarillas, verdes, solteras, casadas, ricas, pobres… no hay ningún límite para estar en relación unas con otras. En vez de asumir cosas sobre los demás y saltar directamente a las conclusiones, ama, sé de confianza, interésate por los demás, profundiza en tus relaciones y muestra gracia en tu corazón hacia los demás. Podemos ser una bendición unos para otros.

Les ruego por la autoridad de nuestro Señor Jesucristo que vivan en armonía los unos con los otros. Que no haya divisiones en la iglesia. Por el contrario, sean todos de un mismo parecer, unidos en pensamiento y propósito (1 Corintios 1:10, NTV).

¿Hay mujeres en tu vida con las que te gustaría tener una relación más profunda pero, por el momento, te has estado conteniendo? ¿Hay mujeres a las que puede que hayas juzgado y que necesitan una segunda oportunidad? Corre el riesgo. Háblales y queda para tomar un café.

SACA A RELUCIR LA BELLEZA

Dios nos ofrece liberación para cualquier atadura que tengamos. De verdad. Nuestro Padre puede tomar cualquier error que hayamos cometido en el pasado y sacar a relucir la belleza de ese error. No tenemos por qué ser tan duros con nosotros mismos. No hace falta que nos sintamos atrapados, pensar que hemos fallado o aferrarnos con tanta fuerza a nuestro error como para no poder ver el gozo de nuestras circunstancias actuales.

Vuelve tu rostro hacia Dios y permítele romper esas ataduras. Él puede tomar esa experiencia y convertirla en una fuente de empatía y humildad hacia los demás. Observa cómo se van rompiendo las cadenas y fíjate en que, ahora, vas muchísimo más ligera.

Por tanto, también nosotros, que estamos rodeados de una multitud tan grande de testigos, despojémonos del lastre que nos estorba, en especial del pecado que nos asedia, y corramos con perseverancia la carrera que tenemos por delante. Fijemos la mirada en Jesús, el iniciador y perfeccionador de nuestra fe, quien, por el gozo que le esperaba, soportó la cruz, menospreciando la vergüenza que ella significaba, y ahora está sentado a la derecha del trono de Dios (Hebreos 12:1-2, NVI).

¿Qué errores del pasado te está costando soltar? Tómate unos minutos para permitir que su promesa de redención se abra camino en tu corazón. Y, después, perdónate a ti misma.

RAÍCES

¿Alguna vez has intentado cuidar de una planta en una maceta? Si la riegas con constancia y te aseguras de que tenga la luz y la temperatura ideales, además de recortarla si se hace demasiado grande, puede florecer con esplendor. A menudo crecen hacia arriba, ya que la maceta impide que las raíces vayan a lo ancho. Hacia arriba, hacia arriba. Pero si te olvidas de ella durante un tiempo, si no la cuidas tal y como lo necesita, puede empezar a amarillear y a marchitarse y, finalmente, morirá.

Raíces. Marcan la diferencia completamente en el estado de salud. Las raíces toman forma bajo el suelo, donde no las puedes ver. A menudo las raíces muestran la salud real de cualquier cosa en la que nos fijemos. Deberíamos tener raíces profundas en la devoción que tenemos en nuestros corazones hacia Dios. *Profundas* no significa que llevemos mucho tiempo con Dios, sino que lo que pasa en nuestros hogares, nuestros corazones y nuestras relaciones es algo que nos nutre y que complace a Dios.

> *Será como un árbol plantado junto al agua, que extiende sus raíces hacia la corriente; no teme que llegue el calor, y sus hojas están siempre verdes.*
> *En época de sequía no se angustia, y nunca deja de dar fruto (Jeremías 17:8, NVI).*

¿En qué punto está hoy tu salud espiritual? ¿Necesitas que te rieguen y te nutran con regularidad? Tómate un momento hoy para pedirle esto a Dios y observa cómo tus raíces cobran vida. Si sientes que tus hojas empiezan a amarillear o marchitarse, acude a tu cuidador y empieza otra vez de nuevo. Y, cada vez que lo hagas, tus raíces se harán un poquito más fuertes.

SIMPLEMENTE DI QUE NO

¿Sueles decir siempre que sí? ¿Tienes miedo de decepcionar a los demás? A veces, decir que sí puede hacernos sentir realmente bien… hasta que deja de ser así.

Cuando ansiamos decir que no, cuando deseamos tener un momento de paz o una semana sin compromisos, esa lista de «síes» puede parecer una montaña imposible de escalar. Decir que sí constantemente nos convertirá en una mujer agotada, incapaz de dar lo mejor de sí misma. Y cargar con ese sentimiento es mucho peor que elegir decir «no».

Que aprendan los nuestros a empeñarse en hacer buenas obras, a fin de que atiendan a lo que es realmente necesario y no lleven una vida inútil (Tito 3:14, NVI).

¿En qué áreas de tu vida ansías tener más espacio? Ora para recibir la valentía de decir «no» cuando lo necesites. Sacar tiempo para ti misma es algo que merece admiración, y desear tener más margen en tu vida para simplificarla está bien: a esto sí que puedes decirle «sí».

LA GUERRA

Siempre ha habido una guerra delante de ti. Una batalla profunda, encarnizada y sin tregua *por ti*, por tu corazón. Es una guerra cruenta y así lo ha sido desde que naciste. Uno de los bandos desea lo bueno para ti. Te ama incondicionalmente y quiere ver cómo te conviertes en la persona que él diseñó. Un bando que se ha sacrificado por ti, ha muerto por ti, ha sangrado por ti. Hay uno que no solo toma sino que da con abundancia, sin coste. Ese bando te llama hija, te llama amada.

No permitas que el otro bando gane. No te rindas. En vez de eso, mira hacia arriba. Detente y siéntate, en silencio. Escucha la verdad que se oye en susurros en tu corazón. Deja que entre en lo más profundo de tu ser. Deja que se instale ahí. *Eres amada. Eres mi tesoro. Eres preciosa. Soy tuyo y tú eres mía. Te oigo. Te quiero… sin falta, sin límites. No hay nada que puedas hacer para separarte de mi amor. Soy tuyo… para siempre.*

Practiquen el dominio propio y manténganse alerta. Su enemigo el diablo ronda como león rugiente, buscando a quién devorar. Resístanlo, manteniéndose firmes en la fe, […] [y] el Dios de toda gracia que los llamó a su gloria eterna en Cristo, los restaurará y los hará fuertes, firmes y estables (1 Pedro 5:8-10, NVI).

¿Eres consciente de la guerra espiritual que hay en tu vida y la reconoces como tal? Sigue aferrándote a Dios y a su Palabra para crear tu armadura.

EL OÍDO DE DIOS

Dios te oye. Ya sea que estés gritando palabras de alabanza, llorando en duelo o cantando de su gloria, Dios nos oye. Él nos escucha. No nos abandona o ignora.

Él oye tu voz. Escucha tu corazón. Oye tus gritos, tus susurros y tus pensamientos. A veces esto puede dar miedo; sentimos que tenemos que actuar de una forma concreta. Y eso es mentira. No lo creas. Dios nos acepta tal y como somos, en el punto en el que estamos. No tenemos que ponernos filtros, hacer ver cosas que no son ni complacer a nadie. Él está con nosotros, nos ama y nos acepta tal y como estamos en este momento.

Yo amo al Señor porque él escucha mi voz suplicante. Por cuanto él inclina a mí su oído, lo invocaré toda mi vida. Los lazos de la muerte me enredaron; me sorprendió la angustia del sepulcro, y caí en la ansiedad y la aflicción. Entonces clamé al Señor: «¡Te ruego, Señor, que me salves la vida!». El Señor es compasivo y justo; nuestro Dios es todo ternura. El Señor protege a la gente sencilla; estaba yo muy débil, y él me salvó. ¡Ya puedes, alma mía, estar tranquila, que el Señor ha sido bueno contigo! (Salmo 116: 1-7, NVI)

¿Crees que Dios te escucha? ¿Qué quieres decirle ahora mismo? Él es un Dios precioso y amoroso que nos acepta a nosotros, los pecadores, y nos toma de la mano para acompañarnos en el camino a la salvación.

CONFIANZA INNEGABLE

¿Alguna vez has oído una historia personal que te haya hecho romper a llorar? ¿Has visto en alguna ocasión a alguien superar obstáculos casi imposibles sin dejar de aferrarse a Jesús? ¿Te quedaste asombrada o tuviste la confianza de que tú reaccionarías del mismo modo ante una tragedia o una situación difícil? Nuestra forma de responder cuando nuestros sueños se rompen es increíblemente importante en nuestro camino espiritual. Sin importar cómo nos sintamos, nuestra responsabilidad es tener una fe y una confianza completas en que Dios está con nosotros, caminando a nuestro lado, sujetándonos la mano.

Somos llamados a amarle incluso cuando parece que no está ahí. Somos llamados a serle fieles incluso cuando parece que él no nos sea fiel. Y él es fiel. Confiar en Dios es agradarle. Él se encarga del resto del trabajo por nosotros. ¿No es maravilloso? Debemos soltar todo lo que aferramos y confiar en él cuando nuestros sueños saltan por los aires. Dios nos tomará de la mano y nos dirigirá; él se encargará de lo más difícil.

[…] Y les aseguro que estaré con ustedes siempre, hasta el fin del mundo (Mateo 28:20, NVI).

¿Alguna vez te has enfrentado a una circunstancia complicada donde has tenido que aferrarte a Dios más que nunca? ¿Cómo respondiste? Él quiere que lo busques en aquellos momentos difíciles. Su amor es el mejor remedio.

DESCANSA EN JESÚS

¿Alguna vez has estado despierta cuando creías que todo el mundo estaba dormido? Quizá tenías que tomar un vuelo de madrugada y sentías que eras la única persona que estaba levantada a esa hora. Es una sensación mágica, ¿verdad? Como un secreto que solo sabes tú. Da igual si eres una persona madrugadora, si prefieres acostarte tarde, o algo intermedio: hay una paz especial cuando te reúnes en secreto con Jesús, cuando todo el mundo se ha detenido por un instante.

Sea como sea, de madrugada o a altas horas de la noche, en un descanso del trabajo o de estudiar, o cuando el bebé se acaba de dormir, encontrar esa tranquilidad es el momento en el que realmente puedes ganar fuerzas. Necesitamos alimento espiritual para conquistar cada día.

El que habita al abrigo del Altísimo morará bajo la sombra del Omnipotente (Salmos 91:1, RV60).

¿Puedes reservar un momento diario tranquilo para encontrarte con Jesús? Él estará contigo en ese espacio, llenándote de paz, fuerzas y amor para salir y conquistar el mundo.

UNA CIUDAD SIN MURALLAS

En la escuela primaria teníamos que levantar la mano y pedir turno para hablar. Los profesores no admitían preguntas ni respuestas hasta que hubieran terminado de hablar. Los niños a duras penas podían aguantarse antes de soltar la respuesta. Estos maestros eran sabios. Intentaban enseñar autocontrol: una lección muy valiosa en la vida.

La falta de autocontrol puede adoptar varias formas: comer demasiado, pasar mucho tiempo en el ordenador o el móvil, tener ataques de ira, malgastar el dinero, criticar… La lista es inacabable. Para tener autocontrol hace falta disciplina. Y, para perfeccionarla, tenemos que practicar y pedirle ayuda a Dios. Proverbios 25:28 describe al hombre sin autocontrol como una ciudad sin defensa y sin murallas. ¡Qué forma más fácil de dejarle vía libre al enemigo!

Dios ha manifestado a toda la humanidad su gracia, la cual trae salvación y nos enseña a rechazar la impiedad y las pasiones mundanas. Así podremos vivir en este mundo con justicia, piedad y dominio propio (Tito 2:11-12, NVI).

¿En qué áreas de tu vida tienes que practicar más autocontrol? ¿A quién puede rendirle cuentas? Pídele ayuda hoy en este aspecto. Saca tus debilidades a la luz y encuentra la ayuda que necesitas en el Señor.

UN CORAZÓN PARA NUESTRA HERMANA

¿Alguna vez has tenido la sensación de que te han juzgado en décimas de segundo? Te has encontrado con alguien, el encuentro no ha salido como planeabas y, de inmediato, te has sentido algo avergonzada. Nos gusta que tengan misericordia de nosotros cuando tenemos un mal día, pero nos resulta muy fácil olvidarnos de extender la misma gracia a los demás. Quizá llevamos tanto tiempo haciéndolo que ni siquiera nos damos cuenta de ello.

Y esto es lo que tenemos que recordar: todas somos iguales. Somos las hijas del Dios altísimo, preciosas, creadas maravillosamente a su imagen. Pertenecemos a Jesús. Pidámosle a Dios que nos dé un corazón para ver a las demás mujeres como lo que son, nuestras hermanas, y que recordemos que no son menos que nosotras.

Por la gracia que me es dada, a cada cual que está entre vosotros, que no tenga más alto concepto de sí que el que debe tener, sino que piense de sí con cordura, conforme a la medida de fe que Dios repartió a cada uno (Romanos 12:3, RV60).

¿Has tenido algún encuentro recientemente en el que hayas juzgado a alguien o no hayas sido misericordiosa? Reflexiona sobre las mujeres que hay en tu vida y en el corazón que muestras hacia ellas. Pídele a Dios que te dé ojos para verlas como él las ve.

CAMBIO DE ESTACIÓN

Sin duda pasarás por varias temporadas y estaciones en tu vida: habrá momentos de deseo y de satisfacción, momentos de desánimo y de gozo, momentos de más y de menos. Ser adulto implica cambiar nuestra forma de vivir, y esto no suele pasar hasta que llega el momento adecuado.

Las etapas pueden ser complicadas. Requieren valentía, obediencia y dedicación y, a veces, poner patas arriba todo lo que nos daba comodidad. Si sentimos que una nueva etapa está a la vuelta de la esquina en nuestros corazones, esto a menudo significa que Dios está preparándonos para algo distinto: *un cambio*. En estas temporadas, aquel que no cambiará, no retrocederá y no nos abandonará es nuestro Padre celestial.

[...] Esfuérzate, sé valiente y haz la obra; no temas ni te acobardes, porque el Señor Dios, mi Dios, está contigo. Él no te fallará ni te abandonará, hasta que toda la obra del servicio de la casa del Señor sea acabada (1 Crónicas 28:20, LBLA).

¿Notas que se está acercando un cambio? ¿Cómo te sientes? ¡Sé valiente! Dios no te llevará a algo nuevo sin darte la gracia necesaria para que lo superes.

DESCANSA

Piensa en una etapa en tu vida en la que estuvieras hasta las cejas de trabajo, envuelta por la tristeza o completamente exhausta. Recuerda aquellos momentos y en cómo te veías, actuabas, reaccionabas y sobrevivías. Ahora piensa en Jesús. Mira su rostro, siente su calidez e imagina su sonrisa. Rememora de nuevo esa temporada tan dura de tu vida, sentada en una silla de tu casa, queriendo pasar tiempo con Dios pero sintiéndote tan tremendamente cansada que no puedes encontrar fuerzas para hacerlo. Así que te acomodas en tu asiento.

Y ahí viene Jesús, caminando hacia ti. Le invitas a acercarse pero, a la vez, vas preparando una lista mental de excusas y motivos por los que has estado tan alejada de él. Él avanza hacia ti y te tiende la mano. Cuando finalmente llega a tu lado, te toca la frente con suavidad y, cariñosamente, te empuja la cabeza para que la dejes reposar contra el respaldo de la silla y te susurra: «Descansa, hija. Descansa».

Jehová dará poder a su pueblo; Jehová bendecirá a su pueblo con paz (Salmos 29:11, RV60).

¿Alguna vez has tenido un momento con Jesús donde has sido más consciente de que él te entiende mejor que nadie? Él conoce tu corazón. Él sabe que tu alma necesita descansar. Deja que te acaricie el pelo y te cante una nana.

PAZ COMO UN RÍO

¿A dónde vas normalmente cuando necesitas paz? ¿Acudes a un lugar en concreto? ¿A una persona? Uno de los mejores regalos de Dios es su paz innegable e inconcebible. Es un pozo profundo que viene con el conocimiento y la experiencia del amor de Jesús. Independientemente de dónde estemos, dónde vayamos y qué podamos estar experimentando, su paz es mayor.

Ven, Señor Jesús, ven.

Comprende lo hondo que es su pozo. La paz y el gozo duraderos no vienen del mundo o de las personas que te rodean. Aunque todas estas cosas puedan consolarte, la paz poderosa, consoladora, real y transformadora solo puede venir de nuestro Padre. ¡Cuánto le gusta que acudamos a su pozo!

[…] Yo soy el Señor tu Dios, que te enseña lo que te conviene, que te guía por el camino en que debes andar. Si hubieras prestado atención a mis mandamientos, tu paz habría sido como un río; tu justicia, como las olas del mar (Isaías 48:17-18, NVI).

¿A qué o a quién acudes cuando necesitas paz? ¿Has experimentado la indescriptible paz de Dios?

SANADOR

Ya sea que estés sufriendo y arrastrando dolor por abusos o tragedias pasadas, o si se trata de algo más reciente, corre hacia aquel que sana. No hay requisito o petición que sea demasiado para él: te reconstruirá.

Puede que esto implique esfuerzo. Necesitarás una comunión constante con él para tener presente su poder sanador, pero él te volverá a recomponer hasta que estés otra vez entera. Almas rotas, cuerpos rotos, relaciones rotas… Recuerda su poder en estos momentos y no le des la espalda.

¡Alabado sea el Señor! ¡Qué bueno es cantar alabanzas a nuestro Dios! ¡Qué agradable y apropiado! Él sana a los de corazón quebrantado y les venda las heridas (Salmos 147:1, 3, NTV).

¿Estás sufriendo dolor y necesitas el poder sanador de Dios? Suelta todas las cosas a las que te aferras y deja que te sane.

EL CINTURÓN DE LA VERDAD

En 2.ª de Timoteo se dice que no nos ha sido dado un espíritu de cobardía. El miedo viene del enemigo, y cuando decidimos rendirnos a este miedo, le damos al enemigo poder sobre nosotros. Al creer sus mentiras, le damos su mayor arma. En vez de eso, pon al descubierto esta mentira.

No siempre es fácil. Puede que tengas que orar muchas veces con Jesús y tener una comunión constante con él para que lo recuerdes. Pero la verdad prevalecerá y podrás empezar a transformar tu corazón, lleno de angustia y de miedo, en un corazón poderoso en amor y verdad.

Manténganse firmes, ceñidos con el cinturón de la verdad, protegidos por la coraza de justicia, y calzados con la disposición de proclamar el evangelio de la paz (Efesios 6:14-15, NVI).

¿En qué áreas tienes que luchar contra el miedo? Quítale el poder al enemigo llevando este temor a la luz de la verdad y entregándoselo a Jesús.

UN CAMINO LLENO DE GOZO

Hay un gran gozo en este camino: en los detalles cotidianos, en las etapas difíciles, en los momentos confusos y en las lágrimas. Hay muchísimo gozo que puedes encontrar en medio de la quietud y del ruido.

La conmiseración por uno mismo y las comparaciones dan vía libre al enemigo para robarnos nuestro gozo. Hay esperanza en Jesús y en el regalo de los pequeños momentos llenos de gozo. Pueden adoptar varias formas: rayos de sol que entran por la ventana, un dependiente amable, una canción para la que tienes que subir el volumen al máximo sí o sí, un baile alocado en el comedor o el placer de una comida deliciosa al final de un largo día. Sea cual sea el momento, encontraremos gozo en él si lo buscamos.

Considérense muy dichosos cuando tengan que enfrentarse con diversas pruebas, pues ya saben que la prueba de su fe produce constancia. Y la constancia debe llevar a feliz término la obra, para que sean perfectos e íntegros, sin que les falte nada (Santiago 1:2-4, NVI).

Hay gozo en el hecho de levantarse cada mañana con el conocimiento de que es otro día en el que respiraremos aire fresco, saldremos a cenar con una amiga o nos tomaremos un café con una compañera de trabajo. Encuentra gozo en el momento.

LA CARRERA

Estamos corriendo esta carrera para ganar un premio que es mucho mayor de lo que jamás podremos comprender. Nuestro Señor fue obediente hasta la muerte, cumpliendo con lo que se le había encomendado. Aun así, en algunos momentos se sintió abrumado y en tres ocasiones le preguntó a su Padre si había alguna otra forma (ver Lucas 22). Jesús perseveró con la ayuda de los ángeles.

Hay momentos en los que quizá sientas que resbalas o en los que caigas, pero ten la confianza de que Jesús te recogerá. Sigue adelante con un corazón resuelto y el deseo de perseverar hasta que hayas terminado la carrera.

Dichoso el que resiste la tentación porque, al salir aprobado, recibirá la corona de la vida que Dios ha prometido a quienes lo aman (Santiago 1:12, NVI).

¿Ha habido momentos en tu recorrido espiritual en los que te hubiera gustado rendirte? Deja que Jesús te recoja y te ayude a volver a ponerte en marcha.

SEPTIEMBRE

Encomienda a Jehová tus obras,
y tus pensamientos serán afirmados.

Proverbios 16:3, rv60

TE CONOCE MEJOR QUE TÚ

Miras el menú, abrumada por tantas opciones. La pasta suena deliciosa, pero últimamente has decidido no comer gluten. Y aunque la ensalada es sanísima, ya has comido una durante el almuerzo. La verdad es que te apetece el bistec… hasta que ves su precio. Toda la mesa ha pedido ya; todos te están mirando. Sabes que tienes hambre, pero no sabes qué *te apetece*. «¿Y qué quiero yo?», dices sin esperar realmente una respuesta.

Hay días en los que nuestra oración pasa por una situación parecida. Sabemos que queremos algo; tenemos una sensación de deseo o anhelo que no acabamos de saber identificar. En otros momentos, simplemente estamos sufriendo demasiado como para centrarnos. «¿Qué es lo que quiero?», lloramos. Esta vez, *podemos* esperar que alguien nos responda. El Espíritu Santo, que vive en nuestro interior, nos conoce tan íntimamente que puede tomar el timón y orar por nosotros. Él sabe qué queremos incluso cuando nosotros no.

El Espíritu Santo nos ayuda en nuestra debilidad. Por ejemplo, nosotros no sabemos qué quiere Dios que le pidamos en oración, pero el Espíritu Santo ora por nosotros con gemidos que no pueden expresarse con palabras (Romanos 8:26, NTV).

Pasa tiempo hoy con el Espíritu. Dale las gracias por conocer tu corazón y compartirlo con Dios cuando ni siquiera tú sabes qué quieres.

NINGÚN SACRIFICIO

Para demostrarte su inacabable amor por ti, el hombre de tus sueños acaba de: a) dejar su trabajo y donar todas sus posesiones a los pobres (y ahora vive en una tienda de campaña en tu patio delantero), o b) se ha pasado doce horas conduciendo para verte y luego ha tenido una conversación de ocho horas, sincera y genuina, hablando contigo de todo, desde el recuerdo que más atesora de su infancia hasta tus sueños, pasando por tus peores miedos. Elige una de las dos cosas.

Del mismo modo que no nos parecería especialmente atractivo que alguien demostrara su amor rindiendo todas sus posesiones, Dios no quiere nuestros sacrificios. No tenemos que hacer grandes demostraciones, sino que solo necesitamos sentarnos y leer su Palabra. Él quiere que le queramos *a él* más que a nada en el mundo. Él no quiere nuestras cosas.

Lo que pido de vosotros es amor y no sacrificios, conocimiento de Dios y no holocaustos (Oseas 6:6, BAD).

Si piensas que el único sacrificio que el Señor quiere de ti es que le des tu completa atención, que lo único que tienes que ofrecerle es tu interés, ¿qué pasa en tu corazón? Explícaselo hoy.

DÉJALE ESPACIO

Imagina cómo sería tu vida si lo único que hicieras fuera adquirir posesión tras posesión. A no ser que queramos aparecer en un *reality* televisivo muy popular sobre personas que tienen demasiadas cosas, para poder tener cosas nuevas debemos deshacernos de las cosas viejas. No vamos a comprarnos un armario mayor, sino que elegiremos qué ropa vamos a donar. No construiremos un garaje más grande, sino que venderemos nuestro coche o furgoneta para comprarnos un modelo más nuevo y mejor.

Así que, del mismo modo, cuando aceptamos el sacrificio de Cristo y el Espíritu Santo entra a vivir en nuestros corazones, debemos dejarle espacio. Los antiguos hábitos deben dar paso a nuevas formas de actuar, inspiradas y renovadas. Las cosas como los celos, la amargura y la inseguridad deben ser empaquetadas y eliminadas para que la gracia, el perdón y la confianza puedan entrar. A medida que él tenga cada vez más importancia en nuestro interior, nuestra forma anterior de comportarnos irá disminuyendo.

Él debe tener cada vez más importancia y yo, menos (Juan 3:30, NTV).

¿Cuánto espacio le estás dejando al Espíritu Santo ahora mismo, y cuánto te estás quedando para ti misma? ¿Ha llegado el momento de hacer limpieza? ¿Qué cambiará si es así?

HUMILDAD

«Lo has hecho genial, ¡qué talento tienes!». Rápido, ¿cómo respondes a esto? Ir más allá del «gracias» y aceptar de verdad y con los brazos abiertos las buenas palabras que se nos dicen puede ser complicado para muchas. Cuando éramos pequeñas, nos enseñaron que no decir «gracias» cuando alguien nos elogiaba era de mala educación, pero la sociedad y los demás nos transmiten también todo lo opuesto: es mejor que no lo aceptemos demasiado. A ninguna chica le apetece que le cuelguen la etiqueta de *creída*.

Así que, ¿no es liberador descubrir que todo lo bueno que tenemos se debe, en realidad, a Jesús? Cada uno de nuestros talentos, desde nuestra belleza hasta una voz preciosa para cantar, pasando por nuestra habilidad para encestar de triple, viene de él. ¡No eres una *creída*, eres una *creyente*! Y, lo que es mejor, cada vez que nos equivocamos es una oportunidad para presumir de lo maravilloso que es él. Al fin y al cabo, somos humanas. No podemos hacer nada por nosotras mismas.

Si me veo obligado a jactarme, me jactaré de mi debilidad (2 Corintios 11:30, NVI).

¿Te es fácil aceptar cumplidos? Identifica tus mejores cualidades y considéralas un regalo de Dios. Habla con libertad con él sobre las formas en las que te ha hecho especial y de cuán infinitamente especial te parece él.

QUE TE CONOZCAN

Piensa en el regalo más perfecto que has recibido jamás. No el más extravagante, sino aquel que es tan *tú* que has visto que la persona que te lo ha regalado te conocía muy, muy a fondo. Te prestó atención cuando mencionaste aquella cosa, quizá de pasada, y como te estaba escuchando con el corazón, fue capaz de ver lo mucho que te gustaría. Te capta bien.

Nos encanta que nos «capten» y ansiamos que nos vean. Para muchos de nosotros, así es como sabemos que somos amados. Entonces, ¿cuánto nos debe amar el Padre? Aquel que lo sabe todo de nosotros, que se toma el tiempo para escuchar nuestros deseos y consolar cada suspiro, está esperando para darnos sus regalos perfectos. Él nos conoce. Él nos ama.

Señor, tú sabes lo que anhelo, oyes todos mis suspiros (Salmos 38:9, NTV).

Comparte tu anhelo con Dios hoy. Deja que te muestre en este día su gran amor revelándote cuán íntimamente te conoce. Permite que te dé un regalo bueno y perfecto.

ÉL ES NUESTRA FUERZA

El montón de facturas, el ruidito del coche, los rumores de despidos en el trabajo, el niño que ya lleva dos días enfermo en casa… Las presiones pueden abrumarnos, especialmente cuando se acumulan. A todo esto, súmale las presiones a las que nos sometemos nosotras mismas («¿Seré suficiente?», «¿Por qué habré dicho eso?» o «Las casas de mis amigas no están tan desordenadas…») y tendrás una receta muy potente para la inseguridad.

Cuando las cosas parecen imposibles (como pasa a menudo), alaba a Dios por sus promesas y poder. No depende de nosotras solucionar nuestros problemas; solo debemos confiar en el Señor y aceptar su ayuda.

Aunque las higueras no florezcan y no haya uvas en las vides, aunque se pierda la cosecha de oliva y los campos queden vacíos y no den fruto, aunque los rebaños mueran en los campos y los establos estén vacíos, ¡aun así me alegraré en el Señor! ¡Me gozaré en el Dios de mi salvación! (Habacuc 3:17-18 NTV)

¿En qué aspectos te podría ir bien un poquito (o muchísima) de la fuerza de Dios ahora mismo? Entrégale tus preocupaciones a tu Padre.

AMIGOS DE VERDAD

Si te pones a pensar en cuando eras pequeña seguramente recordarás algún momento en el que alguien que creías que era tu amigo o amiga te traicionó. Un secreto revelado, una promesa rota o quizá alguien que te dejó claro que no era para nada tu amigo o amiga. Quizá no te haga falta volver a la infancia para eso. Por desgracia, las personas a las que consideramos nuestras amigas nos pueden herir, traicionar y decepcionar en cualquier momento.

Piensa ahora en tus amigos de verdad. Aquellos que te han visto (y perdonado) en tus peores momentos, y a los que tú también has perdonado del mismo modo. Si tienes un amigo o amiga especial (o muchos), son tesoros que Dios te ha dado.

En todo tiempo ama el amigo, y el hermano nace para tiempo de angustia (Proverbios 17:17, LBLA).

La vida está hecha para compartirla. Y nosotros, para amarnos unos a otros para siempre. ¿Quiénes son tus «chicas»? Aquellas mujeres que, pase lo que pase, siempre te apoyarán. Dale las gracias a Dios por ellas y, después, diles todo lo que significan para ti.

PRIORIDADES

«¡Me metí en internet para mirar una cosa y en un parpadeo habían pasado dos horas!». ¿A que hace poco que has oído (o has dicho tú) algo similar? En nuestro mundo moderno encontraremos distracciones inacabables y, si no vamos con cuidado, esas distracciones pueden interferir con las cosas que queremos conseguir y la persona que queremos ser. Por eso necesitamos prioridades.

La Palabra de Dios nos dice que este mundo es perecedero; el hoy (de hecho, este mismo minuto) es nuestra única certeza. Así que estas cosas que nos planteamos hacer *algún día* o incluso el mes que viene, si realmente nos importan, deberíamos hacerlas hoy. ¿Qué nos importa? ¿Nuestras relaciones, nuestra trayectoria profesional, conocer al Padre tan íntimamente como podamos? Vamos a asegurarnos de dar a estas cosas nuestra atención por completo… hoy mismo.

Mantente al tanto del estado de tus rebaños y entrégate de lleno al cuidado de tus ganados, porque las riquezas no duran para siempre, y tal vez la corona no pase a la próxima generación (Proverbios 27:23-24, NTV).

¿Cuáles son tus prioridades? ¿Serían obvias para una persona que te observara durante un día de tu vida? Ora sobre lo que descubras y pídele a Dios que te muestre los cambios que tienes que hacer.

ACEPTAR LA SOLEDAD

No habrá nadie en casa durante todo el fin de semana. ¿Cómo te han hecho sentir estas palabras? ¿Te estabas planteando a quién llamar para salir por la noche o te deleitabas en la idea de horas y horas de tiempo sin nadie que te interrumpiera, leyendo, relajándote y recargando las pilas? Quizá ambas ideas te resulten muy atractivas: un rato con las chicas y un rato para ti.

Jesús atesoraba su tiempo a solas. Lo protegía. Entre los relatos sobre cómo hablaba a las multitudes, alimentaba a miles de personas y pasaba horas con las doce personas a las que eligió como sus apóstoles, es fácil que se nos escape este detalle. Al estudiar los evangelios detectamos un patrón: sanaba y, después, se iba a orar solo; enseñaba y, después, se iba a la montaña a orar solo; los discípulos salían a pescar y Jesús se quedaba en la costa, solo.

Después de despedir a la gente, subió a las colinas para orar a solas. Mientras estaba allí solo, cayó la noche (Mateo 14:23, NTV).

Imagina a Jesús marchándose, sin que nadie lo detecte, y yéndose a pasar tiempo con su Padre. ¡Qué intimidad debieron de haber compartido, qué restauradoras debieron de ser esas horas de oración! Pienses lo que pienses sobre la soledad, pídele a Dios que te dé el anhelo de Jesús para pasar tiempo a solas con él.

SILENCIO

Si se estropeara la radio de tu coche, ¿necesitarías arreglarla al momento o te deleitarías en el silencio? Quizá tú o alguien a quien conoces deja el televisor encendido todo el día para «que se oiga algo de fondo». ¿Por qué el silencio nos resulta incómodo a tantos? Algunos incluso llegamos a hablar con nosotros mismos para evitarlo.

Ayer reflexionamos sobre la soledad. Nuestros sentimientos sobre el silencio a menudo están directamente relacionados con lo que sentimos respecto a estar solos. La radio nos ayuda a ver que hay alguien acompañándonos y a no quedarnos a solas con nuestros pensamientos. Pero, precisamente, cuando estamos a solas con nuestros pensamientos es exactamente cuando Dios más quiere hablarnos. ¿Cómo podemos oírle si estamos medio escuchando una canción, un programa o un anuncio? ¿Cómo vamos a escucharle si nunca dejamos de hablar?

Alma mía, en Dios solamente reposa, porque de él es mi esperanza (Salmos 62:5, RV60).

Busca hoy el silencio. Deja que Dios discierna tus necesidades y tus preguntas, y espera a que te responda.

TEMOR

Si vives en Estados Unidos, es imposible ver esta fecha sin recordar (ya sea por tu experiencia o por haber oído hablar de él) uno de los días más oscuros de nuestra historia. Miles de vidas se perdieron en un ataque terrorista bien planeado, y en muchos aspectos las cosas jamás volvieron a ser iguales. Viajar en avión, por ejemplo, sigue provocando un miedo en muchos corazones que anteriormente era inimaginable.

En la versión inglesa *New Living Translation* de la Biblia, la palabra *fear* [temor] aparece 601 veces. Principalmente está ahí para recordarnos que debemos temer a Dios; si lo hacemos, él disipará todos nuestros demás miedos. El temor que Dios desea de nosotros no sale de la desconfianza, sino del respeto y la maravilla. Si creemos completamente en su poder soberano, si le damos toda nuestra reverencia, ¿cómo vamos a temerle a cualquier otra cosa? Si Dios es por nosotros, realmente no hay nada que temer. ¡Aleluya!

Temer a la gente es una trampa peligrosa, pero confiar en el Señor significa seguridad (Proverbios 29:25, NTV).

¿A qué le temes? Descansa a los pies de Dios hoy y deposita tu confianza en él. Ten presente que, sean cuales sean tus circunstancias, estás segura en él.

SOLO TIENES QUE PREGUNTÁRSELO

¡Ay, ese primer enamoramiento! «¿Tú crees que le gusto?», les preguntábamos a nuestras amigas. «¡Solo tienes que preguntárselo!», te respondían. «Si no se lo preguntas, quizá nunca lo sabrás», nos aconsejaban. Así que escribíamos una nota, la doblábamos y la pasábamos para que le llegara. Esperábamos nerviosamente la respuesta. Era algo bastante simple pero, a la vez, ¡daba miedo!

Ojalá las respuestas a nuestras oraciones fueran tan sencillas o rápidas. «¿Debería aceptar ese trabajo? ¿Casarme con este hombre? ¿Intentar tener un bebé ahora o mejor en un año? Marca sí o no». La Palabra de Dios nos anima una y otra vez a acudir a él con nuestras preguntas, preocupaciones y deseos más profundos. Él *promete* una respuesta, aunque no necesariamente sea en la forma de una casilla marcada.

Oh Dios, a ti dirijo mi oración porque sé que me responderás; inclínate y escucha cuando oro
(Salmos 17:6, NTV).

¿Qué ansías saber? Solo tienes que preguntárselo. Él está esperando con emoción tus oraciones, y te responderá. Puede que no sea hoy o incluso que tarde mucho tiempo, pero sigue preguntándoselo. Sigue esperando su respuesta. Él te escucha.

EL DESEO DE TU CORAZÓN

¿Qué deseabas más que nada en el mundo cuando eras pequeña? Quizá tener un poni o ser una princesa eran las cosas más maravillosas que eras capaz de imaginar. ¿Y qué ansías ahora? ¿En qué han cambiado tus sueños como adulta?

Todos hemos oído que a Dios le encanta responder a nuestras oraciones y concedernos nuestros deseos. Entonces, ¿deberíamos esperar que nos diera todo aquello que queremos? Estudia el versículo que aparece debajo y fíjate en particular en la primera parte. *Cuando Dios se convierte en el mayor deleite de nuestras vidas*, él nos concede los deseos de nuestro corazón. Pero si lo que nos alegra es el éxito económico, unos abdominales bien marcados o unos hijos que ganen trofeo tras trofeo, él no promete nada. Eso no quiere decir que sean cosas que no debemos desear: simplemente, que Dios no necesariamente estará interesado en concedérnoslas.

Deléitate en el Señor, y él te concederá los deseos de tu corazón (Salmos 37:4, NTV).

Echa un vistazo sincero a las cosas que ansías, deseas y sueñas. ¿Qué revelan sobre tu relación con Dios? ¿Tienes que hacer algún cambio? ¿Cuál?

¿LIBRES PARA...?

¿Qué harías si tuvieras un día de libertad total? Todas tus obligaciones, limitaciones y compromisos desaparecen. ¿Te irías a un *spa*? ¿Saldrías de compras hasta que te dolieran los pies? ¿Montarías la fiesta del siglo? Si somos sinceros, seguramente a la mayoría de nosotros se nos han pasado por la cabeza este tipo de cosas.

Nuestro desafío como hijas del Todopoderoso es ver la libertad de otra forma. Pablo avisa a los gálatas de que deben considerar la libertad que tienen por el sacrificio de Cristo no como una licencia para hacer lo que quieran, sino para alcanzar a los demás. Libres de las restricciones de la ley del Antiguo Testamento, ahora ya no tenemos que preocuparnos de ser puras o de que nuestros vecinos lo sean. Ahora somos libres para suplir las necesidades que vemos a nuestro alrededor y para amar abierta y libremente a los demás.

> Les hablo así, hermanos, porque ustedes han sido llamados a ser libres; pero no se valgan de esa libertad para dar rienda suelta a sus pasiones. Más bien sírvanse unos a otros con amor (Gálatas 5:13, NVI).

Si fueras a aplicar este concepto de la libertad a tu propia vida, ¿qué harías? ¿A dónde irías? Busca en tu corazón de qué forma ansías servir a los demás y empieza a orar para que esto se materialice.

NUESTRO DESTINO

Cuando escuchamos a un cantante con talento o vemos a un atleta brillante, pensamos que estas personas, que aparentemente sin esfuerzo logran cosas tan increíbles, parecen haber nacido para lo que hacen. Este es su destino, nos decimos. Y esto muchas veces viene seguido de la pregunta inevitable: «¿Cuál es *mi* destino?». «¿Para *qué* he nacido yo?».

Creas o no que tienes un propósito específico, Dios sabe que así es. Y sabe exactamente qué es y cuánto tardarás en conseguirlo, a pesar de las muchas salidas en falso y decisiones equivocadas. Está profundamente interesado en el destino de aquellos que le llaman Padre, del mismo modo que le interesa el destino final de todo el mundo.

Pues la visión se realizará en el tiempo señalado;
marcha hacia su cumplimiento, y no dejará de cumplirse.
Aunque parezca tardar, espérala; porque sin falta vendrá
(Habacuc 2:3, BAD).

¿Estás esperando a que Dios cumpla (o revele) tu destino? Consuélate con el versículo anterior y dale las gracias porque él controla cuándo sucede cada cosa. Y si la espera se hace difícil, pídele ayuda.

YA NO HABRÁ MÁS SED

Imagínate un maratón sin paradas para beber agua.
Un banquillo sin una nevera gigante para todo el equipo.
Lo siguiente que nos viene a la mente son los atletas
derrumbándose del cansancio y la deshidratación.
Es algo impensable.

¿Cuál es la vez que más sed has tenido? ¿Cuánto has
aguantado sin beber? ¿A que esos primeros sorbos te
supieron a gloria cuando finalmente pudiste saciarte? Quizá
una de las promesas más atrevidas de Jesús es que él quitará
para siempre nuestra sed. Es extraordinario. Él nos dice que
será lo único que necesitamos.

Ya no sufrirán hambre ni sed. No los abatirá el sol ni ningún
calor abrasador. Porque el Cordero que está en el trono los
pastoreará y los guiará a fuentes de agua viva; y Dios les
enjugará toda lágrima de sus ojos
(Apocalipsis 7:16-17, NVI).

Vuelve a esa idea del maratón e imagínate que estás
corriendo sin cansarte, completamente libre de sed o de
dolor. Pídele al Espíritu Santo que te revele cómo se podría
traducir esta imagen en tu vida hoy mismo. ¿Qué necesidades
puede suplir Jesús? Dale las gracias a Dios por la increíble
promesa del agua viva que te entregará.

ERES BELLA

Los estereotipos existen porque en ellos hay cierta verdad, como sería el caso de un grupo de chicas que deciden ponerse a comparar sus imperfecciones y a decir que son feas mientras aseguran a sus amigas que ellas sí que son preciosas. A todas nos han contado situaciones así. Todas las hemos vivido. ¿Tú aceptas y acoges a la mujer que ves en el espejo o la analizas, la criticas y la juzgas?

Hermanas, oigamos lo que el Novio dice de nosotras. Creamos en las palabras de ánimo de los demás y silenciemos la voz en nuestro interior que nos dice que no somos bellas. Esa voz es una mentira. La Palabra de Dios es la verdad y él dice que somos preciosas.

Toda tú eres bella, amada mía; no hay en ti defecto alguno (Cantares, 4:7 NVI).

¿Crees esto? ¿Qué te haría falta para creer que eres preciosa? Ponte ante el espejo y sonríe. Si te cuesta, pídele a Jesús, el Novio, que te muestre lo que él ve.

EN LOS MOMENTOS DE DUDA

El sol se pondrá esta noche y saldrá mañana. Es la verdad. No tenemos ningún motivo para dudar de lo que hemos presenciado cada día de nuestras vidas. Pero, cuando la experiencia nos dice lo contrario, o quizá cuando no tenemos ninguna experiencia previa, empiezan a invadirnos las dudas. Mañana va a nevar. «Lo dudo», respondemos.

Cuando alguien en quien confiamos nos dice que nos cubre las espaldas, nos fiamos de su palabra. Pero cuando las mismas palabras las dice alguien que en repetidas ocasiones nos ha fallado, seguramente no tendremos la certeza hasta verlo con nuestros propios ojos. Nos sentimos inseguros. Dudamos. Dios quiere borrar nuestras dudas y lo hará; solo nos hace falta tener fe.

Pero tú estás cerca, oh Señor, y todos tus mandatos son ciertos. Desde los primeros días sé que tus leyes durarán para siempre (Salmos 119:151-152, NTV).

Examina tu vida de oración. ¿Confías en Dios o dudas de las promesas que te hace? ¿Por qué? Ábrele tu corazón y pídele una fe inquebrantable.

ÉL TE DARÁ LA VICTORIA

Cuando somos niñas, una ofensa tan insignificante como tomar prestado el rotulador rosa favorito de alguien sin pedir permiso puede crearnos una enemiga, aunque solo sea durante una tarde. Puede que incluso prometamos odiar para siempre a aquella rubita a la que han acabado eligiendo para la representación teatral de la Cenicienta en vez de darnos a nosotros el papel protagonista.

A medida que vamos creciendo hace falta bastante más para crearnos un enemigo. Y para cuando ya somos adultas, a la mayoría de nosotras este concepto nos puede parecer bastante extraño. Aquella pequeña, tan enfadada por el rotulador rosa o por Cenicienta, nos puede parecer monísima e incluso hacernos gracia. Aun así, sí que tenemos a un enemigo al que no hay nada que le pudiera gustar más que robarnos el gozo y asegurar nuestra derrota. ¿Cuáles son sus armas? Los celos, la inseguridad y la vanidad, por nombrar solo unas cuantas.

¡Préstenme atención, hombres de Israel! ¡No tengan miedo cuando salgan hoy a pelear contra sus enemigos! No se desanimen ni se asusten, ni tiemblen frente a ellos. ¡Pues el Señor su Dios va con ustedes! ¡Él peleará por ustedes contra sus enemigos y les dará la victoria! (Deuteronomio 20:3-4, NTV)

¿Contra qué enemigo luchas? Pregúntalo y, después, deja que Dios libre por ti esta batalla: la victoria está asegurada.

SANACIÓN DE VERDAD

Examina tus cicatrices y recuerda las heridas que las causaron. Según lo grave que fuera el daño y el tiempo que haya transcurrido, recorrer la cicatriz con el dedo puede traerte vívidos recuerdos del dolor que sentiste. Te has curado, pero también has cambiado.

Los huesos rotos se curan, pero puede que te quede un leve cojeo o que notes punzadas de vez en cuando. Puede pasar lo mismo con el miedo: quizá tardemos toda una vida en creer de verdad que ya nos hemos curado del todo, excepto cuando es Dios quien nos ha sanado. Cuando le pedimos a Dios que borre antiguas heridas, traiciones y decepciones de nuestros corazones, él las quita de verdad.

Oh Señor, si me sanas, seré verdaderamente sano; si me salvas, seré verdaderamente salvo. ¡Mis alabanzas son solo para ti! (Jeremías 17:14, NTV)

Puede ser muy doloroso, pero explora las antiguas heridas de tu corazón, aquellas que nunca parecen sanar del todo. Empieza hoy el proceso de entregárselas a Dios y aduéñate de la promesa de su sanación verdadera.

NADIE ES PERFECTO

Imagina que tienes una hija adolescente y que la vas a dejar sola en casa. Confías en ella, pero para que no haya malentendidos, le dejas una lista de prohibiciones: nada de fiestas, nada de chicos en casa, nada de cocinar con fuego y nada de decir en las redes sociales que está sola en casa. E imagínate que invita a su novio a pasar un rato con ella. Incluso aunque haya seguido la mayoría de tus instrucciones, ha roto las reglas igualmente. Ahora habrá consecuencias.

La ley de Dios no es distinta, y por eso necesitamos a Jesús. ¿Que nos equivocamos en uno de los mandamientos? Hay consecuencias. O… admitamos lo que él ya sabe. No somos perfectos. Aunque puede que nunca matemos, robemos o comamos algo que no corresponde según el día que es, seguramente sí que codiciaremos, optaremos por el camino fácil o criticaremos a los demás. Pero, debido a la gracia, tenemos la opción de elegir: seguir todas las normas o aceptar su perdón por avanzado.

Cualquiera que guardare toda la ley, pero ofendiere en un punto, se hace culpable de todos (Santiago 2:10, RV60).

¿Qué eliges? ¿Tu capacidad para cumplir con cada uno de los mandamientos o la gracia de Dios? Dedica un tiempo a darle las gracias por su increíble e inmerecido don de gracia.

RENOVACIÓN

Es difícil encontrar a alguien a quien no le guste el otoño. El retorno de las bufandas, las mangas largas y esas botas tan monas, por no hablar de los espectaculares colores de los árboles y del silencio que reina en casa ahora que los niños han vuelto al colegio: todas estas cosas invitan a un espíritu de renovación. Y a medida que el aire parece cambiar y las hojas empiezan a caer, partir de cero parece completamente posible.

Incluso cuando la vida nos va bastante bien, la idea de partir de cero es irresistible. Para algunos de nosotros, la transición de verano a otoño se parece más al primer día del año que el 1 de enero.

Enséñame tus caminos, oh Señor, para que viva de acuerdo con tu verdad. Concédeme pureza de corazón, para que te honre (Salmos 86:11, NTV).

Si Dios fuera a purificar tu corazón, ¿por dónde empezaría? Dedica un tiempo a soñar con él sobre las cosas que puede que te traiga este otoño… y las cosas que tú puedes aportar.

NO SE LEVANTEN DE SUS ASIENTOS

Cuando estamos en un coche, un barco o un avión en marcha, seguro que no saltaríamos porque sí, por muy inquietos o impacientes que nos sintiéramos. Sería una locura, ¿no? Si lo hiciéramos, no podríamos esperar llegar a nuestro destino con puntualidad o ilesos (¡o siquiera llegar!). Entendemos la necesidad de quedarnos donde estamos si queremos llegar a nuestro destino.

Entonces, ¿por qué tenemos esta tendencia a adelantarnos tan rápidamente en lo referente al plan de Dios para nuestras vidas? Aceptamos su gracia, pero no los plazos que él tiene para las cosas. Acogemos su consuelo, pero no su disciplina. ¿Cuán a menudo decidimos sin orar o actuamos sin su indicación? Y, aun así, esperamos poder llegar a donde vamos con seguridad, rapidez y facilidad.

Permanezcan en mí, y yo permaneceré en ustedes. Así como ninguna rama puede dar fruto por sí misma, sino que tiene que permanecer en la vid, así tampoco ustedes pueden dar fruto si no permanecen en mí (Juan 15:4, NVI).

¿Hay áreas de tu vida que estás intentando dirigir a tu manera? Pasa algo de tiempo orando para que el Espíritu te revele cualquier aspecto de tu vida en el que no estés descansando en Jesús o confiando en que él sabe el momento para cada cosa. Pídele que te ayude a confiar en él.

NO EN NUESTRAS FUERZAS

Todos hemos oído alguna historia sobre una madre de cincuenta kilos que levanta un coche con sus propias manos o que derrota a un oso para salvar a su bebé. A todos nos gusta la imagen de algo diminuto venciendo a un poderoso contrincante. Lo tremendamente improbable que es algo así es lo que, a la vez, lo hace tan atractivo: el amor hace que lo imposible sea posible.

Cuando sentimos que Dios quiere que hagamos algo por él, puede que nuestra reacción inmediata sea enumerar una lista de nuestros defectos. Nos centramos en *nuestra* capacidad, en *nuestra* fuerza, olvidando que hay Uno que nos promete darnos todo lo que necesitaremos. Somos como Ester, preguntándonos qué pasará si fallamos. Pero es precisamente la posibilidad de lo fácilmente que podemos fallar lo que hace que sea una historia digna de ser contada.

Tenemos este tesoro en vasijas de barro para que se vea que tan sublime poder viene de Dios y no de nosotros (2 Corintios 4:7, NVI).

¿Has sentido a Dios pidiéndote que hagas algo que parece imposible? ¿Y si lo único que tuvieras que hacer es aceptar intentarlo? Quizá sueñas con conseguir algo pero no crees ser capaz de hacerlo. ¿Y si hubiera sido Dios quien te ha dado ese sueño y está esperando a que le pidas ayuda?

CONFÍA EN LA LUZ

Imagínate que estás sumida en la oscuridad total, quizá en una acampada en el bosque (o, si no te va tanto lo salvaje, en un hotel donde se ha ido la luz). En medio de la noche tienes que encontrar el camino de vuelta al campamento. Enciendes tu linterna. Aunque solo puede iluminar unos pocos metros de distancia, es suficiente como para avanzar. Con cada paso que das puedes avanzar un poco más lejos y, finalmente, acabas llegando a tu destino.

Nuestra fe es algo bastante similar. La mayoría de las veces no podemos ver a dónde vamos. Aunque lo único que vemos con certeza son unos pocos metros más adelante, confiamos en el camino que la luz nos va mostrando.

[…] Yo soy la luz del mundo; el que me sigue no andará en tinieblas, sino que tendrá la luz de la vida (Juan 8:12, LBLA).

Hermanas, Jesús es nuestra luz. Él nos muestra exactamente lo que necesitamos para ir dando cada paso. Pídele que te ayude a ignorar lo que no ves y a confiar en la luz.

VIVIMOS POR FE

Ayer nos imaginábamos que solo nos guiaba un único haz de luz para ver por dónde caminar. La linterna nos ayudaba a evitar una raíz nudosa o una ladera peligrosa. Hoy vamos a seguir un poco más con esta idea, pero ahora vemos que las pilas empiezan a fallar hasta que se agotan. Y, de nuevo, vuelves a estar sumida en la oscuridad. ¿Y ahora qué? Pide ayuda. Acude a alguien que ya está contigo para que te guíe.

De nuevo, así es el camino de nuestra fe. Aunque la luz de Jesús nunca se apaga, a veces nuestra vista se enturbia. Acabamos tan atrapados por nuestras circunstancias, el pecado o nuestros propios objetivos que acabamos por no poder ver nada. Así que, ¿cómo seguimos adelante? Pues gritamos, pidiendo ayuda, y entonces seguimos el sonido de su voz. Ahora tenemos que avanzar muy lentamente, pero todavía podemos caminar. Solo tenemos que escuchar y tener fe en su voz.

En mi angustia, clamé al Señor; sí, oré a mi Dios para pedirle ayuda. Él me oyó desde su santuario; mi clamor llegó a sus oídos. Me condujo a un lugar seguro; me rescató porque en mí se deleita (Salmos 18:6, 19 NTV).

¿Se te ocurre algún momento en el que, sinceramente, no fueras capaz de ver a dónde te dirigías? Quizá te esté pasando esto ahora mismo. ¿Tienes que dar algún paso, a pesar de tu ceguera o incapacidad para ver el camino? Pídele ayuda. Deja que su voz te guíe hasta tu hogar.

¿A QUIÉN QUIERES COMPLACER?

Piensa en algún momento en el que tuvieras que defender tu fe. Arriesgándote a sufrir la desaprobación de los demás, conservaste tu pureza a pesar de la presión por «unirte a este siglo». Has plantado cara a tus amigos y amigas cuando estaban criticando a otros. Has rechazado otra invitación para unirte a una noche para tomar vino y quejarse de los maridos. Te ha costado, ¿verdad?

Queremos gustar a los demás. Dios nos ha hecho para estar en comunidad, así que ir en contra de esta comunidad es complicado. A la mayoría de las mujeres les encanta la armonía, así que expresar una opinión poco popular o «anticuada» puede ser sobrecogedor. Pero ¿qué alternativa hay? Piensa ahora en la última vez en la que *no* defendiste tu fe. ¿Cómo te sentiste después?

Bienaventurados los que padecen persecución por causa de la justicia, porque de ellos es el reino de los cielos (Mateo 5:10, RV60).

Nadie nos ha prometido que esta vida tuviera que ser fácil. De hecho, las Escrituras indican repetidas veces lo contrario. Resistirse al mundo es difícil y, sin la ayuda del Espíritu Santo, es imposible. ¿En qué aspectos necesitas ayuda para complacer a Dios y no a las personas? Pídele que te ayude; lo hará. Y, si fallas, ten presente que él *ya te ha perdonado*.

ÉL NOS CONSUELA

Has llegado al final de un día largo y complicado. Lo único que quieres hacer es meterte en la cama, arrebujarte en el edredón y descansar. Las mantas blanditas y calentitas tienen algo que nos consuela, que hace que los problemas no parezcan tan serios.

Uno de los muchos nombres de Dios es *el Dios de todo consuelo*. Él es quien nos puede consolar de verdad, quien nos envuelve en su abrazo y nos da su calidez, su tranquilidad y su calma. Y él hace todo esto para que nosotros, a su vez, hagamos lo mismo, abrazándonos y consolándolos unos a otros, mostrando a los demás su amor.

Alabado sea el Dios y Padre de nuestro Señor Jesucristo, Padre misericordioso y Dios de toda consolación, quien nos consuela en todas nuestras tribulaciones para que, con el mismo consuelo que de Dios hemos recibido, también nosotros podamos consolar a todos los que sufren (2 Corintios 1:3-4, NVI).

Fíjate en la repetición de los versículos anteriores. La palabra «consuelo» y sus derivados aparecen cuatro veces. Esto no significa que Pablo no estuviera demasiado inspirado, sino que quería asegurarse de que entendíamos lo que nos decía. Recibimos consuelo *para que* nosotros también podamos consolar a otros. Y él quiere que hagamos ambas cosas. Si últimamente recibes más consuelo del que das (o viceversa), pídele a Dios que te ayude a hacer lo contrario.

HAZLO TODO CON AMOR

¿Qué te pasa por la cabeza cuando haces la compra? ¿Y cuando haces ejercicio? Mientras lees o ves la televisión, ¿piensas en el amor? Cuando friegas los platos, ¿hay amor en la forma en la que enjuagas un vaso o secas una olla?

Primera de Corintios contiene el mandamiento, bastante extraordinario, de hacerlo todo en amor. Todo. Y esto… ¿cómo se hace? ¿Cómo puedes buscar con amor en un montón de fresas para encontrar las más rojas y jugosas? ¿Hay alguna forma amorosa de fregar una parrilla? Quizá no, pero lo que sí que está claro es que podemos abordar nuestras vidas diarias llenos de amor, rebosantes de él, y asegurarnos así de que, realmente, todo lo que hagamos sea en amor.

Y hagan todo con amor (1 Corintios 16:14, NTV).

En vez de pensar en cómo hacer tus actividades más amorosamente, ora hoy pidiendo estar llena a rebosar de amor. Y, a partir de ahí, déjalo fluir.

ENCONTRAR LA PAZ

En tu caso, ¿qué es el caos? ¿Fechas de entrega de trabajo completamente descabelladas, una agenda apretadísima o largas listas de cosas pendientes con poquísimo tiempo para hacerlas? ¿Todo esto a la vez? ¿Y cómo es la paz para ti? ¿Qué forma adopta?

La mayoría directamente nos imaginamos una escapada, ya sea a la bañera que tenemos en casa o a una playa soleada. Todo está tranquilo. Reina la serenidad. El problema con esta idea, por muy bonita que sea, es que es temporal. No podemos vivir en la bañera o en Hawái, así que lo mejor que podemos hacer es buscar la paz justo en medio de nuestro caos. Y, ¿sabes qué? Podemos tenerla. Jesús promete paz para todo aquel que lo pone a él en primer lugar.

¡Tú guardarás en perfecta paz a todos los que confían en ti; a todos los que concentran en ti sus pensamientos! (Isaías 26:3, NTV)

¿A que la idea de que no nos afecten las tensiones de esta vida es muy atractiva? ¿Te es fácil o difícil imaginar que haces tuya esta promesa? Pídele a Jesús que te conceda la paz verdadera; fija tus pensamientos en él y observa cómo el resto del mundo desaparece. Y si este vuelve a intentar ocuparte la mente, vuelve a pedirle ayuda a Jesús.

OCTUBRE

Señor, tú conoces las esperanzas de los
indefensos; ciertamente escucharás sus
clamores y los consolarás.

SALMOS 10:17, NTV

FUENTE DE VIDA

Hay un motivo por el que la Biblia menciona el agua cientos de veces. Tenemos una sed continua que necesitamos saciar. ¡Nuestro mismo cuerpo está hecho de agua! De hecho, más del 50 % del cuerpo humano es agua. Las cosechas no crecen sin agua y, sin ellas, no podríamos alimentarnos. El agua es la base de toda la vida.

Jesús se denominaba a sí mismo agua viva; ¿a que es una analogía genial? Si tenemos sed de agua, bebemos y esto restaura nuestros cuerpos. Cuando sufrimos sequía en nuestra vida espiritual, solo tenemos que buscarle y él restaurará nuestra alma. Nunca más tendremos que desear otra cosa que no sea él, porque él satisfará nuestra sequedad espiritual durante toda nuestra vida. ¡Nunca más volveremos a tener sed!

Con alegría sacarán ustedes agua de las fuentes de la salvación (Isaías 12:3, NVI).

¿Estás bebiendo de la copa que Jesús te tiende? ¿O estás buscando otras cosas para intentar aliviar esta sequía de tu vida en vez de buscarle a él? Todo necesita agua para sobrevivir, pero Dios no solo quiere que sobrevivas: quiere saciar de forma sobrenatural la sed que hay en tu vida.

LENTA PARA HABLAR

No es ningún secreto que a las mujeres nos encanta hablar. Si reúnes a un montón de mujeres en una habitación, a veces te costará incluso oír tus propios pensamientos por encima de tantas voces. Solemos interrumpir a otros rápidamente con las ideas que nos pasan por la cabeza: nuestra mente está siempre llena de cosas que queremos decir.

Pero en ninguna parte de la Biblia se nos dice: «Deberías hablar antes de pensar lo que vas a decir. Di lo que quieras cuando te apetezca». No, lo que se nos pide es que seamos prontas para oír y *lentas para hablar* (como se nos dice en Santiago 1:19). No es algo que nos resulte fácil, ¡especialmente cuando parece que estamos hechas para hablar!

El que guarda su boca y su lengua, su alma guarda de angustias (Proverbios 21:23, RV60).

Escucha las palabras que el mismo Señor ha sembrado en ti hoy. Él quiere hablar contigo. ¿Estás dispuesta a escuchar? Tómate un momento para oír lo que él tiene para ti.

MENSAJES CONTRADICTORIOS

¿Alguna vez te has pasado la mañana del domingo en el banco de una iglesia, proclamando tu amor por Dios, para luego salir y decirle a una amiga: «¿Has visto qué *corta* era la falda de María?»? Quizá has juzgado a alguien que entraba a toda prisa, cuando ya hacía un cuarto de hora que había empezado la reunión. Quizá te has creído mejor que Susana porque ella grita a sus hijos y tú casi nunca le gritas a nadie.

Si es así, no eres la única. Nuestra tendencia natural es despreciar a los demás para sentirnos nosotros mejor. Tenemos la creencia en nuestro interior de que, si alguien queda mal, nosotros nos veremos mejor en comparación. Pero la Biblia nos dice que no podemos alabar a Jesús y maldecir a los demás a la vez.

Con la lengua bendecimos a nuestro Señor y Padre, y con ella maldecimos a las personas, creadas a imagen de Dios. De una misma boca salen bendición y maldición. Hermanos míos, esto no debe ser así. ¿Puede acaso brotar de una misma fuente agua dulce y agua salada? Hermanos míos, ¿acaso puede dar aceitunas una higuera o higos una vid? Pues tampoco una fuente de agua salada puede dar agua dulce (Santiago 3:9-12, NVI).

Vigila con atención tus pensamientos y palabras durante el día de hoy; anima a los demás a medida que buscas acercarte más a Dios.

HOJAS QUE JAMÁS SE MARCHITAN

Si vives en un clima más bien frío, entonces seguramente habrás visto lo maravilloso que es el otoño. Cada año, las hojas van transformándose lentamente y adoptan matices de amarillo dorado, naranja y rojo. Es precioso de ver pero, al final, las hojas se marchitan, mueren y caen al suelo.

Demasiado a menudo nos pasa lo mismo en nuestra relación con el Señor. Tenemos ese fuego en nuestro interior cuando lo conocemos y ardemos con fuerza, pero acabamos por desviarnos del camino y alejarnos de él. Si seguimos creyendo en él, nos promete que nuestras hojas espirituales jamás se marchitarán. Él quiere que nuestras vidas sean como árboles que constantemente dan fruto.

Será como un árbol plantado junto al agua, que extiende sus raíces hacia la corriente; no teme que llegue el calor, y sus hojas están siempre verdes. En época de sequía no se angustia, y nunca deja de dar fruto (Jeremías 17:8, NVI).

¿Estás dando fruto en tu camino espiritual o has empezado a marchitarte? Planta tus raíces con firmeza en él y deja que riegue tu alma.

LA GLORIA QUE SE MERECE

Finalmente has conseguido tu objetivo o te han dado una noticia maravillosa. Ese día que tanto has esperado ha llegado y estás muy emocionada. ¿Cómo reaccionas? ¿Actualizas tu estado en las redes sociales para que tus amigos sepan lo que has conseguido? ¿Llamas a tu madre y le das la maravillosa noticia?

Compartir tu emoción con los demás no tiene nada de malo. Pero, cuando lo hagas, asegúrate primero de darle la gloria y la alabanza a Dios. Él te ha dado todo lo que tienes. Emociónate por todo lo bueno que ha sido contigo. Cuando te sientas tan contenta que no puedas evitar danzar de alegría, concédele también un baile a Jesús. ¡Él quiere celebrarlo contigo!

Alaben al Señor, invoquen su nombre; den a conocer entre los pueblos sus obras; proclamen la grandeza de su nombre.
Canten salmos al Señor, porque ha hecho maravillas; que esto se dé a conocer en toda la tierra (Isaías 12:4-5, NVI).

¿Le das a Dios la gloria que se merece? Asegúrate de tomarte un momento hoy para darle las gracias al Señor por todo lo que te ha ayudado a conseguir y por todo lo que te ha dado. ¡Él quiere compartir contigo tu emoción!

VER LO BUENO

¿Eres de aquellas personas que ven el vaso medio lleno o vives en temor por la siguiente tragedia que pueda acontecer? Puede resultar tentador ignorar lo bueno que vemos en nuestras vidas porque estamos demasiado preocupados por lo negativo que puede venir.

Dios quiere honrar a aquellos que son obedientes a él y, a veces, sus bendiciones son tan buenas que son difíciles de creer. Incluso Abraham, tan bendito por Dios que fue elegido como padre de una nación entera, se rio cuando Dios le dio las buenas noticias.

A Saray, tu esposa, ya no la llamarás Saray, sino que su nombre será Sara. Yo la bendeciré, y por medio de ella te daré un hijo. Tanto la bendeciré, que será madre de naciones, y de ella surgirán reyes de pueblos. Entonces Abraham inclinó el rostro hasta el suelo y se rio de pensar: «¿Acaso puede un hombre tener un hijo a los cien años, y Sara ser madre a los noventa?» (Génesis 17:15-17, NVI).

Mira más allá del dolor, de tus heridas y de los problemas que hay en tu vida. ¿Ves las cosas buenas? ¡No te rías de las promesas de Dios! Regocíjate hoy en tus bendiciones.

A MI MANERA

· ·

Muchas mujeres tienen una vena tozuda, ¡y es normal! Dedicamos tanto tiempo a cuidar de los demás que hemos aprendido a hacerlo muy bien. Para decirlo de forma sencilla, no nos apetece que otra persona nos diga cómo tenemos que hacer algo porque sabemos que nosotras lo haremos mejor.

Por este motivo, puede ser muy difícil liberarnos de nuestra propia manera de hacer las cosas y entregarle nuestras vidas a Dios. Pero, a largo plazo, esto será contraproducente. La Biblia nos dice que si somos guiados por el Espíritu viviremos en paz. ¿Y cuál es la alternativa? La muerte.

La mentalidad pecaminosa es muerte, mientras que la mentalidad que proviene del Espíritu es vida y paz. La mentalidad pecaminosa es enemiga de Dios, pues no se somete a la ley de Dios, ni es capaz de hacerlo. Los que viven según la naturaleza pecaminosa no pueden agradar a Dios (Romanos 8:6-8, NVI).

Entrega tu vida a lo que él tenga preparado para ti. Ora para recibir un espíritu de obediencia. Puede que se te dé muy bien algo que haces a tu manera, pero Dios tiene cosas incluso mejores preparadas para ti si le das una oportunidad.

ORA CREYENDO QUE LO RECIBIRÁS

Cuando oras, ¿lo haces con valentía o tus oraciones son débiles? Es como si tuviéramos miedo de molestar a Dios con nuestras peticiones. «¡Ay! Más me vale no molestarlo demasiado o quizá al final acabe por no responder a nada de nada». Algo así, ¿verdad? Así que nos dirigimos a él con cierta vacilación: «Amado Señor, si es tu voluntad, estaría muy bien que…», «Padre, sé que tienes muchas cosas por hacer, pero me encantaría que…».

Basta ya de oraciones débiles. No eres una mocosa, ¡eres una mujer! El Señor ya conoce tu corazón. Confía en que él puede hacer lo que le estás pidiendo. No hay necesidad de ir con cuidado con el Padre que tanto te ama. Jesús mismo lo dijo.

> —¿Cómo que si puedo? Para el que cree, todo es posible.
> —¡Sí creo! —exclamó de inmediato el padre del muchacho—. ¡Ayúdame en mi poca fe!
> (Marcos 9:23-24, NVI)

Avanza con valentía en la fe y empieza por tu vida de oración. ¿Estás orándole a Dios con un espíritu tímido? Pídele ayuda para dejar atrás tu incredulidad. Todo es posible para aquellos que creen, así que proponte creer en tu corazón.

EL JUEGO DE LAS OPINIONES

Empezaste a formar parte de un grupo especial nada más aceptar a Jesucristo como tu Salvador. Como cristianos, somos llamados a vivir una vida distinta, porque nuestras acciones deben reflejar a Jesucristo mismo. Pero, demasiado a menudo, nos quedamos atrapados en un juego de opiniones y empezamos a discutir entre nosotros sobre lo que está bien y lo que está mal.

Sea cual sea el tema, desde la ropa que deberían llevar las mujeres hasta a quién deberíamos votar, o incluso si debiéramos vacunarnos, la gente tiene opiniones muy fuertes. Y ¡ay de quien nos lleve la contraria! Si alguna vez has leído la sección de comentarios en cualquier artículo de internet o publicación en las redes sociales, seguramente habrás visto lo feas que se pueden poner las cosas y con cuánta rapidez. ¿Qué ha pasado con la paz? ¿Cuándo dejamos de mostrarnos nuestro amor unos a otros?

Yo, que estoy preso por la causa del Señor, les ruego que vivan de una manera digna del llamamiento que han recibido, siempre humildes y amables, pacientes, tolerantes unos con otros en amor. Esfuércense por mantener la unidad del Espíritu mediante el vínculo de la paz (Efesios 4:1-3, NVI).

¿Estás viviendo una vida digna de tu llamado como cristiana? Ora para recibir un espíritu de amor y paz hoy.

BAJO LA GRACIA

La ley de Dios nos fue dada para que pudiéramos ver lo pecadores que éramos. Pero, en vez de ello, empezamos a pecar cada vez más. Lo lógico hubiera sido que Dios decidiera olvidarse de nosotros, pero prefirió amarnos y mostrarnos su misericordia.

Aunque merecemos recibir un castigo por nuestras faltas, Dios gobierna con su maravillosa gracia. Jesús murió para que nosotros recibiéramos el regalo de la vida eterna en el cielo. Piensa en todos los sacrificios que haces por los demás y después considera lo que te haría falta para *sacrificarte a ti misma* para que otros pudieran vivir. ¡Desde luego, sería el mejor regalo que recibirían en toda su vida!

En lo que atañe a la ley, esta intervino para que aumentara la transgresión. Pero, allí donde abundó el pecado, sobreabundó la gracia, a fin de que, así como reinó el pecado en la muerte, reine también la gracia que nos trae justificación y vida eterna por medio de Jesucristo nuestro Señor (Romanos 5:20-21, NVI).

Dedica unos momentos a darle las gracias al Señor por el gran regalo que te ha dado hoy. Aunque antes vivíamos solo bajo la ley, ahora vivimos en la gracia y la misericordia. No olvidemos el sacrificio que él hizo por nosotros.

CANSADA, MUY CANSADA

¿Alguna vez has estado tan agotada que ni siquiera sabías si serías capaz de dar un paso más? Tu agenda es un torbellino de actividades programadas. Tienes los días llenísimos y cada hora está reservada para esto o para aquello; te cuesta encontrar siquiera un solo minuto para ti. Estás agotada hasta no poder más y cada día te dejas caer en tu cama completamente exhausta.

Hay alguien que está listo para agarrarte si caes. Puede que trastabilles a lo largo de tu atareadísimo día, pero él jamás te permitirá caer de bruces cuando encuentres un tropiezo. ¡Dios se deleita en ti! Si se lo pides, él guiará cada uno de tus pasos. Él te tomará con entusiasmo de la mano y te dirigirá.

El Señor dirige los pasos de los justos; se deleita en cada detalle de su vida. Aunque tropiecen, nunca caerán, porque el Señor los sostiene de la mano (Salmos 37:23-24, NTV).

¿Estás permitiendo que sea el Señor quien guíe tus días? Aunque puede que te sientas agotada, él cuenta con suficiente energía como para ayudarte a superarlo todo. Dale la mano y camina junto a Jesús.

¿ES RELEVANTE AHORA?

A veces puede que sintamos que la Biblia realmente no puede aplicarse a nuestras vidas modernas. Al fin y al cabo, las historias que narra tuvieron lugar hace miles de años. No siempre parecen relevantes. Las personas del Antiguo Testamento vivieron durante cientos de años. Ni se nos pasa por la cabeza que se nos vaya a tragar un pez si intentamos huir de la presencia de Dios. Y como nos cuesta mucho imaginarnos toda la tierra cubierta de agua, olvidamos que los preciosos arcoíris son un símbolo de su pacto con nosotros.

Hay verdad entretejida en cada una de las palabras de las Escrituras y, como mujeres, ¡mucho con lo que identificarnos! Débora fue una líder espectacular. Noemí y Rut son la viva imagen de la amistad y el amor. María Magdalena pasó por muchas dificultades y fue sanada. Ester fue increíblemente valiente.

La palabra de Dios es viva y poderosa, y más cortante que cualquier espada de dos filos. Penetra hasta lo más profundo del alma y del espíritu, hasta la médula de los huesos, y juzga los pensamientos y las intenciones del corazón (Hebreos 4:12, NVI).

La Palabra de Dios está viva hoy en día y sigue siendo igual de relevante hoy que para los lectores originales. Amor, alegría, paz, paciencia, amabilidad, bondad, fidelidad, humildad y dominio propio: todas estas cosas te están esperando si te sumerges en la Biblia y las buscas.

BENDICIONES ESCONDIDAS

Puedes encontrar bendiciones escondidas en medio de las pruebas. Una de estas bendiciones es que podemos cuidar mejor de los demás y mostrarles compasión cuando nosotros también hemos pasado por la misma situación. Dios es la fuente de todo consuelo y también nos enseña a utilizar este regalo con los demás.

El Señor nos muestra misericordia y nos concede una paz que supera todo conocimiento, incluso en medio del mayor dolor que podamos sufrir. Debido a esto, cuando otros pasan por luchas y dificultades, nosotros habremos descubierto el verdadero significado del consuelo y seremos capaces de transmitirlo.

Dios bendice a los que lloran, porque serán consolados (Mateo 5:4, NTV).

¿Conoces a alguien que esté pasando por algún tipo de batalla? Recuerda las formas en las que nuestro Padre te cuidó en tus momentos más duros. Usa este conocimiento para consolar a tu amigo o amiga. ¿De quién mejor vas a poder aprender que del mismísimo Dios?

UN MISMO CUERPO

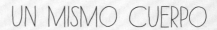

La Biblia nos dice que Dios nos tejió en el vientre de nuestra madre. Antes de nacer, nuestros cuerpos fueron cuidadosamente seleccionados y creados por nuestro Hacedor, quien comprobó que cada parte encajara con las demás para funcionar con perfecta sincronización. Fue un proceso que llevó a cabo con muchísimo cuidado.

Como cristianos, todos somos parte del cuerpo de Cristo. Igual que nuestros cuerpos físicos, si cada parte se coordina con las demás, todo el cuerpo funciona bien y está contento. Pero si una parte sufre, todo el cuerpo sufre.

Así Dios ha dispuesto los miembros de nuestro cuerpo, dando mayor honra a los que menos tenían, a fin de que no haya división en el cuerpo, sino que sus miembros se preocupen por igual unos por otros. Si uno de los miembros sufre, los demás comparten su sufrimiento; y, si uno de ellos recibe honor, los demás se alegran con él (1 Corintios 12:24-27, NVI).

¿Qué estás haciendo para asegurarte de que el cuerpo de Cristo, tu comunidad de creyentes, funcione de forma coordinada? ¿Se regocijan juntos? Busca formas en las que puedas aportar tu granito de arena a la armonía del cuerpo que te rodea.

DALE AL INTERRUPTOR

¿Alguna vez has caminado por tu casa de noche, pensando que podrías moverte sin necesidad de encender la luz, cuando de repente te has topado con algo inesperado? Si no ves a dónde vas, es muy posible que te tropieces. Por otro lado, el recorrido que debes seguir es muy evidente con solo encender la luz.

La Biblia nos dice que caminar en rectitud es como andar bajo la luz brillante del día. Pero optar por ser rebelde es como tropezar y andar a tientas en la oscuridad. No serás capaz de ver con lo que te toparás hasta que sea demasiado tarde.

El camino de los justos es como la primera luz del amanecer, que brilla cada vez más hasta que el día alcanza todo su esplendor.
Pero el camino de los perversos es como la más densa oscuridad; ni siquiera saben con qué tropiezan
(Proverbios 4:18-19, NTV).

¿Estás escogiendo la luz? ¿Andas por un camino bien iluminado? ¿O estás sumida en la más profunda oscuridad? Si es así, ¡dale al interruptor! Ora para poder tomar decisiones sabias. ¡Busca su sabiduría para tu vida! Él quiere brillar con fuerza sobre ti. Déjale entrar: él iluminará tus días con gozo y se convertirá en tu luz eterna.

ELIGE LA SABIDURÍA

La palabra «sabiduría» se usa cientos de veces en la Biblia. Una y otra vez se nos insta a tener buen juicio, tomar decisiones sensatas y ser prudentes y cautelosos. El rey Salomón decidió pedirle a Dios que le diera sabiduría a lo largo de su tiempo como líder de Israel. Debido a esto, Dios lo honró y lo bendijo.

Lo interesante es que la sabiduría a menudo adopta forma femenina en las Escrituras. Desde el inicio del tiempo, Dios ha sabido que las mujeres son capaces de tomar decisiones sabias. Y, en Proverbios, la sabiduría nos suplica que la busquemos y que la elijamos, y nos promete que, si lo hacemos, encontraremos el favor de Dios.

¡Alegres son los que me escuchan, y están atentos a mis puertas día tras día, y me esperan afuera de mi casa! Pues todo el que me encuentra, halla la vida y recibe el favor del Señor (Proverbios 8:34-35, NTV).

¿Eliges la sabiduría? ¿La buscas? Llama hoy a su puerta. ¡Ahí encontrarás la verdadera felicidad y el Señor honrará tu decisión!

CONSTRUIR TU CASA

Construir una casa puede ser muy divertido para algunos y muy estresante para otros. Hay cientos de decisiones por tomar y muchísimos detalles por elegir. El color de la pintura, el armario que mejor va con la habitación, la moqueta… La lista es inacabable. Y según como seas, todo esto puede resultarte abrumador.

Pero construir tu casa espiritual es fácil. Lo único que tienes que hacer es elegir unos buenos cimientos. Jesús mismo nos da las instrucciones sobre cómo hacerlo.

Todo el que me oye estas palabras y las pone en práctica es como un hombre prudente que construyó su casa sobre la roca. Cayeron las lluvias, crecieron los ríos, y soplaron los vientos y azotaron aquella casa; con todo, la casa no se derrumbó porque estaba cimentada sobre la roca. Pero todo el que me oye estas palabras y no las pone en práctica es como un hombre insensato que construyó su casa sobre la arena. Cayeron las lluvias, crecieron los ríos, soplaron los vientos y azotaron aquella casa. Esta se derrumbó, y grande fue su ruina (Mateo 7:24-27, NVI).

¿Estás fundando tu casa espiritual sobre unos buenos cimientos? Escucha sus palabras y ponlas en práctica en tu día a día.

ENCONTRAR EL AMOR

Imagina que estás contando una historia realmente buena (y que crees que es verdad) cuando, de repente, alguien te contradice. «¡Eso es mentira!», te dicen. Sorprendida, los miras como si estuvieran locos. Tú sabes que lo que estás diciendo es cierto. ¿Cómo pueden acusarte de contar mentiras?

La dura realidad es que, si hay dureza en nuestros corazones hacia otro creyente, no podemos proclamar de verdad que amamos a Dios. *Uf*. Él nos ordenó que amáramos a nuestro prójimo como a nosotros mismos. Él nos llama a ser uno con el cuerpo de Cristo. Pero, aun así, a menudo les sacamos defectos a nuestros hermanos y hermanas de la iglesia, hasta el punto de que no somos capaces de amarlos. Y eso no es lo que él quiere para nosotros.

Si alguien afirma: «Yo amo a Dios», pero odia a su hermano, es un mentiroso; pues el que no ama a su hermano, a quien ha visto, no puede amar a Dios, a quien no ha visto (1 Juan 4:20, NVI).

Si hay alguien en tu comunidad de creyentes a quien te cuesta amar, ora pidiéndole al Señor que te dé poder sobrenatural para hacerlo. Solo a través de él podremos encontrar la fuerza para amar a aquellos a los que nos cuesta querer.

FAROS

Los faros se construyeron por un buen motivo. Durante cientos de años han alumbrado con su luz en puertos de todo el mundo, guiando a los barcos con seguridad hacia la costa. La premisa es simple: poner una luz bien alta, allá donde pueda verse fácilmente.

Jesús es la luz del mundo. Es una luz que no está hecha para ocultarse, sino para ponerla en alto, donde todos puedan verla fácilmente. Y como seguidores de él, somos llamados a mostrar esta luz con fuerza, de modo que los demás puedan verla por sí mismos. No la escondemos, sino que iluminamos con valentía el camino hacia Cristo.

Ustedes son la luz del mundo. Una ciudad en lo alto de una colina no puede esconderse. Ni se enciende una lámpara para cubrirla con un cajón. Por el contrario, se pone en la repisa para que alumbre a todos los que están en la casa (Mateo 5:14-15, NVI).

No mantengas oculta tu luz por Cristo ni la saques solo cuando te sientas cómoda haciéndolo. Ora para tener una fe tan valiente como para ser una fuente de luz para cada persona que encuentres. Pídele al Señor que te ayude a brillar con tanta fuerza que los demás se alejen de la oscuridad y se unan a ti en la luz.

ELIGE LA OBEDIENCIA

La Palabra de Dios es bastante clara. Aunque a menudo queremos dejarla a un lado o alejarnos de ella un rato, si estamos buscando su sabiduría, entonces no hay forma de ignorar el hecho de que tenemos que elegir la obediencia. La Biblia nos dice una y otra vez que debemos observar sus mandamientos. Si lo hacemos, encontraremos bendiciones en nuestras vidas. Y, si no, las perspectivas son bastante desalentadoras.

No siempre es fácil elegir una vida de obediencia. Constantemente tenemos que luchar contra nuestros deseos carnales, que se interponen entre nosotros y nuestro llamado. Pero, a largo plazo, caminar con el Señor implica una vida llena de gozo. Nuestras posesiones y ambiciones terrenales no nos van a llenar.

Hoy te ordeno que ames al Señor tu Dios, que andes en sus caminos, y que cumplas sus mandamientos, preceptos y leyes. Así vivirás y te multiplicarás, y el Señor tu Dios te bendecirá en la tierra de la que vas a tomar posesión (Deuteronomio 30:16, NVI).

Ora pidiendo un espíritu de obediencia para que Dios pueda aumentar sus bendiciones en tu vida. Anda hoy a su lado, buscando su voluntad.

NUEVA VIDA

¿Alguna vez te has quedado despierta en la cama por la noche pensando en los pecados de tu pasado y castigándote por decisiones que tomaste hace años? Si es así, no estás sola. Las mujeres podemos ser muy duras con nosotras mismas, exigiéndonos casi la perfección.

Pero ¡buenas noticias! En cuanto aceptamos a Cristo como nuestro Salvador, somos hechas nuevas. No hay necesidad de seguir reprochándonos las decisiones que tomamos en el pasado. Él ha borrado nuestros pecados y nos ha hecho limpias. No tenemos que vernos desde nuestro antiguo punto de vista: ¡nuestra vida vieja ha desaparecido y ha empezado otra nueva!

Bueno es Jehová para con todos, y sus misericordias sobre todas sus obras (Salmos 145:9, RV60).

Entrégale tu pasado al Señor. Si te cuesta dejar atrás un error que cometiste en el pasado, pídele ayuda para perdonarte a ti misma. ¡Has sido hecha nueva ante los ojos del Señor! Cuánta libertad nos da saber esto. ¡Disfrútala!

PERDER PARA GANAR

La clave para crecer en tu fe es sencilla: ser *menos* para que Dios sea *más*. Para permitir que su presencia crezca en nuestras vidas, debemos ceder más parte de nosotros. Necesitamos poner nuestras vidas ante él como una ofrenda y dárselo todo.

El mundo diría que entregarnos por completo es una pérdida. Durante años y años nos han enseñado que lo primero es uno mismo. A menudo, los demás dicen que debemos convertirnos a nosotros mismos en nuestra prioridad número uno. Pero, ¡ay, cuánto se pierden! Cuando nos entregamos completamente a Dios, podemos compartir su gloria y su gran gozo. Dejar a un lado nuestros placeres terrenales en pos de tesoros celestiales significa que ganaremos mucho más de lo que este mundo jamás nos puede llegar a ofrecer.

Si tratas de aferrarte a la vida, la perderás, pero si entregas tu vida por mi causa, la salvarás (Mateo 16:25, NTV).

Vacíate de los deseos de tu carne y permite que Dios te llene con su presencia. No seguirás sintiendo que te falta algo, sino que tu vida rebosará su presencia y todo el mundo lo verá. Sé menos para poder lograr más de él.

EN LOS DÍAS SOLEADOS...
Y EN LOS LLUVIOSOS

Es fácil sentirse feliz en un día soleado, cuando todo va bien, los pájaros cantan y la vida va a pedir de boca. Pero ¿qué pasa cuando llega la lluvia, recibimos malas noticias o, simplemente, el día se nos hace muy cuesta arriba?

Dios quiere que sintamos alegría en los buenos momentos. Él ha creado todos y cada uno de nuestros días. Y somos llamados a regocijarnos en todos ellos, sean buenos o malos. La felicidad está determinada por nuestras circunstancias, pero el gozo verdadero viene cuando podemos encontrar el lado bueno de las cosas en nuestros peores momentos: cuando somos capaces de alabar a Dios pase lo que pase. No sabemos qué nos depara el futuro aquí en esta tierra, pero podemos alegrarnos en el conocimiento de que nuestra eternidad será bellísima.

Cuando te vengan buenos tiempos, disfrútalos; pero, cuando te lleguen los malos, piensa que unos y otros son obra de Dios, y que el hombre nunca sabe con qué habrá de encontrarse después (Eclesiastés 7:14, NVI).

¿Está tu felicidad determinada por tus circunstancias? Ora pidiendo que puedas descubrir gozo verdadero en tu Creador. Pídele que te dé una satisfacción profunda y duradera cada día, una satisfacción que desafíe la comprensión humana.

UNA VIDA DE ALABANZA

Cuando realmente nos sumergimos en una relación cada vez más estrecha con Dios, nuestra vida entera se convierte en un acto vivo de alabanza.

Los sacrificios que hacemos, como levantarnos temprano para estar con él en vez de pedirle cinco minutos más al despertador o decidir no quedarnos en casa para asistir a la noche de oración en la iglesia, son ejemplos de este tipo de alabanza. Cuando tomas tus momentos ordinarios y se los entregas a Dios, estos se convierten en formas de mostrarle tu devoción.

Les ruego que entreguen su cuerpo a Dios por todo lo que él ha hecho a favor de ustedes. Que sea un sacrificio vivo y santo, la clase de sacrificio que a él le agrada. Esa es la verdadera forma de adorarlo (Romanos 12:1, NTV).

Toma tus momentos del día a día, ya sea dormir, comer, ir a trabajar o, simplemente, dar un paseo, y entrégaselos a Dios en un espíritu de alabanza hoy. ¡Haz que todo tu ser se convierta en una canción de alabanza para tu Salvador!

PODER ILIMITADO

Por nuestras propias fuerzas solo podemos conseguir algunas cosas. Sí, podemos esforzarnos en nuestras tareas y hacer mucho trabajo. Pero nuestro poder es limitado.

¡Dios no tiene límites en lo que puede hacer! Si le pedimos que trabaje en nuestras vidas, no habrá nada que impida todas las cosas maravillosas que pasarán. Puede que nos conceda mucho más de lo que jamás habríamos siquiera llegado a pedir. Y lo mejor es que él *quiere* hacer esto por nosotros. Para él no es una obligación u otra tarea más que tiene que tachar de su lista de cosas pendientes para que lo dejes tranquilo de una vez.

Al que puede hacer muchísimo más que todo lo que podamos imaginarnos o pedir, por el poder que obra eficazmente en nosotros, ¡a él sea la gloria en la iglesia y en Cristo Jesús por todas las generaciones, por los siglos de los siglos! Amén (Efesios 3:20-21, NVI).

Pídele al Señor cosas mayores y más atrevidas. Ora para que te dé la capacidad sobrenatural que necesitarás para conseguir todo lo que tienes por delante. ¡Su poder no tiene límites y, con solo pedírselo, él te lo concederá!

VERDADERAS RIQUEZAS

En cuanto hayas experimentado la verdadera belleza de una relación con Cristo, todo lo demás pasará a segundo plano. Lo que antes era tan importante para ti, ahora ya no lo es.

En comparación con conocer a Cristo como tu Salvador, todas las demás cosas que el mundo valora no son más que insignificancias.

Todo aquello que para mí era ganancia, ahora lo considero pérdida por causa de Cristo. Es más, todo lo considero pérdida por razón del incomparable valor de conocer a Cristo Jesús, mi Señor. Por él lo he perdido todo, y lo tengo por estiércol, a fin de ganar a Cristo y encontrarme unido a él. No quiero mi propia justicia que procede de la ley, sino la que se obtiene mediante la fe en Cristo, la justicia que procede de Dios, basada en la fe. Lo he perdido todo a fin de conocer a Cristo, experimentar el poder que se manifestó en su resurrección, participar en sus sufrimientos y llegar a ser semejante a él en su muerte. Así espero alcanzar la resurrección de entre los muertos (Filipenses 3:7-11, NVI).

¿Has abrazado por completo el camino de Dios? ¿Estarías dispuesta a perderlo todo por él? Aférrate a la belleza que él ofrece. Ora para pedirle un corazón contento de deshacerse de los tesoros terrenales y ansioso por encontrar lo que él concede a los verdaderos creyentes.

SUPERA LOS OBSTÁCULOS

La vida en el planeta Tierra no siempre es fácil. De hecho, pasaremos por muchas dificultades. ¡Quizá ahora mismo estás en medio de una lucha! Anímate; Dios tiene un mensaje maravilloso de esperanza que quiere que oigas.

Hemos sido creados a su imagen. Somos llamados a vivir una vida siguiendo el ejemplo de Jesús. Y él nos dice que ya ha vencido al mundo. ¡Eso significa que somos vencedores! Podemos conquistar este mundo con todos sus males y dolores. Y todo este tiempo tendremos al mejor animador a nuestro lado: nuestro Señor y Salvador.

Yo les he dicho estas cosas para que en mí hallen paz. En este mundo afrontarán aflicciones, pero ¡anímense! Yo he vencido al mundo (Juan 16:33, NVI).

Si esperamos que sea el mundo lo que nos da gozo, solo encontraremos una alegría pasajera. Pero en él encontraremos la paz. Confía en él para tener la seguridad inquebrantable de que puedes superar los obstáculos que hoy encontrarás en tu camino.

ESTAMOS EN EL MISMO BARCO

Puede que muchas veces nos fijemos en todas las cosas en las que somos diferentes. Tú tomas el café negro y tu amiga le echa medio litro de leche. Tú votas a un candidato y tu vecino, a otro. Marta es algo tímida y Mariela habla por los codos.

Pero esto es lo que tenemos en común: seamos quienes seamos y creamos lo que creamos, Jesucristo ha muerto por todos nosotros. Y «nosotros» aquí quiere decir «todas y cada una de las personas de esta tierra». No hay nadie que no entre en esta categoría. Ha muerto por Marta, ha muerto por Mariela y ha muerto por tu vecino que vota a otro partido. Hubo un hombre que murió por todos nosotros, lo que nos convierte en iguales.

El amor de Cristo nos obliga, porque estamos convencidos de que uno murió por todos, y por consiguiente todos murieron. Y él murió por todos, para que los que viven ya no vivan para sí, sino para el que murió por ellos y fue resucitado (2 Corintios 5:14-15, NVI).

Busca similitudes con las personas que te rodean. ¿Oras para poder derribar los muros que les separan y plantarte firmemente en la verdad? ¡Estamos todos en el mismo barco!

ATREVIDAS Y CONFIADAS

Todos y cada uno de los días tenemos una tremenda oportunidad: la de hablarle a un Dios que se ha puesto en nuestros zapatos. Un *hombre* que literalmente ha andado el camino. Él quiere que acudamos a él y le pidamos lo que sea que queramos.

Jesús pasó por las mismas cosas que nosotros cuando estuvo en la tierra, así que realmente entiende cómo somos cuando nos acercamos a él. ¡No hace falta que nos armemos de valor! Él quiere que acudamos a él con confianza. Ester fue muy valiente cuando se acercó a su rey para pedirle que salvara a su pueblo, ¡y era un rey famoso por sus decisiones precipitadas y terribles! Nosotros, por otro lado, tenemos la oportunidad de hablarle a un rey famoso por su misericordia.

Oh Jehová, de mañana oirás mi voz; de mañana me presentaré delante de ti, y esperaré (Salmos 5:3, RV60).

¿Te contienes, insegura, cuando estás con tu rey celestial? ¡Sé atrevida y acércate a él con confianza! Él te ama. Él te entiende. Él quiere lo mejor para ti. Y él te mostrará gracia y misericordia en todo aquello que tú quieras.

BAILA SIN COMPLEJOS

La presión de grupo es real, incluso para los adultos. A menudo nos preocupamos de cómo quedaremos a ojos de los demás. «¿Estoy presentable hoy?», nos preguntamos. «Vaya, me he olvidado de volver a entrar el cubo de la basura. ¿Qué van a pensar los vecinos?», nos reprochamos.

Hubo al menos una persona a quien no le importaba lo que los demás pudieran pensar de él. El rey David estaba tan emocionado tras ganar una batalla muy importante que se puso a saltar y bailar, alabando a Dios mientras volvía a casa con su familia. Y cuando su mujer se rio de él diciéndole que parecía estúpido, él ni siquiera le dio importancia a sus palabras.

Lo hice en presencia del Señor, quien en vez de escoger a tu padre o a cualquier otro de su familia, me escogió a mí y me hizo gobernante de Israel, que es el pueblo del Señor. De modo que seguiré bailando en presencia del Señor, y me rebajaré más todavía, hasta humillarme completamente. Sin embargo, esas mismas esclavas de quienes hablas me rendirán honores (2 Samuel 6:21-22, NVI).

¿Te preocupa lo que los demás piensan de ti o te importa más la opinión de Dios? Baila hoy en la presencia de Dios, ¡da igual cómo te veas! Él quiere celebrar la vida contigo.

SUS OJOS SOBRE TI

¿Sabías que mucho antes de que decidieras dar el paso de fe y aceptar a Cristo en tu corazón como tu Salvador, él ya tenía sus ojos puestos sobre ti? Estaba esperando a que te acercaras a él para poder compartir contigo su regalo eterno. Dios quería darte una vida gloriosa. ¡Y no sabes cuánto celebró que tomaras esa decisión!

A través de Cristo descubrimos quiénes somos. Cuando depositamos nuestra esperanza en él, nos encontramos a nosotros mismos. Es en él donde podemos descubrir para qué estamos viviendo. Y él trabaja en toda nuestra vida como cristianos para cumplir con su propósito superior.

En Cristo también fuimos hechos herederos, pues fuimos predestinados según el plan de aquel que hace todas las cosas conforme al designio de su voluntad, a fin de que nosotros, que ya hemos puesto nuestra esperanza en Cristo, seamos para alabanza de su gloria (Efesios 1:11-12, NVI).

¡Has sido elegida por Dios! Él te esperó y se regocijó cuando acudiste a él. ¡Celébralo con él! Alábale por el don que te ha dado en la salvación eterna. ¡Qué bueno es!

NOVIEMBRE

Así que alégrense de verdad. Les espera una alegría inmensa, aunque tienen que soportar muchas pruebas por un tiempo breve. Ustedes aman a Jesucristo a pesar de que nunca lo han visto. Aunque ahora no lo ven, confían en él y se gozan con una alegría gloriosa e indescriptible.

1 Pedro 1:6, 8, NTV

LA VERDAD SOBRE EL LEGALISMO

Cuando nos creemos la mentira de que la manera en la que vivimos nuestra vida terrenal determina si tendremos o no vida eterna, nos perdemos por completo la esencia del evangelio. El término que se usa para creer que hacer cosas buenas nos hará estar en paz con Dios es «legalismo». Pero las personas de la Biblia que dedicaron todas sus vidas a «hacer lo correcto» (es decir, los fariseos) son las mismas personas que clavaron a Jesús en la cruz.

El legalismo no es una forma más santa de adorar a Dios, sino que es una forma de adorarnos a nosotros mismos. Si afirmamos que hemos jugado un papel en nuestra salvación, lo que estamos haciendo es decir que somos capaces de hacer algo que solo Jesús puede hacer. Solo la gracia de Cristo nos puede salvar.

Este es el amor a Dios, que guardemos sus mandamientos; y sus mandamientos no son gravosos (1 Juan 5:3, RV60).

Tu obediencia no es lo que te justifica, sino tu fe en el Hijo de Dios. Solo tienes que amarle. En tu amor, solo desearás amarle porque sabes que la obediencia te acercará todavía más a él.

LA ESCRITURA EN LA PARED

¿Qué tipo de mensajes permitimos que entren en nuestras casas a diario a través de la televisión, las redes sociales, internet, revistas, *smartphones* o incluso nuestras propias conversaciones? ¿Nos tomamos el tiempo de evaluar y valorar las ideas que absorbemos incluso de forma subconsciente?

Haz que los mensajes de tu hogar sean mensajes que hablen de Dios. Haz que tus seres queridos vean y oigan palabras de vida y verdad, no de pecado y muerte. Elige con atención las palabras y las imágenes que entran en tu casa y en tu corazón.

*Tendré cuidado de llevar una vida intachable,
¿cuándo vendrás a ayudarme? Viviré con integridad en mi
propio hogar. Me negaré a mirar cualquier cosa vil o vulgar.
Detesto a los que actúan de manera deshonesta;
no tendré nada que ver con ellos. Rechazaré las ideas
perversas y me mantendré alejado de toda clase de mal*
(Salmos 101:2-4, NTV).

El Espíritu Santo será tu mayor aliado a la hora de decidir qué mensajes deberías permitir entrar o no a tu casa. Escucha lo que él te indique y no le ignores cuando, con suavidad, te diga que algo realmente no es sano para tu espíritu. Imprime algunos de tus versículos favoritos y cuélgalos en la pared.

CREE QUE ÉL ES BUENO

El primer pecado lo cometió una mujer. Eva, la madre de todos nosotros, cambió a la humanidad para siempre cuando tomó la decisión fatal de salir de los límites que Dios le había marcado. Cuando Eva mordió esa fruta, hizo mucho más que rendirse ante su propio deseo de placer: le abrió la puerta al pecado para todas las generaciones que la seguirían.

El error fatal de Eva fue dudar de la bondad de Dios. La serpiente sabía que podía meterse en la mente de la mujer con palabras bien habladas, y convenció a Eva de que Dios tenía algo bueno que no estaba compartiendo con ella. En el momento en el que creyó que Dios la estaba privando de algo, también creyó que Dios no era bueno y que no quería darle lo mejor. En el momento en el que Eva dejó de creer que Dios era bueno, la tentación se adueñó de ella.

No fue Adán el engañado, sino la mujer; y ella, una vez engañada, incurrió en pecado (1 Timoteo 2:14, NVI).

¿Cuán a menudo dudas de la bondad de Dios? ¿Te preguntas si los límites que él ha puesto son realmente necesarios o correctos? ¿Dudas de si a Dios realmente le importan los detalles de tu vida? Recuerda que Dios es *bueno* y que puedes confiar completamente en él.

NUESTRA PRECIOSA INFANCIA

Cierra un momento los ojos y piensa en cómo eras de pequeña. ¿Ves a esa niña? ¿Cómo es? ¿Nerviosa? ¿Entusiasta? ¿Callada? ¿Tímida? Acuérdate un momento de cómo era ser aquella niña pequeña: le daba completamente igual tener las manos sucias o el pelo embrollado. Solo le importaba el presente, ese momento fugaz de libertad e imprevisibilidad. Una niña que se podía perder en sus ensoñaciones e historias imaginarias. Que bailaba salvajemente y corría con libertad. Que conocía perfectamente el arte de soñar despierta y hacer ramos de flores silvestres.

Qué rápido creció esa niña, ¿verdad? La responsabilidad acaba por superar a la espontaneidad despreocupada. La realidad ahoga nuestros sueños sin límites. ¡Pero la restauración de todo este bienestar puede ser nuestra! ¿Y no sería eso casi como recuperar nuestra infancia? Querida, Dios puede restaurarte lo que has perdido.

Entonces el hombre rejuvenece; ¡vuelve a ser como cuando era niño! Orará a Dios, y él recibirá su favor; verá su rostro y gritará de alegría, y Dios lo hará volver a su estado de inocencia (Job 33:25-26, NVI).

La vida ha amenazado con arrebatarte muchas cosas, pero Dios puede restaurarlas y volver a darles forma. Olvídate hoy de todas las cosas que nunca llegaron a importar demasiado y acuérdate de lo que es llenarte los pulmones de vida.

TENEMOS TIEMPO

El tiempo es una de aquellas cosas que parece que siempre nos falta. Muchos de nuestros días pueden parecer una carrera contrarreloj para conseguir hacer todo lo que tenemos pendiente. Parece que nos falta tiempo para incluso las cosas más importantes, como meditar en la Palabra de Dios, pasar tiempo de calidad con nuestros seres queridos o ayudar de forma desinteresada a los que lo necesitan.

Pero, al final, hay una realidad que debemos tener presente: tenemos tiempo para lo que hacemos tiempo. Es muy fácil acabar ocupada, pero ¿qué cosas son las que nos ocupan tanto tiempo? ¿Encontramos un momento para mirar las redes sociales o volver a ver episodios de nuestras series favoritas? ¿Tenemos tiempo para darnos una larga ducha o dormir algunos minutos más por la mañana? Ninguna de estas cosas es necesariamente *mala*, pero si sentimos que nos falta tiempo y no podemos estar con el Señor, puede que tengamos que replantearnos a dónde va nuestro tiempo.

Tengan cuidado de cómo viven. No vivan como necios sino como sabios. Saquen el mayor provecho de cada oportunidad en estos días malos. No actúen sin pensar, más bien procuren entender lo que el Señor quiere que hagan (Efesios 5:15-17, NTV).

Examina con sinceridad tu día y piensa en cómo puedes emplear tu tiempo de forma más sabia para aprovechar al máximo los momentos y oportunidades que tienes.

LA ZARZA ARDIENTE

¿Sientes a veces que tu vida está a la espera? Como si *algo grande* aguardara a la vuelta de la esquina. Puede que tengas la sensación de estar desperdiciando tu vida mientras esperas a tu propio destino.

Dios también puso a Moisés «en espera». Moisés había tenido una experiencia milagrosa nada más nacer: escapó a una muerte segura, lo encontró la mujer más poderosa del lugar y lo crio como a un miembro de la realeza. Aunque su vida arrancó de una forma espectacular, tras un error fatal se convirtió en un pastor normal y corriente en el desierto durante los siguientes cuarenta años. *Cuarenta años.* Es mucho tiempo para darle vueltas a la cabeza, preguntándote si la grandeza de la visión con la que naciste algún día acabará por hacerse realidad.

Pero lo más maravilloso de la historia de Moisés es que, después de toda esa espera, Dios se le apareció en una de las formas más famosas de toda la historia, y todos conocemos la manera increíble en la que Dios utilizó a Moisés después.

Pasados cuarenta años, un ángel se le apareció en el desierto del monte Sinaí, en la llama de fuego de una zarza (Hechos 7:30, RV60).

Aunque ahora sientas que tu vida anda sin rumbo, sin visión y sin destino, recuerda que no hay desierto demasiado remoto como para que no puedas encontrar una zarza ardiente. Solo tienes que confiar, observar y esperar.

HUMILDAD

Dios valora la humildad por encima del orgullo y del éxito terrenal. Es por este motivo por lo que Dios a veces nos hace esperar antes de revelarnos sus planes para nosotros. En esa espera es donde él hace que aumente nuestra humildad. Cuando las cosas no salen a la perfección, tenemos que desprendernos de nuestro orgullo, y es ahí cuando aprendemos las lecciones más valiosas.

El hecho de que Dios sea glorificado en nuestras vidas no tiene sentido para nuestra naturaleza humana, porque su plan no es nuestro plan y sus caminos son distintos. El mensaje entero del evangelio es completamente al revés de lo que conocemos aquí en la tierra. En el reino de Dios, la humildad se exalta y el orgullo se rebaja. Los pobres son ricos y los débiles son fuertes.

Recompensa de la humildad y del temor del Señor son las riquezas, la honra y la vida (Proverbios 22:4, NVI).

A Dios le importa más tener todo tu corazón dedicado a él que el hecho de que puedas tener un ministerio de éxito. Sí; él quiere que le sirvas y le encanta que tu obra para el reino prospere, pero estas cosas no son su objetivo principal. Lo que más quiere es estar contigo para siempre. Humíllate ante su presencia hoy.

LA VERDADERA RELIGIÓN

Hay muchas personas que hoy en día se preguntan qué puede ofrecerles la religión. ¿Cómo puede calmar sus temores, salvarles de la muerte y mejorar su calidad de vida? El cristianismo nunca ha sido un medio para obtener lo que queremos nosotros.

La verdadera religión, la religión que es aceptable para Dios, se encuentra en entregarnos a aquellos que más lo necesitan. No busca nuestra comodidad, nuestra felicidad o siquiera un billete de entrada al cielo. La religión es reflejar la gloria de Cristo en esta tierra.

La religión pura y sin mácula delante de nuestro Dios y Padre es esta: visitar a los huérfanos y a las viudas en sus aflicciones, y guardarse sin mancha del mundo (Santiago 1:27, LBLA).

El tierno corazón paternal de nuestro Dios está mucho más interesado en desarrollar tu amor y hacer que cada día te parezcas más a Jesús que en hacer que estés cómoda. Su compasión e intenso amor por la humanidad jamás estarán satisfechos con un cristianismo acomodado y confortable. Si quieres llevar alabanza a Dios, busca a propósito situaciones donde puedas poner en práctica la religión de verdad. Haz que tu misión sea dar vida, dar amor y ayudar a los que lo necesitan.

EL COSTE DEL SACRIFICIO

¿Hay algo que no te atrevas a hacer por miedo? ¿Hay cosas de las que no hablas simplemente por tu temor? ¿Hay pasos que no estás dando porque tienes miedo de lo que te puede pasar si lo haces? ¿Hay emociones en tu corazón a las que no estás prestando atención porque tienes miedo de las críticas?

En la Biblia, cuando Dios anunciaba que estaba a punto de hacer algo en la vida de alguien, a menudo empezaba con las palabras «No temas». Él sabía que esa persona se iba a preocupar. Sabía que iba a pensar en todas las implicaciones negativas y que les daría mil vueltas a los detalles, así que ya desde el principio le decía que *confiara en él*.

Pero el rey dijo a Arauna: No, sino que ciertamente por precio te lo compraré, pues no ofreceré al Señor mi Dios holocausto que no me cueste nada. Y David compró la era y los bueyes por cincuenta siclos de plata (2 Samuel 24:24, LBLA).

Jesús murió en la cruz y pagó el precio de nuestras *vidas*, no de nuestro dinero o nuestros talentos. Él no quiere solo aquello que los demás también pueden ver. Quiere esas partes escondidas y secretas de los otros. ¿Qué cosas no le estás entregando a Dios? A la luz de lo que le costó su muerte, ¿hay realmente algo que no estés dispuesta a sacrificar por él?

LA FE DEL «SÍ»

¿Alguna vez has dado un paso adelante y has dicho que sí a una locura que Dios te pide? Le has seguido al medio del océano y has confiado en que él te mantendrá a flote. Dar un paso de fe no es fácil. De hecho, es muy complicado. Es preguntarte constantemente qué estás haciendo y por qué lo estás haciendo. Es, en muchas ocasiones, cerrar los ojos y suplicarle a Dios que te recuerde todas las cosas que puso en tu corazón cuando te dio esa visión. Pero cuando estás convencida de que le estás obedeciendo, realmente da igual cómo se vea la situación o cómo te haga sentir. Lo que importa es que seas obediente. Has creído en lo que Dios te dijo.

Dar un paso de fe es enfrentarte con valentía a tus mayores críticos y decirles que no estás segura de que todo vaya a salir bien. Es tener paz en medio del caos. Es decidir arriesgarte y preguntarte si estarás a la altura de lo que se espera de ti. Es preguntarte si acaso realmente tienes algo que ofrecer.

Y Abram creyó al Señor, y el Señor lo consideró justo debido a su fe (Génesis 15:6, NTV).

Hay paz en la obediencia: incluso cuando te critican, se ríen de ti o no te comprenden, el Dios del universo está complacido. Y ante este hecho, todo lo demás palidece. Si Dios te está pidiendo que hagas algo que te da muchísimo miedo, da el paso de fe. Obedécele. Cree en él. Valdrá la pena.

HISTORIAS

Nos gusta escuchar historias porque nos ayudan a identificarnos con un concepto y a ponerle cara a una idea. Puede que escuchemos una explicación exhaustiva y nos cueste entenderla, pero seguramente nos será mucho más fácil interiorizar una historia que transmita la misma esencia.

Jesús contaba historias. En su andar por esta tierra, contó muchas historias para enseñar algo a los demás. Usaba parábolas y metáforas en vez de «soltar la verdad pura y dura» para que la gente meditara, especulara, estudiara y absorbiera las palabras y las comprendiera mejor. Las parábolas que contó Jesús no eran meras historias: su simbolismo revelaba secretos del reino de los cielos y hacía que su gloria fuera comprensible para los hombres y mujeres de a pie.

Jesús dijo a la multitud todas estas cosas en parábolas. Sin emplear parábolas no les decía nada. Así se cumplió lo dicho por el profeta: «Hablaré por medio de parábolas; revelaré cosas que han estado ocultas desde la creación del mundo» (Mateo 13:34-35, BAD).

Cuando las personas que no conocen a Dios oyen el evangelio, puede resultarles algo confuso: el Espíritu Santo no les ha abierto todavía los ojos. Si tú les compartes tu propia historia de cómo Dios ha obrado en tu vida, puede que sus corazones y sus mentes se abran más fácilmente.

APETITO

El apetito es una cosa muy curiosa. Nuestro cuerpo tiene la capacidad de comunicarle al cerebro que tiene hambre y este, a su vez, se pone a buscar una solución al problema. Cuando tenemos hambre de verdad, buscamos comida que nos llene el estómago y nos sacie.

Nuestra alma también tiene apetito, pero dedicamos fácilmente todo nuestro tiempo y energía a las distracciones del mundo. Nos llenamos con cosas que jamás nos podrán satisfacer y dejamos muy poco espacio al único que puede aplacar nuestra hambre.

Ninguno puede servir a dos señores; porque o aborrecerá al uno y amará al otro, o estimará al uno y menospreciará al otro. No podéis servir a Dios y a las riquezas (Mateo 6:24, RV60).

Hay un trono en tu corazón en el que solo se puede sentar un señor: debes elegir sabiamente quién. ¿Permitirás que te gobierne el ansia de las cosas que no perduran o lo único que aceptarás será que tu vida sea una inversión eterna?

ALABANZA CONSTANTE

Es relativamente fácil cantarle alabanzas a Dios cuando todo va bien en nuestra vida: cuando nos bendice con algo que le hemos pedido, nos sana o responde directamente a nuestras oraciones. Nos sale de dentro volvernos a él y alabarle y darle gloria por las cosas *buenas*. Pero ¿qué pasa cuando no todo va bien? ¿En los momentos de sequía, de dolor o de espera?

¿Alabamos a Dios solo por algo después de que nos lo haya concedido o lo alabamos de antemano en fe, a sabiendas de que él siempre será bueno pase lo que pase? Debemos considerar todas las dificultades de la vida como posibles milagros; como oportunidades para que Dios nos muestre su bondad y nos acerque más a su corazón.

Alabaré al Señor en todo tiempo; a cada momento pronunciaré sus alabanzas (Salmos 34:1, NTV).

Decide hoy tener en la punta de tu lengua alabanzas en vez de quejas. Cada vez que sientas descontento o frustración, sustitúyelos por alabanza. Al centrarte en la bondad de Dios, las dificultades disminuirán y tu gozo aumentará.

UN AMOR DE VERDAD

Piensa en la película más romántica que hayas visto jamás. Dos atractivas personas representan un amor todavía más bonito en la pantalla y tu corazón se embarca con ellos en una romántica aventura donde su pasión queda retratada ante tus ojos. Pero tras la cámara, ¿realmente sienten ese amor? Son *actores*. Son buenos en su trabajo. Pueden hacer que esa historia de amor parezca muy, muy real.

¿Es el amor realmente amor si solo se muestra de forma externa pero no interna? Incluso a pesar de que a todos los demás les pueda parecer que estás completamente enamorada, si ese amor no es genuino en tu corazón, entonces no es real.

Este pueblo me alaba con la boca y me honra con los labios, pero su corazón está lejos de mí. Su adoración no es más que un mandato enseñado por hombres (Isaías 29:13, NVI).

Si nuestra adoración nace de un amor y una intimidad reales, llegará mucho más lejos que las muestras externas de afecto. Nuestro amor impregnará nuestros corazones y vidas. No solo *pareceremos* estar enamorados, sino que *estaremos* enamorados.

UNA CÁLIDA BIENVENIDA

¿Alguna vez has conocido a alguien con quien has conectado de inmediato? Quizá te has sentido atraída por su personalidad y de ahí nació una amistad. ¿Y alguna vez te has encontrado con alguien con quien realmente te ha costado sintonizar? Quizá la forma en la que vestía, actuaba, hablaba o la carrera que había elegido te resultaban completamente ajenas.

Todos tenemos amistades naturales. Y no tenemos que convertirnos en la mejor amiga de cada persona a la que conocemos, porque eso es sencillamente imposible. Pero ¿qué pasaría si, a pesar de nuestras diferencias, aun así aceptáramos a todas las personas a las que conocemos?

Por tanto, acéptense mutuamente, así como Cristo los aceptó a ustedes para gloria de Dios (Romanos 15:7, NVI).

Como cristianos, nuestro objetivo principal es alabar a Dios. Si acogemos a los demás con la misma aceptación absoluta que Cristo nos extiende a nosotros, honramos a Dios y lo alabamos. Esforcémonos hoy para aceptar a aquellos que nos rodean y darles una bienvenida con los brazos abiertos a pesar de nuestras diferencias.

EMOCIONES

No es ningún secreto que las mujeres somos muy sensibles. Somos criaturas complicadas que vivimos nuestras emociones con intensidad y, a veces, estas emociones nos pueden dejar algo confusas, con lo que intentamos esconderlas de aquellos que nos rodean e incluso de Dios.

Dios nos ha creado para que vivamos una amplia gama de emociones. Es consciente de cómo estos sentimientos influyen directamente en nuestra vida diaria. Dios no está frustrado con nosotras porque nos pase esto; ¡él nos ha creado para que sintamos todas estas cosas! No se siente ofendido por nuestro enfado, impaciente con nuestras lágrimas o irritado con nuestra risa.

¿Está alguno entre vosotros afligido? Haga oración. ¿Está alguno alegre? Cante alabanzas (Santiago 5:13, RV60).

No te rindas ante la tentación de acudir a Dios encubriendo tus emociones. Déjale que vea tus emociones descarnadas, de forma sincera. Ponlo todo delante de él, sin contenerte. Él te ama y estará contigo en lo bueno y en lo malo.

SIN CONDENACIÓN

La mayoría conocemos la historia de la mujer atrapada en adulterio. Uno de los momentos más intrigantes fue cuando le preguntaron a Jesús si la mujer debía ser apedreada o no. Su respuesta fue agacharse y empezar a escribir en el barro. Y esta acción de bajar al barro literalmente define una de las interpretaciones de la palabra *gracia*.

Mientras todo el mundo estaba juzgando a esa mujer, Jesús se apartó de los acusadores, se agachó y se puso a hacer otra cosa. Esto dice muchísimo sobre su falta de participación en el juicio que estaba emitiendo la multitud. Gracias a la distracción de Jesús, los espectadores dejaron de mirar a la mujer, lo que quizá la ayudó a no sentirse tan avergonzada. Y ahora que todos los ojos estaban puestos en Jesús, él dijo las palabras que le salvaron la vida: «Aquel de ustedes que esté libre de pecado, que tire la primera piedra». Uno a uno, los acusadores se alejaron.

Enderezándose Jesús, le dijo: Mujer, ¿dónde están ellos? ¿Ninguno te ha condenado? Y ella respondió: Ninguno, Señor. Entonces Jesús le dijo: Yo tampoco te condeno. Vete; desde ahora no peques más (Juan 8:10-11, LBLA).

Jesús era el único cualificado para apedrear a la mujer adúltera. Y esto es un precioso avance de la redención que más tarde trajo para todos los pecadores. Querida, Jesús es el único cualificado para condenarte y él eligió condenarse a sí mismo. Eres libre y limpia por la gracia de Jesucristo.

PERSEVERANCIA

¿Recuerdas cuando decidiste seguir a Cristo? Quizá sentiste que te habían quitado un enorme peso de encima, o que la paz y el gozo que tanto tiempo llevabas buscando eran finalmente tuyos. Rebosabas emoción por tu nueva vida y te sentías lista para enfrentarte al mundo en el nombre de Jesús.

Seguir a Dios puede parecernos fácil al principio. Lo aceptamos en nuestras vidas y nos sentimos arrastrados por su amor con una esperanza increíble. Pero, a medida que pasa el tiempo, vuelven las antiguas tentaciones y amenazan con sacudir nuestra decisión. La confianza que sentimos en los inicios de nuestra relación va desapareciendo y empezamos a preguntarnos si tenemos lo que hace falta para seguir adelante con esta vida cristiana que hemos elegido.

Por lo tanto, no desechen la firme confianza que tienen en el Señor. ¡Tengan presente la gran recompensa que les traerá! Perseverar con paciencia es lo que necesitan ahora para seguir haciendo la voluntad de Dios. Entonces recibirán todo lo que él ha prometido (Hebreos 10:35-36, NTV).

Quizá has perdido la confianza que tenías al principio, o quizá todavía dependes totalmente de Dios y confías en él. Sea como sea, da el paso y acepta con valentía todo lo que tiene preparado para ti. Sigue confiando en él; cumplirá lo que ha prometido. Cuando seguirle empieza a ser difícil, aprieta todavía más los dientes y recuerda que la recompensa por tu perseverancia será enorme.

AMOR PERFECTO

¿Hay alguien que conozca tu *yo real*? ¿Tu yo sin cambios ni exageraciones?

Poner una falsa fachada en nuestras relaciones es una expresión directa de nuestro propio miedo. Cuando tenemos miedo de que nos conozcan de verdad, perdemos el regalo más precioso que puede darse en una relación: un amor sincero. Sacrificamos una relación genuina en el altar de nuestras propias inseguridades y miedos.

Nosotros sabemos cuánto nos ama Dios y hemos puesto nuestra confianza en su amor.

Dios es amor, y todos los que viven en amor viven en Dios y Dios vive en ellos; y al vivir en Dios, nuestro amor crece hasta hacerse perfecto. Por lo tanto, no tendremos temor en el día del juicio, sino que podremos estar ante Dios con confianza, porque vivimos como vivió Jesús en este mundo (1 Juan 4:16-17, NTV).

¿Tienes miedo de que te conozcan de verdad? Suelta esa necesidad de que los demás te vean perfecta y permítete ser amada por ser quien eres realmente. Deja que el amor perfecto de un Dios perfecto se lleve todos tus miedos.

SANTUARIO

Desde que el pecado entró en el mundo en el jardín de Edén ha habido una barrera entre Dios y la humanidad. Pero, a lo largo de la historia, Dios ha creado formas para que podamos seguir teniendo comunión con él a pesar de la separación provocada por el pecado.

Dios quiere estar con nosotros. Él no se encogió de hombros cuando el pecado entró en el mundo ni se hizo a la idea de que ya no podría tener una relación íntima con nosotros. No, en vez de ello, él hizo un tremendo esfuerzo para estar con nosotros: así de intensamente nos ama. Dios quiere morar entre nosotros, no limitarse a visitarnos o hablarnos de vez en cuando. Él quiere que su presencia esté constantemente entre nosotros.

Y harán un santuario para mí, y habitaré en medio de ellos (Éxodo 25:8, RV60).

¿Has hecho que tu vida sea un santuario donde Dios pueda morar? ¿Estás creando una atmosfera que le dé la bienvenida al Dios santo? Él ansía estar cerca de ti.

PROBLEMAS ECONÓMICOS

A veces puede que sintamos que el dinero es como el agua: se nos escapa de las manos, entre los dedos, y nada más conseguirlo ya lo hemos gastado.

Como cristianos, sabemos que debemos confiarle a Dios cada una de nuestras necesidades. Pero ¿realmente lo hacemos? ¿Tenemos la confianza de que, venga lo que venga, Dios cuidará de nuestra economía? ¿O nos consume la preocupación de no tener lo suficiente? Justo después de indicarnos que no amemos el dinero, Dios nos recuerda que jamás nos dejará ni nos abandonará. Él sabía que íbamos a estar preocupados por el dinero. Y sabía que nos iba a ser mucho más fácil tener miedo que estar satisfechos con lo que tenemos.

Sean vuestras costumbres sin avaricia, contentos con lo que tenéis ahora; porque él dijo: No te desampararé, ni te dejaré (Hebreos 13:5, RV60).

Recuerda que, por mucho o muy poco dinero que tengas, Dios tiene el control. Él es más que capaz de proveer para todas tus necesidades y jamás te abandonará.

EL BUEN DESCANSO

Las mujeres solemos ser capaces de hacer muchas cosas a la vez. Hacemos malabares con responsabilidades, horarios y detalles. A medida que se acercan las fiestas, parece que la lista de cosas por hacer no deja de crecer. Entre cocinar y decorar, los convites y las celebraciones, es muy fácil que acabemos agotadas.

Dios dice en su palabra: «Quédense quietos, reconozcan que yo soy Dios». Nos dice que nos detengamos, que nos sentemos y que descansemos porque él nos ha diseñado para que *necesitemos* descansar. Hay un motivo por el que Dios marcó el ejemplo de descansar el séptimo día tras hacer el mundo. Incluso el Creador conocía la importancia del descanso.

—Yo mismo iré contigo y te daré descanso —respondió el Señor (Éxodo 33:14, NVI).

¿Alguna vez te has levantado del sofá y todavía seguías estando cansada (a veces, incluso más que cuando te habías sentado)? No confundas el descanso del cuerpo con el descanso del alma. El descanso que realmente da vida solo viene de estar en la presencia del Padre. Detente en medio de todo el ajetreo de las festividades inminentes y *siéntate ante Dios, lee su Palabra y espera en él mientras recargas pilas en su presencia.*

SED DE AGUA PURA

¿Alguna vez has notado que cuanta más agua bebes, más sed tienes? Y cuanta menos agua bebes, menos la deseas de forma consciente. Aunque igualmente necesitas agua para vivir, acabas satisfecha con pequeñas cantidades que ya te aportan otros alimentos y bebidas. Pero si tu cuerpo se ha acostumbrado al agua pura a diario, solo esta podrá saciarlo.

El mismo principio se aplica a la presencia de Dios en nuestras vidas. Cuanto más entremos en su presencia, más desearemos estar ahí. Cuanto más nos sentemos a sus pies y escuchemos lo que nos quiere decir, más necesitaremos su Palabra para seguir viviendo. Pero si nos conformamos con verdades edulcoradas y revelaciones de segunda mano, acabaremos perdiendo lentamente nuestra hambre de la presencia pura y sin mancha del Dios vivo.

Anhelo y hasta desfallezco de deseo por entrar en los atrios del Señor. Con todo mi ser, mi cuerpo y mi alma, gritaré con alegría al Dios viviente (Salmos 84:2, NTV).

¿Ansía todo tu ser estar con Dios? Aférrate a Jesús hasta que no te conformes con nada menos que la forma más pura de su presencia. Cultiva tu hambre y tu fascinación por él hasta que tengas ansia de él. Pasa toda tu vida saturándote de su verdad, conociendo su carácter y adorando su corazón.

PREPARADA PARA SERVIR

Una respuesta natural al sentir el amor de Dios es querer hacer cosas por él. Pero antes de poder hacer la obra de Dios, tenemos que convertirnos en hombres y mujeres de Dios. Y la única manera de conseguirlo es pasando tiempo en su presencia.

Los discípulos no pasaron directamente de responder a la llamada de Dios a tener un ministerio a toda vela y a tiempo completo. Primero pasaron mucho tiempo con Jesús: aprendiendo de él, hablando con él y viéndole ministrar.

De cierto, de cierto os digo: No puede el Hijo hacer nada por sí mismo, sino lo que ve hacer al Padre; porque todo lo que el Padre hace, también lo hace el Hijo igualmente.

Porque el Padre ama al Hijo, y le muestra todas las cosas que él hace; y mayores obras que estas le mostrará, de modo que vosotros os maravilléis (Juan 5:19-20, RV60).

Ni siquiera Jesús actuó sin antes prestar atención a lo que Dios decía. Tómate un momento para estar callada ante la presencia de Dios y meditar en sus palabras y planes. Si conoces su corazón, descubrirás en qué aspectos está trabajando y podrás unirte a él para hacer su voluntad.

DAR GRACIAS

¿Qué pasa en nuestras almas cuando le decimos «gracias» a Dios? ¿Cuando consagramos un segundo efímero a henchirnos de agradecimiento? ¿Qué le pasa a nuestro mismísimo ser cuando reconocemos el peso y la gloria de incluso el regalo más insignificante?

Con cada momento de reflexión tranquila, cada frase rebosante de agradecimiento, nos liberamos. Nos liberamos de la negatividad. Nos liberamos de los oscuros pensamientos de muerte, dolor, sufrimiento y fealdad. Entramos por *sus* puertas con acción de gracias. Entramos en su lugar santo. Cruzamos directamente a través de la puerta que él mismo ha creado.

Ábranme las puertas por donde entran los justos, y entraré y daré gracias al Señor. Estas puertas conducen a la presencia del Señor y los justos entran allí (Salmos 118:19-20, NTV).

Andar en agradecimiento es entrar directamente en la presencia de Dios. Y el agradecimiento encuentra la forma de tomar nuestros corazones y enderezarlos. Abre nuestros ojos al esplendor y la maravilla que puede haber en los momentos más cotidianos. Lo pone todo en perspectiva y restaura el triunfo al alma derrotada. Hoy sé agradecida: a través de tu agradecimiento, te abrirás paso a la presencia de Dios.

REGOCÍJATE, ORA Y DA GRACIAS

Nos resulta muy fácil dejarnos arrastrar por las cosas negativas de este mundo. Nuestras vidas y las vidas de aquellos que nos rodean están llenas de problemas que nos agotan. Y hay días en los que puede ser muy difícil encontrar gozo en medio de nuestro propio caos.

Nos preguntamos cuál es la voluntad de Dios, especialmente en medio de las dificultades. No podemos ver su plan maestro, pero tenemos la sensación de que, si pudiéramos, quizá seríamos capaces de superar la situación en la que nos encontramos. Y nos preguntamos qué quiere Dios que hagamos en medio de nuestras dificultades.

Estad siempre gozosos; orad sin cesar; dad gracias en todo, porque esta es la voluntad de Dios para vosotros en Cristo Jesús (1 Tesalonicenses 5:16-18, LBLA).

Regocíjate siempre, ora y da gracias: estas tres cosas son la fórmula para cumplir con la voluntad de Dios en nuestras vidas. A lo largo del día, piensa en los motivos por los que estás agradecida. Regocíjate constantemente en lo que Dios ha hecho por ti. Dale las gracias a Dios expresamente por estas cosas.

EL CORDERO DE DIOS

Cuando entramos en la santa presencia de Dios, nuestro pecado se hace evidente. Sentimos la separación y la vergüenza que nuestros propios errores nos han causado. No podemos hacer nada por eliminar nuestro pecado y restaurar nuestra conexión con el Dios viviente. Necesitamos una solución y no tenemos ninguna.

Cuando Adán y Eva pecaron y descubrieron su desnudez, Dios mató a un joven cordero y los vistió con su piel. Con esta acción, Dios estableció un precedente monumental de que la sangre de un cordero inocente es lo que cubre el pecado. La sangre del Cordero, Jesucristo, se derramó siglos después para cubrir el pecado de toda la humanidad.

El siguiente día vio Juan a Jesús que venía a él, y dijo: He aquí el Cordero de Dios, que quita el pecado del mundo (Juan 1:29, RV60).

No hay nada oculto ante Dios. Él conoce tu pecado, tu vergüenza y el apuro en el que estás. Pero él hizo el sacrificio que tu pecado exigía. Jesús derramó su propia sangre y ahora esa sangre cubre tu pecado. Toda tu vergüenza, todos tus errores y toda tu indignidad han sido borrados por su obra. Descansa en su amor eterno por ti y en su poder para quitar tus pecados.

PERFECTA

Todos somos profundamente conscientes de nuestras propias debilidades. Conocemos todos nuestros defectos demasiado bien y nos marcamos como objetivo hacerlos desaparecer. Pero por mucho que nos esforcemos, nunca podremos alcanzar la perfección.

A pesar de que muchos de nosotros somos conscientes de que nunca seremos perfectos, seguimos presionándonos de forma absurda. Ya sea con una tarea, nuestra personalidad o nuestra relación con Cristo, podemos frustrarnos fácilmente cuando buscamos la perfección pero no logramos alcanzarla. Pero si permitimos que el perfeccionismo sea lo que impulsa nuestras acciones, ahogaremos nuestro propio potencial y limitaremos nuestra efectividad.

Pues su divino poder nos ha concedido todo cuanto concierne a la vida y a la piedad, mediante el verdadero conocimiento de aquel que nos llamó por su gloria y excelencia (2 Pedro 1:3, LBLA).

Dios te da la libertad de no ser perfecta. De hecho, su poder se hace incluso más perfecto cuando se muestra en tus debilidades porque, cuando tú dejas de ser el centro de atención, Jesús es quien se lleva la gloria. Cuando te equivocas Dios toma las riendas, y el resultado de eso es siempre la perfección.

QUIETUD

El crepúsculo cae sobre una gélida noche de invierno. Una niebla gris se cierne sobre el lugar y la nieve empieza a caer, fría y furiosa. Cuajará. La nevada arrecia hasta que a duras penas puede verse algo más allá de unas decenas de metros. El bosque se sume en el silencio; lo único que se oye es un viento suave y lo único que hay son nieve y árboles. Una capa de nieve blanquísima restaura la tierra y también tu corazón.

Hay veces en las que tenemos que alejarnos del ruido y del caos de nuestras propias cuatro paredes. Tenemos que salir a la nieve, o al sol, o a la brisa fresca. Tenemos que estar a solas, en silencio, y despejar nuestra mente y corazón mientras estamos en el santuario natural de Dios.

Estad quietos, y conoced que yo soy Dios; seré exaltado entre las naciones; enaltecido seré en la tierra (Salmos 46:10, RV60).

Hay mucho poder en la quietud de conocer a Dios mientras observas, serena, el mundo que él ha creado. El ajetreo de la vida siempre estará ahí, pero no te olvides nunca de tomarte un momento para detenerlo todo y conocer a tu Dios. En esos momentos recobrarás fuerzas y te reanimarás para enfrentarte a lo que sea que tenga que venir.

LA VIDA ES BELLA

¿Alguna vez has visto la película *La vida es bella*? Es un viejo clásico y es fácil entender por qué si la ves. Los sentimientos de los actores en la pantalla son vivos y genuinos, y te identificas completamente con ellos. Todos pasamos por muchas noches como las de la película: noches en las que todo va mal y nos preguntamos por qué.

Hay muchísimas cosas en nuestras vidas que, simplemente, no comprendemos. No estamos seguros de por qué pasan o dejan de pasar algunas cosas. Todos tenemos nuestros propios sueños y planes y, cuando las cosas no salen como habíamos imaginado, nos sentimos perdidos, enfadados y confusos.

El corazón del hombre piensa su camino; mas Jehová endereza sus pasos (Proverbios 16:9, RV60).

Cuando todo va mal y los planes de nuestro corazón no salen como quisiéramos, Dios sí que sabe lo que está haciendo. Ve lo que nosotros no vemos. Podemos tener las mejores ideas del mundo, pero si Dios no es quien nos guía, nuestros planes fallarán. Confía en él con todo tu corazón. Dedícale tus planes y déjale convertirte en su obra maestra perfecta.

DICIEMBRE

Todo lo que es bueno y perfecto es un regalo
que desciende a nosotros de parte de Dios
nuestro Padre, quien creó todas las luces de
los cielos. Él nunca cambia ni varía como una
sombra en movimiento.

LA MESA

Las festividades navideñas son un momento muy especial. Te invitan a fiestas de Navidad donde puedes vestirte de gala y traer tu aperitivo favorito. Puedes arrebujarte en el sofá y tomarte un chocolate caliente mirando películas clásicas mientras las lucecitas de tu árbol navideño parpadean detrás de ti. Puedes reunirte con amigas que están en distintas etapas de la vida y pasar una noche memorable de risas y diversión. Son unos días que parecen casi mágicos.

Una de las mejores cosas de la Navidad es cuando todo el mundo se sienta a la mesa. Hay algo muy especial en el hecho de que familia y amigos se reúnan alrededor de una comida deliciosa. La conversación puede llevarnos a casi cualquier lugar. La belleza de la Navidad se ve en las sonrisas, las carcajadas y los recuerdos repletos de alegría.

En esa misma región había unos pastores que pasaban la noche en el campo, turnándose para cuidar sus rebaños. Sucedió que un ángel del Señor se les apareció. La gloria del Señor los envolvió en su luz, y se llenaron de temor. Pero el ángel les dijo: «No tengan miedo. Miren que les traigo buenas noticias que serán motivo de mucha alegría para todo el pueblo. Hoy les ha nacido en la ciudad de David un Salvador, que es Cristo el Señor. Esto les servirá de señal: Encontrarán a un niño envuelto en pañales y acostado en un pesebre» (Lucas 2:8-12, NVI).

En estos días, ¿hay algún momento en el que puedas reunir a tus seres queridos y pasar una tarde llena de risas?

LAS LUCECITAS DE NAVIDAD

¿Alguna vez te has paseado por tu barrio durante estos días del año y has sentido que estabas en un lugar completamente distinto? Por todas partes han aparecido las luces de Navidad, que transforman casas ordinarias en un mundo mágico de colores preciosos y parpadeantes. A través de las ventanas de los vecinos puedes ver sus árboles, llenos de decoraciones y luces. Aparecen en los tejados figuritas de Papá Noel, con sus renos desplegados por los patios. En este momento del año, nuestro hogar nos parece más especial. Más bello. Una bendición incluso mayor.

Si no pones luces en tu casa, disfruta de lo que ves a tu alrededor. Tómate un momento para ir a dar un paseo en coche para ver el vecindario y reflexiona sobre el motivo por el que se transforman estas casas. El nacimiento de Jesús es un precioso recordatorio del don de la salvación, y la Navidad es el motivo perfecto para reflexionar sobre esto en el silencio de las luces parpadeantes y los árboles iluminados.

Nadie enciende una lámpara para después cubrirla con una vasija o ponerla debajo de la cama, sino para ponerla en una repisa, a fin de que los que entren tengan luz (Lucas 8:16, NVI).

¿Qué significa la Navidad para ti en medio de las luces y los cambios de las calles?

EL CUENTACUENTOS

Ir al buzón a recoger el correo en estos días del año es una aventura emocionante. Nunca sabes qué vas a encontrar. Cuando lo abres y ves todos esos sobres blancos con tarjetas de Navidad, es muy emocionante abrirlos, mirar las fotos y leer las dedicatorias. Hay familias que escriben página tras página, explicándote cómo está cada uno de ellos y todos los viajes que han hecho ese año. Hay amigos que se limitan a enviarte una fotografía con un sencillo «¡Feliz Navidad!» y otros, ni tanto ni tan poco, te mandarán una foto con un breve resumen de su año. Y cada una de estas tarjetas cuenta una historia.

Todos tenemos una historia por contar: una historia intrincada y creativa diseñada solo para nosotros por aquel que guía nuestros pasos. Da igual si tu tarjeta es solo una foto tuya, con tu marido o con tu marido y cinco hijos. Da igual si en tu tarjeta hay una foto de tu apartamento, tu casa soñada, tu descapotable o tu furgoneta. Es una historia preciosa, tuya, que debes cuidar y alimentar en cada paso de tu camino.

Que lo digan los redimidos del Señor, a quienes redimió del poder del adversario (Salmos 107:2, NVI).

Tu historia cambia contigo. Ora para que, a medida que avance, puedas mantener los ojos fijados en el Cuentacuentos. Reflexiona en tu historia hasta el día de hoy durante unos pocos minutos. ¿Qué oración elevarás a medida que avanzas en tu camino?

NUESTRO PADRE CELESTIAL

¿Sabemos en lo profundo de nuestro corazón que nuestras oraciones son escuchadas, tanto los gritos de ayuda como los suaves susurros de agradecimiento? Él conoce cada uno de nuestros pensamientos incluso antes de que se formen en nuestra mente. Este es el Padre que nos creó. Este es el Abba que nos llama por nuestro nombre. Somos sus hijas amadas.

Créelo, preciosa mujer. Debemos permitir que la verdad llegue hasta lo más hondo de nuestros corazones y se quede ahí, envuelta en agradecimiento. Su Palabra es verdad y él nos dice una y otra vez que responderá a nuestra oración porque confiamos en él (como explica 1.ª de Crónicas 5:20). Ya sea con canciones, acciones, pensamientos o palabras, él se deleita al oír nuestras oraciones.

Los ojos del Señor están sobre los justos, y sus oídos, atentos a sus oraciones (Salmos 34:15, NTV).

¿Te tomas un momento a diario para orar a tu amoroso Padre? Si no es así, créate el hábito de hablarle en el coche, en la ducha o sentada en silencio en tu habitación. Lo que le digas no tiene por qué ser elaborado o largo; Dios solo quiere hablar y tener comunión contigo.

DIOS INSACIABLE

Jesús murió en la cruz para liberarnos. Sufrió, lloró, sangró, soportó. Para siempre. Por nuestra libertad. ¿Y qué estamos haciendo con esa libertad? ¿Estamos siempre nadando y guardando la ropa? ¿Hacemos todo lo que podemos para dejar a un lado nuestros deseos carnales y centrarnos en el premio supremo? ¿A qué dedicamos nuestro tiempo y energía?

Vamos a orar pidiendo desear menos del mundo y más de Cristo. Vamos a pedirle que podamos ver nuestra libertad como lo que es. Vamos a orar para que los deseos mundanos se disipen y que nuestros corazones ganen cada vez más valentía para defender lo que sabemos que es bueno y correcto.

Recordaré el gran amor del Señor, y sus hechos dignos de alabanza, por todo lo que hizo por nosotros, por su compasión y gran amor.
¡Sí, por la multitud de cosas buenas que ha hecho por los descendientes de Israel! (Isaías 63:7, NVI)

¿Cómo puedes dejar de tener la mente ocupada con las cosas de aquí y pasar a centrarte en obrar para su reino? Esto no es cosa fácil en el mundo de hoy. Tómate un momento para pensar y meditar en cómo podrías hacer esto en tu vida.

LA BARRA DE EQUILIBRIO

¿Alguna vez has ido a una clase de baile o de gimnasia en la que el equilibrio es un componente crucial? ¿O has salido a correr y has visto que la única forma de terminar la carrera es encontrar un ritmo en el que te sientas cómoda?

Como mujeres tenemos muchas responsabilidades. Estemos en el punto en el que estemos en nuestras vidas, probablemente nos podremos clasificar como emprendedoras, coordinadoras, cocineras, chóferes, empleadas, hermanas, hijas, amigas, esposas o madres. Puede que solo encajes en una de estas categorías, pero lo más probable es que tengas que pasar de una a otra varias veces en un mismo día. Esto puede ser una bendición, pero también puede ser una carga. Encontrar el equilibrio en medio del ajetreo de la vida es esencial para sentirte cómoda en tu papel.

Mas buscad primeramente el reino de Dios y su justicia, y todas estas cosas os serán añadidas (Mateo 6:33, RV60).

¿Qué puedes cambiar de tu día para tener más equilibrio? Piensa en alguna reunión que quizá puedas acortar para salir a dar un paseo, o invitar a una amiga a comer, o saltarte el gimnasio para ir a una cafetería a leer durante una hora. Encuentra ese equilibrio que te hace ser mejor.

EL REGALO DE NAVIDAD

Navidad es una época de amor. Es el momento de recordar que el Dios del universo bajó a la tierra en forma de niño y lo cambió todo. Es la temporada de escuchar la historia de Adviento. Es un testimonio de celebración.

Árboles. Lucecitas de decoración. Pijamas cómodos. Té caliente. Amigos. Familia. Tradiciones. Comida deliciosa. Regalos. Cuidar a los demás. Comodidad. Gozo. Belleza. Salvación… que adoptó la forma de un bebé.

Navidad va de la salvación. Es un inicio que debemos ansiar y devorar a la vez. Reconocemos de todo corazón el regalo de Jesús y lo que significó para Dios enviarle para salvarnos. Él es realmente el mejor regalo de todos.

Dará a luz un hijo, y le pondrás por nombre Jesús, porque él salvará a su pueblo de sus pecados (Mateo 1:21, NVI).

En medio del ajetreo de estas Navidades, tómate un momento para recordar para qué es todo esto. Somos salvos. Gracias, Jesús.

MISTERIO Y ESPERANZA

Hay muchos misterios en la vida. Muchas preguntas sin respuesta y muchas cosas desconocidas. La fe, ya de por sí, es tremendamente misteriosa. Para poder vivir una vida llena de fe, aceptamos el elemento del misterio porque sabemos que viene de la mano… de la esperanza. La esperanza es Dios diciéndonos que su propósito es mayor que cualquier cosa desconocida. Cuando atravesamos cualquier situación, por muy misteriosa que sea, Dios anda junto a nosotros.

Dios no nos promete una explicación: ahí está el misterio. Pero sí que nos promete su presencia, y eso es una verdad infalible. Cuando caminamos sobre aguas profundas, ahí está él, con nosotros.

Por esto, ya que por la misericordia de Dios tenemos este ministerio, no nos desanimamos. Más bien, hemos renunciado a todo lo vergonzoso que se hace a escondidas; no actuamos con engaño ni torcemos la palabra de Dios. Al contrario, mediante la clara exposición de la verdad, nos recomendamos a toda conciencia humana en la presencia de Dios. Porque Dios, que ordenó que la luz resplandeciera en las tinieblas, hizo brillar su luz en nuestro corazón para que conociéramos la gloria de Dios que resplandece en el rostro de Cristo (2 Corintios 4:1-2, 6, NVI).

¿Has encontrado misterios en tu vida? ¿Una circunstancia inexplicable o una situación por la que te gustaría preguntarle a Dios? Ten presente, en lo profundo de tu corazón, que la esperanza aguarda al otro lado del misterio.

ÉL QUIERE NUESTRO CORAZÓN

Nuestra fe cambia en madurez cuando empezamos a ver a Dios como nuestro Padre en vez de solo como nuestro creador. Empezamos a discernir su voz en medio de todas las demás y reconocemos que nuestras acciones, pensamientos y falta de confianza pueden alejarnos de él, que anhela que volvamos a estar en sus brazos.

Por mucho que sintamos que hay otras personas a las que Dios desea más o de las que se siente más orgulloso por su madurez espiritual, esto es mentira. Dulces hijas del único rey verdadero, él quiere con todas sus fuerzas nuestros corazones. Él suspira por nuestro amor. Ansía aquellos momentos en los que hablamos con él.

No habéis recibido un espíritu de esclavitud para volver otra vez al temor, sino que habéis recibido un espíritu de adopción como hijos, por el cual clamamos: ¡Abba, Padre!
(Romanos 8:15, LBLA)

¿Sabes que Dios te busca? Deja que esta idea llegue a lo más profundo de tu ser. Él, el creador del universo, Abba Padre, Alfa y Omega, el gran YO SOY, te busca *a ti*. Ansía que le conozcas. Estés donde estés en tu andar espiritual, anímate en el hecho de que él no dejará de buscarte.

EL VIAJE DE LOS REYES MAGOS

En la Biblia, los Reyes Magos recorrieron una gran distancia para encontrar al Salvador. Iban cargados de regalos y, cuando le encontraron, se los entregaron para honrarle. ¡Imagínate la situación! ¿Cómo debía de ser saber que estabas mirando al Salvador del mundo en forma de bebé, intentando comprender lo que su presencia podría significar para este mundo? Es increíble.

En esta época del año, ¿qué podemos hacer para honrarle? ¿Cómo podemos ser sus manos para ayudar a los demás? Navidad es un muy buen momento para hacer algo único porque normalmente se presentan muchísimas oportunidades para ello. ¿Cómo puedes repartir su amor de una forma distinta?

Cuando vieron la estrella, ¡se llenaron de alegría! Entraron en la casa y vieron al niño con su madre, María, y se inclinaron y lo adoraron. Luego abrieron sus cofres de tesoro y le dieron regalos de oro, incienso y mirra (Mateo 2:10-11, NTV).

¿Cómo puedes repartir el amor de Jesucristo en estas Navidades? ¿Hay algo que quieras hacer pero que todavía no has hecho? Esta puede ser la oportunidad perfecta.

LA BUENA BATALLA

Dios nos ha pedido que nos unamos a él en la lucha por su reino. Para saber con certeza cómo es esta lucha, primero tenemos que entender que el valor es algo que nos concede Dios. Tener la valentía de luchar por nuestro Padre, por nuestros hermanos y hermanas, es algo que recibimos a través del Espíritu de Dios. El mismo Espíritu que vive en él está vivo en nosotros: solo este pensamiento ya nos debe impulsar hacia adelante.

En 2.ª de Timoteo se nos promete que nuestro espíritu nos da poder, amor y autodisciplina. Para poder ver la plenitud del Espíritu de Dios, debemos dar un paso. No tiene por qué ser un salto con todas nuestras fuerzas: un solo paso ya puede prender una llama. Y un paso puede ser llevar a una compañera de trabajo a tomar un café, preguntarle al camarero si va a la iglesia o tener una pequeña charla con aquella vecina con la que nunca habías hablado.

Te recomiendo que avives la llama del don de Dios que recibiste cuando te impuse las manos. Pues Dios no nos ha dado un espíritu de timidez, sino de poder, de amor y de dominio propio. Así que no te avergüences de dar testimonio de nuestro Señor, ni tampoco de mí, que por su causa soy prisionero. Al contrario, tú también, con el poder de Dios, debes soportar sufrimientos por el evangelio (2 Timoteo 1:6-8, NVI).

Un paso es poderoso: puede plantar una semilla tan pequeña como un grano de mostaza. Y ese mismo grano de mostaza puede mover una montaña, acercar su reino y glorificar su propósito. ¿Cómo puedes tú dar ese paso y unirte a la lucha?

GEMAS

Si te inscribes a un deporte de competición en equipos, entiendes que vas a tener que esforzarte y que seguramente habrá mucha tensión para ganar y tener éxito. Sabes que ganarás algunos partidos y perderás otros, y que en algún momento empezarás a sentirte bien jugando, pierdas o ganes.

Jugar a un deporte de competición en equipos a veces puede ser algo parecido a entablar relaciones con otras mujeres. A veces ganamos (y nos llevamos una relación increíble con alguien) y otras veces perdemos. Hemos sido creadas de forma única y, aunque se nos dice que debemos amarnos unos a otros, eso no significa que tengamos que esperar tener una relación de mejores amigas con cada mujer a la que conozcamos.

Pero si encontramos a esas amigas, a esas pocas escogidas que nos hacen ser mejores con sus ánimos y sus risas, tenemos que aferrarnos a ellas con fuerza y disfrutar de las preciosas gemas que son.

El perfume y el incienso alegran el corazón, y el dulce consejo de un amigo es mejor que la confianza propia (Proverbios 27:9, NTV).

¿Tienes una amiga que te exige responsabilidades pero que también te alienta cuando lo necesitas? Dile lo importante que es para ti. Si todavía estás buscando una amiga íntima, no te desanimes. Pídele a Dios que traiga a la persona adecuada a tu vida.

HÉROE

Cuando Jesús descendió de sentarse a la diestra del Padre como Salvador del mundo, vino en una misión de rescate. Bajó, por amor, y nos rescató. Nos libró de nuestro pecado.

Somos suyos para siempre. Y hemos sido liberados para siempre. No hay otro amor que ame sin ningún límite. Es un amor gratuito. Deja que esta verdad retumbe en tu corazón. Bajó por amor y te rescató… sin exigir ningún pago.

Jesús es realmente el héroe de nuestro cuento de hadas. Da igual lo que vivamos hoy: asimila esta verdad.

Que Dios nuestro Padre y el Señor Jesucristo les concedan gracia y paz. Jesucristo dio su vida por nuestros pecados para rescatarnos de este mundo malvado, según la voluntad de nuestro Dios y Padre, a quien sea la gloria por los siglos de los siglos. Amén (Gálatas 1:3-5, NVI).

¿Alguna vez has dudado del amor de Dios por ti? Vuelve a leer esto y deja que esta verdad penetre en lo más profundo de tu corazón. Has sido rescatada y su amor por ti no conoce límites.

AMA BIEN

Si solo podemos hacer una cosa bien, que sea amar. Amar bien puede adoptar una forma distinta para cada persona, pero todos sabemos cuándo estamos amando bien: cuando lo hacemos con todo el corazón. No podemos cambiar a todo el mundo (solo Jesús es capaz de hacer algo así), pero sí que podemos cambiar el mundo para una persona.

Hay grandes cosas que puedes hacer para amar bien, pero también puedes hacerlo en los pequeños momentos cotidianos. Amamos a pesar de lo que podamos sentir. Amamos cuando es difícil. Amamos a pesar de que no necesariamente queramos hacerlo. Amamos bien porque es a lo que hemos sido llamados: porque Dios nos amó primero.

Imiten a Dios, como hijos muy amados, y lleven una vida de amor, así como Cristo nos amó y se entregó por nosotros como ofrenda y sacrificio fragante para Dios (Efesios 5:1-2, NVI).

¿De qué formas puedes amar bien? ¿Hay personas a las que no sientas que estás amando tanto como podrías? Pídele a Dios que te ayude a amar como él lo hace. Pídele que te dé su corazón para amar a aquellos que ha puesto en tu vida.

PEDIR AYUDA

Según el tipo de persona que seas puede que no se te dé demasiado bien pedir ayuda. Hay a quienes les gusta ser *de los que ayudan*: les encanta servir a los demás porque así se sienten capaces y útiles. Después hay aquellos que prefieren aceptar la ayuda de los demás tan pronto como se la ofrecen. Ninguno es mejor que el otro; ambos tienen sus cosas positivas.

En las distintas etapas de la vida, puede que a aquellos que siempre quieren ayudar les toque recibir ayuda. A veces esto cuesta de aceptar y tenemos que ir con cuidado de no permitir que el orgullo tome el control. Pedir ayuda forma parte de ser vulnerable: ese momento en el que lo dejamos todo a un lado y decimos «no puedo hacer esto yo sola». Dios ha puesto a personas muy capaces en nuestras vidas y a quienes les encanta ayudar, pero no sabrán que necesitas una mano si no se la pides.

Levanto la vista hacia las montañas, ¿viene de allí mi ayuda? ¡Mi ayuda viene del Señor, quien hizo el cielo y la tierra! (Salmos 121:1-2, NTV)

¿Te resulta fácil pedir ayuda? Dios te pide que les des una oportunidad a las personas que él ha puesto para ti en tu vida. Te sorprenderás al ver lo fuerte que te sientes cuando te apoyas en aquellos que quieren ayudarte a llevar tu carga.

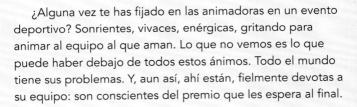

ANIMAR PARA LOGRAR EL PREMIO

¿Alguna vez te has fijado en las animadoras en un evento deportivo? Sonrientes, vivaces, enérgicas, gritando para animar al equipo al que aman. Lo que no vemos es lo que puede haber debajo de todos estos ánimos. Todo el mundo tiene sus problemas. Y, aun así, ahí están, fielmente devotas a su equipo: son conscientes del premio que les espera al final.

Vamos a animarnos del mismo modo unos a otros en nuestra fe. Imagina el gozo de nuestro Abba Padre cuando nos ve alentándonos unos a otros en alabanza y amor, a pesar de las circunstancias por las que podamos estar pasando. Hay mucho por ganar en la relación con otros creyentes, ya sea a la hora de dar o de recibir. Y el premio que nos espera al final es la eternidad. No hay nada mejor.

Que el Dios que infunde aliento y perseverancia les conceda vivir juntos en armonía, conforme al ejemplo de Cristo Jesús (Romanos 15:5, NVI).

¿De qué formas puedes animar a otros? Piensa en el deleite que habrá en el corazón de Dios cuando te vea entregando tu tiempo y tus talentos.

BARRO

La vida puede acabar siendo muy ajetreada. Estés en el punto en el que estés, siempre habrá cosas por hacer. En la mayoría de las ocasiones, dejamos nuestro bienestar a un lado para dedicarnos a las cosas que requieren nuestra atención. Nuestro Creador dice que somos vasos de barro. Y si no se tratan correctamente, los vasos de barro acaban por secarse y resquebrajarse.

Si le damos a Dios nuestra obediencia y nuestro tiempo, él nos promete su abundancia y su paz, inundando las partes más secas de nuestro ser. Ay, hijas, ¡qué renovación encontramos cuando nos sentamos en su presencia y dejamos que anegue nuestro espíritu con su amor y sus cariñosas palabras de ánimo!

Ahora pues, Jehová, tú eres nuestro padre; nosotros barro, y tú el que nos formaste; así que obra de tus manos somos todos nosotros (Isaías 64:8, RV60).

¿Cuándo te sientes más renovada? Estés el punto en el que estés de tu andadura, Dios oye tus peticiones de renovación y tus susurros anhelantes de su paz que inunda el alma. Tómate un momento hoy para dejar que su Palabra te refresque y siéntate con él a orar.

QUE GANE DIOS

No te creas las mentiras. Hay un enemigo ahí fuera que quiere robar, matar y destruir. Una de las formas más potentes que tiene de hacer esto es llenando nuestros corazones con falsedades sobre nosotras mismas que creemos que son verdad. Esas mentiras inundan nuestras mentes de odio, así que cuando nos vemos en el espejo empezamos a odiar también esto que vemos. «Con lo fea que soy, no me merezco nada bueno en mi vida. He vuelto a meter la pata, ¿para qué voy a volver a intentar levantarme?».

Estos pensamientos hacen llorar al Padre. Queridas hijas, ¡él nos ama! Él nos ha tejido y nos ha creado; él nos ha escogido. Atesora cada cosa que hacemos, y en el nombre de Jesús podemos reprender al enemigo para que estas mentiras ya no nos llenen la cabeza ni nos invadan el corazón.

Las palabras veraces soportan la prueba del tiempo, pero las mentiras pronto se descubren (Proverbios 12:19, NTV).

¿Qué mentiras te echan abajo? Pídele a Jesús que levante el velo de tus ojos para que puedas ver con claridad. Sirves a un Dios que movería montañas por ti, a un Padre que ama a su hija más que a cualquier cosa y a un Creador que se deleita al verte sonreír.

CICLO

¿Alguna vez has dicho o hecho algo que has lamentado de inmediato? Simplemente, no has sido capaz de controlarte y revives el momento en tu mente una y otra vez. Entonces, quizá unos días más tarde, vuelve a pasarte algo parecido. ¿Y por qué? ¿Por qué no soy capaz de tener más autocontrol?

Estos momentos son el ciclo vicioso de nuestra humanidad. Por suerte, gracias a la sangre de Jesucristo y a nuestro arrepentimiento, somos perdonados, liberados y podemos deshacernos de la carga de nuestros errores. Podemos partir de cero. Y, en algunos días, ese regalo parece mayor que otros. Hay días en los que nos tenemos que aferrar con fuerza a la gracia de nuestro Señor y Salvador simplemente para conseguir superar el día. Y no pasa nada.

Para alabanza de la gloria de su gracia que gratuitamente ha impartido sobre nosotros en el Amado. En Él tenemos redención mediante su sangre, el perdón de nuestros pecados según las riquezas de su gracia que ha hecho abundar para con nosotros. En toda sabiduría y discernimiento (Efesios 1:6-8, LBLA).

¿Has pasado por uno de estos momentos últimamente? ¿Eres consciente de que eres perdonada a través de la sangre de Jesús? Acepta su regalo; has recibido el perdón. Ahora, perdónate a ti misma y sigue andando hacia adelante.

¿LO NECESITAS DE VERDAD?

La Navidad es una época maravillosa, llena de celebraciones y buena voluntad. Así que parece lógico meterse en el espíritu navideño de los regalos. A la mayoría de nosotros nos encanta tener la oportunidad de pasearnos por las tiendas hasta tarde, comprar buenos regalos para nuestros amigos y familia e incluso darnos algún capricho.

La generosidad es algo maravilloso para la temporada de Navidad, pero no confundamos dar regalos con gastar dinero.

A los ricos de este mundo, mándales que no sean arrogantes ni pongan su esperanza en las riquezas, que son tan insegu- ras, sino en Dios, que nos provee de todo en abundancia para que lo disfrutemos. Mándales que hagan el bien, que sean ricos en buenas obras, y generosos, dispuestos a com- partir lo que tienen (1 Timoteo 6:17-18, NVI).

¿Has caído en la trampa de pensar que disfrutarás gastando dinero? La Biblia dice que Dios es la fuente de todo nuestro gozo. Él preferiría que usáramos nuestro dinero para hacer buenas obras. Los regalos son maravillosos, pero a medida que se acerca la Navidad, céntrate más en la bondad que puedes compartir con los demás, especialmente con aquellos que más lo necesitan.

DAR... ¿O DARTE?

¿Alguna vez podremos realmente entender lo que Jesús tuvo que entregar para poder ser humano y caminar sobre esta tierra con nosotros? La Biblia nos dice que, aunque Jesús era igual a Dios, él decidió entregar su título supremo para convertirse en un humano más. Puede que jamás acabemos de comprender este acto, pero creo que sí podemos aceptar que el nacimiento y la muerte de Jesús en la cruz fueron el ejemplo definitivo de sacrificio.

Puede que tengamos ganas de dar regalos en esta época, pero ¿tenemos ganas de darnos a nosotros mismos? ¿Estamos dispuestos a sacrificarnos, como en el caso de Jesús, y a pensar en los demás antes que en nosotros mismos? No se trata de darles una mayor importancia según su autoridad o cualidades superiores, sino de comprender el valor de los demás a la luz de Cristo.

Nada hagáis por contienda o por vanagloria; antes bien con humildad, estimando cada uno a los demás como superiores a él mismo; no mirando cada uno por lo suyo propio, sino cada cual también por lo de los otros (Filipenses 2:3-4, RV60).

¿Eres consciente de la ambición egoísta que puede haber en tu vida? Reflexiona sobre el sacrificio de Jesús y, en agradecimiento, comprométete a imitarlo buscando lo bueno en los demás y poniendo sus intereses por encima de los tuyos.

LA TREGUA DE NAVIDAD

En diciembre de 1914, los soldados alemanes y británicos declararon una tregua de Navidad y empezó una serie de alto al fuego por todo el frente occidental. En la semana anterior al día 25, los soldados cruzaron las trincheras y se adentraron en tierra de nadie para intercambiar saludos navideños y comida, jugar a fútbol, participar en entierros conjuntos e intercambiar prisioneros. La tregua de Navidad se considera un momento simbólico de paz y humanidad en medio de uno de los sucesos más violentos de toda la historia humana.

A menudo hablamos del espíritu navideño durante toda esta época y, aunque hay veces en los que parece alejarse de la pura celebración de Cristo, resulta de ánimo leer historias en las que la buena voluntad parece triunfar en medio de un mundo estresante y, a menudo, doloroso.

Que gobierne en sus corazones la paz de Cristo, a la cual fueron llamados en un solo cuerpo. Y sean agradecidos (Colosenses 3:15, NVI).

¿Hay algún lugar o algún momento de estas Navidades en el que puedas ofrecer una tregua de Navidad? ¿Puedes dejar a un lado las diferencias familiares, las riñas de hace tiempo e incluso los remordimientos para crear armonía? Hazlo con decisión este año: puede que Cristo se haga más presente en ti de lo que crees.

DEJA LO QUE ESTÁS HACIENDO Y ESCUCHA

La historia bíblica de Marta y María es muy conocida, y muchas nos sentimos bastante identificadas con Marta. Como mujeres, nos encargamos de muchas responsabilidades y tareas, y tenemos que esforzarnos cuando vienen invitados a nuestro hogar. Esto parece ser especialmente cierto a medida que se acerca la Navidad, cuando nuestras listas de cosas pendientes se alargan y los eventos y celebraciones se adueñan de nuestras vidas.

Pero hay momentos en esta temporada en los que nos preocupamos de cosas innecesarias, cosas que no irán más allá de ese día. María eligió «la parte buena» cuando Jesús la visitó. Se centró en el invitado, no en los preparativos.

Pero Marta se preocupaba con todos los preparativos; y acercándose a Él, le dijo: Señor, ¿no te importa que mi hermana me deje servir sola? Dile, pues, que me ayude. Respondiendo el Señor, le dijo: Marta, Marta, tú estás preocupada y molesta por tantas cosas; pero una sola cosa es necesaria, y María ha escogido la parte buena, la cual no le será quitada (Lucas 10:40-42, LBLA).

¿Dejarás que el Señor te muestre qué cosas te están distrayendo de lo que realmente importa? Mientras aprovechas este pequeño momento para reflexionar sobre Jesús, recuérdate que esta es la parte de tu día que realmente importa.

UN VIAJE A LA ESPERANZA

¡Casi había llegado el día! Muchas personas esperaban el nacimiento de Jesús. Los judíos llevaban mucho tiempo aguardando a su Mesías, María y José esperaban el nacimiento de su primer hijo y los Reyes Magos buscaban la estrella. Jesús era aquella esperanza hacia la que todos miraban.

Siempre hay un viaje, físico o mental, a la hora de esperar que se cumplan grandes expectativas. Los judíos se estaban preparando para la hora señalada, María y José tuvieron que viajar a otra ciudad y los Reyes Magos tuvieron que seguir la estrella. En nuestra propia vida, a veces nos olvidamos de que este viaje forma parte del cumplimiento de las cosas que esperamos.

He aquí, una virgen concebirá y dará a luz un hijo, y llamarás su nombre Emanuel, que traducido es: Dios con nosotros (Mateo 1:23, RV60).

¿Estás esperando y deseando que algo grande se cumpla? Tómate hoy un momento para reflexionar sobre el viaje de aquellos que esperaban con emoción a su Salvador. Ora para que la esperanza permanezca en tu corazón para enfrentarte a todo lo que está por venir.

CUENTA SU HISTORIA

Probablemente celebrarás el día de hoy con algún tipo de tradición. Todos tenemos tradiciones culturales populares y, por otro lado, tradiciones propias de nuestra familia. Sean cuales sean estas tradiciones, probablemente les tienes mucho cariño y esperas que sigan celebrándose a pesar del paso de los años.

¿Alguna vez te has sentido perdida entre todas estas tradiciones y te has preguntado si realmente estaba celebrándose el nacimiento de Jesús? Es muy fácil sentirnos decepcionados cuando nos olvidamos de enaltecer a Jesús en medio de todas estas celebraciones. Pero recuerda que el hecho de que celebremos este día sirve para ¡proclamar la historia de las buenas nuevas!

Había pastores en la misma región, que velaban y guardaban las vigilias de la noche sobre su rebaño. Y he aquí, se les presentó un ángel del Señor, y la gloria del Señor los rodeó de resplandor; y tuvieron gran temor. Pero el ángel les dijo: No temáis; porque he aquí os doy nuevas de gran gozo, que será para todo el pueblo: —que os ha nacido hoy, en la ciudad de David, un Salvador, que es Cristo el Señor (Lucas 2:8-11, RV60).

No frunzamos el ceño ante el hecho de que el mundo parece haber comercializado este hecho tan trascendental en la historia. En vez de ello, ¡aprovechemos las festividades en nuestro favor! Tómate un momento hoy para contarle a alguien la milagrosa historia del nacimiento de nuestro Salvador, para que esta siga contándose generación tras generación.

LA RECOMPENSA MERECIDA

En muchos países de todo el mundo, el día después de Navidad se llama también «Boxing Day»: una tradición que empezó cuando los comerciantes recibían cajas [en inglés, «boxes», de ahí «Boxing Day»] de dinero o de regalos como reconocimiento por sus buenos servicios durante el año.

Aunque en estos días no solemos pensar en nosotros mismos como sirvientes, muchos de nosotros somos empleados de otros u ofrecemos otro tipo de servicio. La Biblia dice mucho sobre aquellos que han mostrado diligencia y respeto por los que están en puestos de autoridad.

Todos los que aún son esclavos deben reconocer que sus amos merecen todo respeto; así evitarán que se hable mal del nombre de Dios y de nuestra enseñanza (1 Timoteo 6:1, NVI).

Hay un propósito superior en el hecho de que respetemos a nuestros jefes. Puede que no recibamos una recompensa como las del «Boxing Day», pero estaremos honrando el nombre de Dios como testigos de la vida cristiana. Anímate al volver a tu lugar de trabajo (ya sea en casa, como estudiante o como empleada): cuando trabajas bien, estás representando positivamente el nombre de Jesús.

MÁS ALTOS

Si te paras a pensarlo, la mayoría de nuestras conversaciones están formadas por un diálogo de varias opiniones. Sí, desde luego que hablamos de hechos, pero lo más significativo es cuando empezamos a moldear estos hechos a partir de nuestros propios sentimientos.

No tiene nada de malo querer ver un significado en las distintas situaciones e intentar encontrar el sentido a las complejidades de la vida. Es posible que la búsqueda de la comprensión sea una parte intrínseca de nuestra naturaleza humana. Aun así, al final tendremos que rendir nuestra comprensión y opiniones ante la verdad de Dios.

Porque mis pensamientos no son vuestros pensamientos, ni vuestros caminos mis caminos, dijo Jehová. Como son más altos los cielos que la tierra, así son mis caminos más altos que vuestros caminos, y mis pensamientos más que vuestros pensamientos (Isaías 55:8-9, RV60).

En el contexto de este versículo, Dios está hablando específicamente de su misericordia por su pueblo. Hay caminos de Dios que, simplemente, no podemos comprender, pero tenemos que confiar en que sus caminos y pensamientos son mejores. ¿Hay algunos «caminos de Dios» en tu vida a los que no eres capaz de encontrar el sentido? Anímate a rendir tus pensamientos para poder confiar en los suyos.

CADA MAÑANA SE RENUEVAN

Hay días en los que es bueno reflexionar sobre las cosas exactas de las que Dios nos ha salvado. Como nación, Israel sabía lo que era fallarle a Dios constantemente. Se rebelaron contra él y merecían un castigo, pero, aun así, Dios eligió redimirlos una y otra vez. Su amor por su pueblo lo llevó a mostrarles misericordia.

Nosotros no somos distintos a los israelitas en nuestra rebelión o cuando nos desviamos de los propósitos de Dios. Y también nos parecemos a ellos en que Dios tiene una compasión increíble por nosotros. Al enviar a su hijo Jesucristo, Dios demostró de una vez por todas que su compasión jamás se agotará.

El gran amor del Señor nunca se acaba, y su compasión jamás se agota. Cada mañana se renuevan sus bondades; ¡muy grande es su fidelidad! (Lamentaciones 3:22-23, NVI)

¿Por qué se tiene que renovar la compasión de Dios cada mañana? Porque a duras penas pasa un día sin que fallemos. Se nos tiene que recordar la fidelidad de Dios para que podamos correr hacia él cada día. ¿Le fallaste a Dios ayer u hoy? Dale las gracias por su compasión cada mañana, confiesa y prepárate para empezar el día de forma renovada. ¡Su misericordia es eterna!

NO TE AVERGÜENCES

¿Alguna vez has intentado nadar río arriba o contra una corriente fuerte? ¡Es muy difícil! Como cristianos en un mundo lleno de no creyentes, a veces puede que nos sintamos así. Nuestra cultura moderna está llena de lo políticamente correcto y de una aceptación de todas las creencias, pero en lo referente al cristianismo, ¡puede parecer que cualquier cosa que digamos es ofensiva!

Pablo fue a prisión varias veces por ofender a las personas de su época. Parecía que sufría esto con alegría, porque estaba convencido de que Jesús era el Salvador y que su misión era compartir estas buenas nuevas con el mundo. Pablo estaba convencido de la verdad y, debido a esto, ¡no estaba avergonzado!

Estoy sufriendo aquí, en prisión; pero no me avergüenzo de ello, porque yo sé en quién he puesto mi confianza y estoy seguro de que él es capaz de guardar lo que le he confiado hasta el día de su regreso (2 Timoteo 1:12, NTV).

¿Tiendes a guardar silencio respecto a tu fe en Jesús? ¿Te preocupa sufrir o que se burlen de tus creencias? Tómate un momento cada día para desarrollar tu relación con él: cuanto más conozcas a Jesús, más confianza tendrás en lo que crees. Imita la dedicación de Pablo a la hora de compartir el evangelio y confía en que Dios te protegerá.

MENTE SOBRE MATERIA

Ahora que piensas en el año que está a punto de empezar, seguramente te replanteas tus objetivos y aspiraciones. ¡Y seguro que uno de estos objetivos es hacer más ejercicio! Sabemos lo importante que es el ejercicio; es bueno tanto para la mente como para el cuerpo. Y también sabemos que, para hacer ejercicio, necesitamos determinación y disciplina.

Aun así, hay un ejercicio que es todavía más beneficioso que el físico. La Biblia compara la piedad con el ejercicio físico. La piedad no es solo algo que recibimos al momento cuando aceptamos a Cristo como nuestro Salvador. También es una obra continuada. Requiere tener disciplina y comprometernos a entender lo que significa ser como Jesús.

El ejercicio corporal para poco es provechoso, pero la piedad para todo aprovecha, pues tiene promesa de esta vida presente, y de la venidera (1 Timoteo 4:8, RV60).

¿Aceptas que vas a tener que dedicar tiempo y esfuerzo a dar prioridad a las prácticas espirituales del mismo modo que lo haces con el ejercicio físico? La piedad tiene beneficios que van más allá de esta vida. ¡Anímate en el hecho de que recibirás una recompensa tanto en esta vida como en la venidera!

EN EL CAMINO CORRECTO

¿Qué harás el año que viene? Cuando vemos que un año acaba y empezamos a pensar en el siguiente, puede que terminemos abrumados por la necesidad de planificar lo que esperamos conseguir. Quizá esperas poder empezar a trabajar, encontrar un marido, tener un hijo, marcharte de misión o estudiar una carrera.

Si la motivación que hay en tu corazón para hacer estas cosas es adecuada, no te preocupes de cómo vas a conseguirlas. El Señor siempre está presente para guiarte en el camino por el que deberías ir. Dios también sabe que los planes no se cumplen sin ir por pasos. Así que, antes de empezar a avanzar a toda vela con las ideas que tienes, deja que sea él quien te muestre el paso siguiente.

Pues todos los que son guiados por el Espíritu de Dios son hijos de Dios (Romanos 8:14, NTV).

Dios nunca te llevará a algo para lo que no estás preparada. Pídele hoy al Señor que te dé su guía, tanto en tus planes para el año que viene como en los pasos que debes seguir para conseguirlos. Que Dios te bendiga con generosidad cuando decidas seguir su camino en vez del tuyo.